杂技艺术家程海宝

《大跳板》"五节人"

《大旗跟头》 左起：张训导、程海宝、陈国珍、蒋正平、
蒋保罗、周良铁、吴惠珍

《跳板蹬人》

《走大绳》

参加第十届蒙特卡洛国际马戏杂技比赛的《跳板蹬人》演出
团队，左起：黄翠萍、潘素梅、俞月红、程海宝

与中国杂技家协会党组书记邵学敏（右）、意大利"金色马戏"总裁保罗合影

程海宝（后排左三）和参加国际大赛的演职人员

程海宝（第三排左二）担任国际评委时与浙江曲艺杂技总团全体演员合影

与儿子程俊彦合影

与妻子张秀红合影

年轻时的程海宝

在罗马斗兽场

在罗马广场前，与鸽子同"表演"

"海上谈艺录"丛书编辑委员会

策　划　宋　妍　张晓敏　沈文忠

统　筹　倪里勋　林　斌

海上谈艺录丛书

中国杂技好男儿

陆林森　著

上海世纪出版集团

上海文化出版社

目　　录

艺术访谈

　　杂技是一门有个性的民间艺术，也是一门综合艺术。杂技的主体应该是高难度的技巧。我们既不能因为杂技的高难度技巧而贬低，甚至排斥其他艺术门类，也不能因为杂技艺术的"综合性"而忽视杂技本身的艺术个性。如果一味追求杂技艺术的综合性而丢掉了杂技本身的艺术个性，那就是舍本逐末。有的人说，杂技不一定要有硬技巧，我认为不行，否则就不叫杂技。

——程海宝

海派杂技的传承与发展

时间：2014 年 2 月
地点：上海市文联 102 会议室
受访人：程海宝
采访人：陆林森

杂技是一种什么艺术？

陆林森（以下简称陆）：海宝老师，你从事杂技艺术有 50 多年了，有机会听你谈中国杂技艺术，我感到格外高兴。此前，我采访过上海著名魔术师、你的同事周良铁，我们着重谈的是魔术。良铁老师对于魔术的见解，为我写作《一壶魔术半世功·周良铁》打下了坚实基础。现在，我想请你着重谈一谈杂技艺术。

程海宝（以下简称程）：好。时间过得真快，但我总觉得过去 50 多年的杂技艺术生涯仿佛就在眼前。你的来访，使我有机会重拾记忆，我也感到非常高兴。

陆：我想请你先简单说一下，中国杂技是一种什么样的艺术？

程：杂技的艺术个性比较独特，从诞生那天起就是一种表演艺术。杂技是不是艺术，以前有过多种说法，也有过争论，甚至还有人说，杂技是耍、变、练，是单纯的技术表演，谈不上艺术。我不太认同这样的说法。杂技有过它的篷圈时代和地摊时代，也有过它的宫廷时代。我认为，凡是能够艺术地、形象地表现生活，都可以认为是一门艺术。当然，各种门类的艺术，从生成到成熟，都会有一个逐步积累和逐步发展的过程。这个过程，可以很长，也可以不太长。中国杂技从产生到成形，经历了很长的历史过程。如果从艺术范畴划分，杂技应当属于民俗艺术，或者说，杂技是一种民间艺术，是一种通俗的广场艺术和马戏艺术。从民俗学上看，"民俗技艺"是民族艺术文化的根源。

陆：中国杂技既然是有个性的，也是独特的，那么在表现方式上与其他艺术有什么不一样？

程：杂技靠的是一系列高难度动作，这是它特有的肢体语言，也是它与其他门类艺术的重要区别。古往今来，杂技为什么会给人以一种惊心动魄的感觉？就是因为杂技的表现方式独特，它通过一系列高难度的技巧动作，给人非常惊险的感觉。观众为什么会惊？就是因为杂技演员在表演时产生的"险"，如果少了这一分"险"，观众就不会有"惊"的感觉。因此，技巧动作越是"险"，杂技也就越是能给观众留下"惊"的感觉。我举个例子，就说走钢丝吧。演员一举手，一投足，看上去好像十分轻快，但那么长一根钢丝绳，悬挂在半空，演员在上面行走，或表演各种动作，你说"险"不"险"？观众会想，看，这多危险，演员要是一不小心摔下来怎么办？可这个节目要的就是这样的效果，有了这样的一分"险"，才会扣人心弦，观众才会觉得好看。要不然，在平地上行走，那还有什么好看，更谈不上什么艺术不艺术了。

陆：有人曾经说，中国杂技是"杂耍"，不是艺术，你对这个问题怎么看？

程：我觉得，这种说法不符合中国杂技的本义。中国杂技来自民间，扎根民间，有着深厚的中国文化传统。许多优秀的杂技节目，表现了我国劳动人民的创造精神和乐观向上、智慧勤劳、勇敢坚毅的民族品格，怎么不是一种艺术？你听说过我们杂技团的演员田双亮吗？

陆：田双亮？不就是那位著名的扯铃演员吗？

程：对，田双亮被称为"中国扯铃人"，是"南派空竹"的代表性人物。他的《抖空竹》《抖大盖》，源于生活而高于生活，给人以一种别开生面的感觉。

陆：请具体说说《抖空竹》和《抖大盖》。

程：所谓"抖空竹"，也就是我们小时候常常看见的"扯铃"。两者相比，"扯铃"虽然带有一定的技巧，但还没有上升到艺术，只是一种民间玩耍；"抖空竹"也是"扯铃"，却是艺术化了的。这个节目有"扯单铃"，也有"扯双铃"。"抖大盖"就是用茶壶盖代替"空竹"，田双亮不仅能"抖大盖"，还能"抖酒嘟噜"（一种肚大、颈细长的瓷酒瓶）。田双亮"抖"了50多年"空竹"，也表演了50多年《抖空竹》，这是他的拿手绝活。表演时，他一边抖动"空竹"，一边转身，用眼神和脸部表情与观众沟通。看了他的表演，观众惊叹"明晃晃的茶壶盖在绕着他转"，简直就像是"卫星在绕着地球转"。你知道"大钓鱼"（"抖空竹"技法之一，即"上高线"）吗？这是"抖大盖"的一个收尾动作，当"大盖"沿着空中垂下的长绳缓缓上升的时候，好像一轮明月缓缓升上天空。更难得的是，田双亮不仅能站着演、坐着演，还能翻着跟头演。一只看上去十分普通的茶壶盖，到了他的手里，竟然可以随心所欲，变换出许多动作。这难道不是艺术吗？

当然，杂技表演不同于芭蕾，芭蕾属于高雅艺术，杂技属于通俗艺术。如果硬要杂技也像芭蕾那样，杂技就没有了自己的个性，也不成其为杂技了。在本质上，杂技和其他门类的艺术是相通的。艺术给人以美的感受，杂技用肢体语言说话，给予观众的也是美。

陆：田双亮表演的《坐地双骗马》《坐地十八滚》《手串》《腰串》，观众看得眼花缭乱。据说，他在撂地卖艺（即"拉场子"表演）时，一只很大的铜茶壶盖，抛起几丈高，落下时从容地接住。后来，他进了马戏大篷演出，抛起的铜茶壶盖，几乎高及马戏大篷的篷顶，照样不慌不忙，将落下的铜茶壶盖稳稳地接住。

程：你知道田双亮这个名字的来历吗？说起来也与他的技艺有关。田双亮家境贫穷，家人没有什么文化，见他是个秃子，就随口喊他"田秃子"，久而久之，"田秃子"就成了他的大名。他在天津撂地卖艺时，军阀曹锟听说他扯得一手好铃，很想见识见识，便派手下人将他召到府邸。他当场露了一手，曹锟连连叫绝。表演结束，曹锟问起他的身世，得知他还没有名字，想了一会，说，"田秃子"，你的脑袋很亮啊，扯的铜茶壶盖也很亮，我看，你干脆就叫双亮，田双亮吧。从此，"田秃子"有了自己的名字。

陆：新中国成立前，像田双亮这样的杂技艺人四海为家，撂地卖艺，游艺场所、集市庙会、农村乡镇、城市街头等，几乎都可以看见他们的才艺表演。有人说，"耍玩意儿"这个行当，很受观众喜爱，拥有广泛的群众基础。这又是为什么呢？

程：中国杂技来自民间。我刚才说了，它是一种民俗的、民间的艺术。不论撂地卖艺、大篷演出，或者是舞台演出，我觉得它与观众靠得很近。中国杂技有着中国文化的古老基因，血管里流淌着泱泱文明大国的文化血液，这是千百年来它之所以能够生存下来的重要原因。观众喜欢看杂技，不只是因为杂技给了观众"感官刺激"和"心理满足"，更是因为观众一看就懂，一看就明白。杂技以独特的表现形式缩短了和观众的距离，观众喜欢杂技，接受杂技，这才有了广泛的群众基础。

陆：杂技是民间艺术，它也有很多分类，能具体说说吗？

程：中国杂技，可以分成四大类：杂技、驯兽、滑稽、魔术。杂技也可以分为一些类别，如翻腾类、平衡类、绳技类、车技类、爬杆、顶技类、柔术类、口技类、高空技艺类，等等。我们刚才说的《抖大盖》，属于杂耍类，《飞叉》《转碟》《踢毽子》《耍坛子》《蹬技》《鞭技》《脑弹子》等，也属于杂耍类。

中国杂技的历史渊源

陆：中国杂技的脉络延续了两三千年，真称得上是一种古老的民间艺术了。

程：早在秦朝，中国就已经出现杂技了。如果再将时间往前推伸，大约在新石器时期吧，杂技就已开始萌芽。不过，那时候它还只具雏形，恐怕还不能称其为杂技艺术。到了汉代，它才成为一种表演艺术。我们不是常常说"百戏"吗？杂技就是"百戏"之一。

陆：许多年前，我看到过汉代的一幅壁画，叫《乐舞百戏图》。当时，我的第一反应是震撼。你刚才所说的汉代"百戏"，在这幅壁画中表现得可谓淋漓尽致。给我留下深刻印象的是，壁画中有一个人在用前额顶一根长竿，长竿上有一根横木，横木的两端有两个倒悬着的孩子，他们好像是在表演翻转动作。壁画的另一边，有三个女子在表演高空走绳，中间那个女子在拿顶（即倒立）。让我感到心惊的是，绳子的下面插着四把刀尖朝上的明晃晃的刀！这幅汉代壁画，使我充分认识到，中国杂技不仅是古老的，而且也是纯民族化、纯中国化的。

程：在我国北方，不少出土文物上都有杂技表演的形象记录。王峰是我们上海杂技团的一位老团长，1980年他主编有《中国杂技艺术》一书，书中选录了很多出土的杂技文物图，像西周墓葬中的角抵透雕铜牌、山东济南无影山西汉墓中的杂技陶俑，等等。你有兴趣的话，可以找来看看。我再以吴桥为例。吴桥是我国的杂技

海上谈艺录 ◆ 程海宝卷

百戏《倒立》

之乡，"上至九十九，下至才会走，吴桥耍玩意儿，人人有一手"，说明杂技在吴桥非常普及。但是，说杂技是"耍玩意儿"，这就有点失之偏颇，说明过去很多人瞧不起杂技，认为杂技是"下九流""走江湖""耍把戏"。那时的杂技艺人，既没有固定的演出场所，也没有固定的收入。很多身怀绝技的杂技艺人，为了生活而不得不在集市、庙会等撂地卖艺。千百年来，中国杂技几经嬗变，大约走了这样的一条曲线：先是走出宫廷，回到民间，然后走上舞台，或者马戏大篷，成为我们现在所看到的杂技。王峰对杂技的这个变化过程有过精准的概括：宋代以前，中国杂技是以汉代百戏为代表的宫廷杂技时代；宋代以后至新中国成立前，是以宋代形成的瓦舍勾栏、村落百戏为主的民间杂技时代；新中国成立后，是从舞台杂技马圈型表演走向新型百戏的时代。

陆：你多次提到"马戏大篷"，马戏和杂技是不是同一概念？

程：马戏这一概念是从国外传入我国的。国外为什么称杂技为马戏？是因为他们的节目以马戏为主，杂技只不过是其中的一部分。我国刚好相反，杂技为主，马戏表演不多。1950年，新中国成立之初，我国"百戏团"赴国外演出，周恩来总理给"百戏团"起了个名称，叫杂技团。"杂"就是多样，"技"就是演员的肢体语言，也就是技能技巧，既生动，又直观，形象地概括了属于百戏范畴的中国杂技的内涵。从此以后，杂技这一叫法，渐渐代替了百戏的叫法。国外的马戏表演，历史不长，只有几百年。而中国杂技，从它的源头百戏算起，早于国外马戏两三千年。

陆：古代的"角抵"，是不是"以角抵人"的意思？也就是说，这是一种类似摔

街头表演《蹬缸》

《走大绳》

百戏《角抵》(摔跤)

跤或者相扑的运动，后来演变为一种带有很强观赏性的民间竞技艺术？

　　程："角抵"的起源可以追溯到上古时代。到了秦汉时期非常盛行，演变为一种"角力"表演。在一些出土的画像石中有这方面的记载。从"角抵"到现代相扑，再到摔跤，经过了几千年发展，现在已经成为我国民族传统技巧体育中的一朵奇葩了。从它最初的表现形式看，它是百戏的一个分支。如果从技巧角度看，"角抵"称得上是古代杂技艺术的一个原始形态。技巧，技巧，一个是技，一个是巧，反映了杂技艺术的属性。

　　陆：数千年来，杂技形成了北方杂技和南方杂技两派，它们在风格上有什么不同？

　　程：中国杂技的源头在北方地区。我这样说，是有依据的。但有关杂技的南北两派一说，我以为指的是它们在地域文化上的差别，而就艺术表现特征来说，它们都是民族化和中国化的。如果要说有什么差别，那也只能是在表演风格上的一些差别。北方杂技粗犷豪放，古朴典雅，以前由于地区经济不发达，北方杂技的道具相对简单了点。现在不一样了，变化很大，经济上去了，条件好了，当然也很讲究道具了。至于南方杂技，我还是以上海杂技为例吧。上海是一个文化大码头，中西方文化汇集、交融之地，受人文环境等影响，上海杂技继承了中国传统，又汲取了国外杂技马戏精华，它以纯技巧表演为主，细腻、华丽，讲究灯光、布景、服饰等。

　　尽管北方杂技和南方杂技在表演风格上有所不同，但我们不能厚此薄彼，更不能相互排斥。地无分南北，演员无分东西，中国杂技无论南北，同宗同源，都是中国的民间艺术之花。我始终认为，中国杂技是个大家庭，生活在这个大家庭里的，都是兄弟姐妹。中国杂技要有大气魄，不能小家子气，要相互帮衬。

陆：我常常听人说，上海杂技就是"海派杂技"。什么是"海派杂技"，它指的是具有海派风格的杂技吗？

程：按照我的理解，"海派杂技"指的是融合了江南传统文化和上海开埠以后传入的欧美近现代工业文明，而渐渐形成的一种文化艺术，有别于我国其他地区的文化，具有国际大都市的特征。海派杂技，说穿了，其实就是上海杂技。上海杂技脱胎于我国的北方杂技，但在继承北方杂技的同时，有所发展，有所创新，消化和吸收了大量的海外马戏文化，由纯技巧表演渐渐演变为一种表现手段新颖多样，兼及高技巧高难度的杂技表演艺术。

杂技艺术的"综合性"和"包容性"

陆："海派杂技"的发展历程，使我想起了杂技艺术的综合性。《乐舞百戏图》中的"乐舞"，不就是音乐和舞蹈的"综合"？那么杂技是把音乐、舞蹈等艺术门类综合在一起的一门表演艺术吗？

程：杂技杂技，顾名思义，一是它的多样性形式，构成了它的"杂"。还有一个是技巧，也就是杂技之"技"，这是杂技艺术的核心。缺少高难新奇的技巧，不能算杂技。但光有高难新奇的技巧，也不行，需要调动各种艺术手段，水乳交融，杂技才会更好看，更具艺术性，也更具观赏性。汉代的百戏，是音乐、舞蹈和杂技、魔术等艺术的综合表演。发展到今天，除了有音乐、舞蹈的结合，还综合了编导、服装、灯光等舞台艺术，中国杂技在表演形式上，更具可看性和观赏性了。

陆：能举例或展开说说吗？

程：比如说吧，体育有"溜冰"，杂技也有《溜冰》。但杂技《溜冰》和体育"溜冰"不一样。"溜冰"的场地可以是很大的运动场，运动员能够尽情发挥。杂技《溜冰》的舞台只有一个圆台面大，限制了演员的"自由度"，增加了演员的表演难度。演员必须有扎实的功底和娴熟的技巧，能放能收，收放自如，用"动如脱兔，静如处子"来形容，我想是并不为过的。大幕拉开后，观众首先看见的是舞台背景，白雪飞舞，红梅盛开，然后，两个头戴风雪帽的姑娘从幕后滑出，在"圆台面"上翩翩起舞，非常优美。这个节目由"托举造型""平行造型""绕冰凌""脖套转"等几组动作组成。以"绕冰凌"为例：演员在追光灯下，踮起脚尖，用冰鞋的前轮，在八只"冰凌柱"（白色玻璃花瓶）之间穿过来绕过去，快若旋风，慢如"四步舞"，前者刚劲有力，后者抒情柔曼。让人意想不到的是，演员舞到后来，绕到中间，采下一朵花，开始旋转起来。这样的表演好看不好看？我觉得很好看。为什么？因为它将芭蕾、溜冰和杂技技巧糅合在一起，创造了一个既不同于体育节目，也不同于纯技巧表演的新的节目。还有服装，也是杂技艺术"综合性"的一个重要元素。

陆：你说的是杂技演员的服装吗？

程：是的，杂技演员的服装如果搭配得好，也会营造出美感来。古时候老百姓穿的肚兜，看上去很普通，穿在杂技演员身上，情况就不一样，跟头翻得又快又利索。如果穿上大裆，怎么行？杂技的基本动作是腰、腿、跟头、顶，穿背心、穿肚兜，裤脚系上松紧带，有利翻滚。这就是服装的魅力，与杂技动作结合在一起，相得益彰。比如《大武术》，演员站在"底座子"（最下面的一个演员）的肩上，用双手、单臂、双肩表演各种造型，或者"倒立"，或者"滚顶"，就应该穿单肩高弹连体服装。《小武术》表演，主要是对手和跟头，表演集体性节目"虎跳"，跟头一个接着一个，服装一定要紧身，否则，跟头怎么能翻得既快又好？《跳板蹬人》要求演员蹬、翻自如，不能牵丝攀藤，对服装也有一定要求。以前我们当杂技演员的，服装面料不像现在这样有高科技含量，那时都是棉纺织品。随着科学水平的提高，棉布被针织腈纶和弹力尼龙、氨纶取代了，演员穿上这样的服装进行表演，肢体舒展得更加轻松，这也充分说明杂技是在时代变迁中不断发展的，它的艺术特征越来越明显了。

陆：上海杂技团是中国著名的杂技艺术表演团体之一，在国内外一些重大比赛中屡获大奖。你担任过演出二队队长，能否结合团里的编创情况，说一说杂技艺术的"综合性"？

程：杂技如何与音乐、舞蹈结合，历来是我们杂技界探索的一个重要话题。当年，上海杂技团并没有专职编导，单人节目和双人节目基本上也都是按照演员的老习惯、老路子来进行表演的。老一代演员邓文庆非常重视杂技表演的综合艺术性。他表演的魔术《钻高桌箱》，要求助演手里拿着鸽子，意思是"我们热爱和平"。当他从箱子里钻出来，先是将鸽子放飞，然后才跳下桌子，向前走几步，面带笑容，以芭蕾舞的姿势向台下观众行一个屈膝礼，这就增加了节目的艺术效果。1958年，王林谷为上海杂技团执导《广场杂技表演》，对画面、陪衬、情趣和演员的面部表情也都提出了很高的要求，如拍摄《扯铃》，过去由两个男演员、一个女演员，或三个男演员、一个女演员表演，田双亮是这个节目的主角，女演员作为陪衬。导演要求互相呼应，四个女演员作为"腰串"，分别站在四个对角，就像四朵盛开的鲜花。《踩球》的编导，也非常讲究节目的艺术性，要求既轻松，又风趣，还要给观众有一种幽默感。节目表演过程中有丑角穿插，既增加了现场的活跃气氛，也对节目的衔接起到了相互呼应的效果。20世纪60年代以来，上海杂技团先后调入舞蹈编导、音乐作曲、舞美设计等专业人才，目的就是要为海派杂技增添更多的艺术元素，使杂技更具可看性和观赏性。

陆：音乐在杂技表演中所起的作用如何？

程：演杂技，绝不是在演"哑剧"，音乐起到了重要的烘托主题作用。从古及今，几乎都这样。清末民初，北京天桥那儿聚集了大批杂技艺人，有的人搭了简易篷，有的人就地设摊，表演时有打锣的，有敲鼓的，也有吹洋号洋喇叭的，选用的乐曲大多为民间小调、流行歌曲。上海受外来文化影响，有的杂技班子有铜管乐队，演出时又吹又打，将国内外流行的歌舞曲、圆舞曲搬上了舞台，非常热闹，为杂技表演增加了气氛。上海杂技团组建初期，也有一支铜管乐队，乐曲大多也是国内外流行的歌舞音乐和民间小调，直到1956年，杂技团遵循周恩来总理指示，乐队改为民族乐队，乐曲改成了具有民族特色的中国民间音乐。

1963年，我那时还在学馆学习。上海杂技团赴北京演出，第三遍铃声响起，聚光灯齐齐投向音乐池。四只先锋号和高中音唢呐同时吹响《将军令》，那场面真是气势磅礴啊！一曲《将军令》终了，接着又响起了"前进曲"，只见身穿绚丽多彩、鲜艳夺目服装的全体演员和经过训练的群兽进入现场，列队向观众鞠躬。演出还没有开始，却已先声夺人，尤其是音乐的"先导"作用，给全体观众留下了深刻印象。1983年，我们杂技团再次赴京演出。第一场表演结束，观众以为接下来的前奏曲肯定又是"爵士音乐"，却不料，乐队这回奏响的仍然是一曲《将军令》。演奏结束，乐队出人意料地奏起了伦巴音乐，两支乐曲的反差非常强烈，但因为它们衔接有度，效果特别好。乐队演出《飞天》时，由古琴领奏《霓裳曲》，电声乐器作为伴奏，既带有民族韵味，又带有海派韵味，让人耳目一新。大型杂技节目演出结束，演员一起谢幕。这时，乐队演奏的是谢幕曲。掌声伴着乐声，珠联璧合，将演出推向了又一个高潮。

陆：舞台灯光对于杂技表演的作用如何？

程：法国第18届"明日"世界杂技大赛，中国杂技代表团表演的《女子抖轿子·憧憬》，引起了全场轰动，获得了金奖。这个节目的"开场白"十分有意思，音乐声中，蓝颜色光束柔和地照在一个直径三米的大圆台上，九个趴在地上的女孩，团团围成一个圆形，她们的身体在微微地蠕动着，象征着生命的活力。这时，一束黄光照了过来，有个趴在演员背上的小女孩缓缓地站了起来，踩着八个女孩的背，沿着阶梯型圆圈，开始逐层走高。灯光亦步亦趋，始终在追逐着她，营造了一个梦幻般的意境。这里的舞台灯光设计，起到了升华主题的作用。节目想要表现的主题是什么？是憧憬。如果没有这样的灯光设计，这个主题不可能达到这样的效果。这在以前，要想升华主题是很难的，因为杂技表演不太重视灯光，这是过去对于舞台灯光设计在认识上的不足。还有一个原因，就是当时的经济落后，没有设计灯光的经济基础。杂技艺术越是向前发展，观众的审美情趣就越是会发生变化，越来越要求艺术化和高品位，舞台灯光也就显得越来越重要。1963 年，上海杂技团赴京演出，我们采用的是天、地排（彩色灯光），天幕上的色彩有变化，同时又采用了流动灯、聚光灯和小型回光灯，整个舞台显得非常漂亮。杂技团再次赴京演出的时候，灯光设计又作了改进，乐队居中，将一串串小灯泡制成一排排五线谱，用彩色跳泡串成了"上海马戏"四个字，穿插、闪跳，现场更加美丽漂亮了。灯光设计对于杂技表演的作用不容小觑。如《钻桶》，由于摈弃了过去一直采用的大白光，改用追光，观众有一种追踪的愿望，想要一口气将这个节目看完。《顶技》是上海杂技团的传统节目之一，彩色灯光交替，用三只流动聚光灯从下向上照射，凸显了节目的"惊险度"。

陆：听了你的介绍，我想起了一件事。大约是在 1983 年 3 月吧，全国杂技创新座谈会在北京召开。会后形成了一份"纪要"，里面有一段话是这样写的："技巧表演是杂技艺术的重要特征，它也是人民群众高度智慧和美的结晶。一个优秀的杂技节目，必将是以高度的技巧表演，通过精巧的构思，再辅以统一、完美、和谐的音乐、服装、化妆、舞台美术等艺术手段构成的，三者不可或缺。"

程：这次会议，是中国杂技界很重要的一次会议，讨论了杂技要不要传承，怎样传承等问题。杂技既然是一门综合性艺术，它的主体应该是高难度的技巧动作，我们既不能因为杂技的高难度技巧而贬低，甚至排斥其他艺术门类的加入，也不能因为杂技艺术的"综合性"而忽视杂技本身的艺术个性。随着人们生活水平的日益提高，杂技越来越向综合性、艺术性方向发展，用综合艺术辅助杂技，使杂技的观赏性更高，这是杂技改革创新发展的必然趋势。但是，如果一味追求杂技艺术的综合性而丢掉了杂技本身的艺术特点，那就不可取了，恐怕是在舍本逐末。有的人说，杂技不一定要有硬技巧。我认为不行，一定要有技巧，否则就不叫杂技。杂技，是有个性的。我们讲杂技是一门综合性艺术，是因为再红的花也需要有绿叶扶持，但红花和绿叶的作用不能混淆，更不能越俎代庖，相互取代。

内练一口气，外练筋骨皮

陆：上海是你出生、成长、工作的地方，但一说起故乡安徽绩溪，我能明显感受到你的故乡情结。

程：我出生在上海，生长在上海。我的祖籍是安徽绩溪，那是我的衣胞之地。我相信，每个人的心里都有故乡情结。这些年来，我常常去绩溪，那里埋葬着我的父亲和母亲。每年清明，我都要去父亲和母亲的墓地，放上一些祭品，点上一炷清香，遥祝父母双亲的在天之灵。我是个生活非常简单的人，但我以孝为道，这是我们中国人的传统。不怕你见笑，一个对父母不孝的人，我不会引以为友，更不要说深交了。如果一个人对父母不孝，对朋友又怎么可能重情重义？所以，我不喜欢和这样的人来往。

陆：一方水土养育一方人，说起绩溪那个地方，名人辈出，国学大师胡适、抗倭名将胡宗宪、制墨匠人胡开文、红顶商人胡雪岩，还有湖畔诗人汪静之等，都是绩溪人。那可真是物华天宝，人杰地灵的秀美之地啊！

程：绩溪的确是个好地方，出了许多名人，还有伟人。但我不喜欢攀龙附凤。名人就是名人，我就是我。人的一生，经历不同，际遇不同，成长的方式也不同。名人是我学习的榜样，我以他们为荣。他们激励我，鼓舞我，使我从昨天一步步走向今天，又从今天一步步走向明天。

陆：你的话使我想起了《荀子·劝学篇》。"锲而不舍，金石可镂"，人能不能成才，取决于很多因素。不过，如要成功，往往与坚持、与锲而不舍、与刻苦磨砺分不开。杂技演员的练功也是这样的吧？

程：练功是一个磨砺身心的过程，关键是能不能经受得住，要有恒心，经得起折腾。这个过程，有点像踢足球，是不是经受住了折腾，最后要看"临门一脚"。我在学馆学艺的时候，老师对我们的要求非常严格。后来，我去上海马戏学校当校长，对学生的练功要求也很严，不论是谁，可以说是六亲不认，但练功结束，我们仍然相处甚好，形同好朋友。

学杂技，不能急功近利，贵在坚持。我刚才说，练功要有恒心，就拿基本功来说，不经过一番磨砺，那是不行的。这是一个过程，少了这个过程，成不了气候成不了才。你如果想要成为一个优秀的杂技演员，就一定要从基本功开始练起，而且要每天坚持，循序渐进，既不能一曝十寒，也不能急躁冒进。一口吃成胖子，世界上哪有这样的事？

陆：你是哪一年被上海杂技团学馆录取的？

程：（略一思索）1960 年。那时，我刚满 10 岁，正在小学读书。

陆：10 岁？对于一个 10 岁的孩子，学杂技意味着什么？那可是非常苦的一件事啊。

程：那当然。内练一口气，外练筋骨皮。学杂技哪有不吃苦的？杂技是一门挑战人体极限的艺术，当年进学馆，我的年龄很小，可正是练杂技的大好时光，错过了这个时光，学杂技就要费力得多。进了学馆，意味着开始要吃苦头了。我觉得，这是必需的。一个杂技演员，如果不好好练功，经受不住皮肉之苦，不行啊！干脆改行算了。

陆：有个问题我很冒昧地问一下，学馆老师打骂学生吗？我在采访周良铁的时候，也曾经问起过他这个问题。

程：怎么说呢？在艺术界，老师打骂学生，过去是常有的事，非打即骂。学馆老师带教我们翻跟头，非常严格，有时候也是会动点"小手术"的。不过我觉得，老师的"随意"并不是恶意，他们恨铁不成钢，内心是出于爱护。

陆：你如何看待学员在训练过程中的被打、被骂现象？

程：打骂学员是一种陋习。从前学艺，拜师时必须写下一个"打死勿论"的字据。学徒三年，谢师一年，这是规矩。在那"教会徒弟，饿死师父"的年代，当学徒的首先要将师父服侍好，起早摸黑给师父端茶、送水、买米、做饭、捧尿盆……师父满意了才教你练一点儿功，忍饥挨冻不说，稍有不慎，皮鞭子上身。师父的绝技是不肯轻易传授给徒弟的，只能偷着学。这种事情，在新中国成立之前的演艺界，是常有的。说起来也真的很奇怪，打个比方吧，我们杂技团有位驯马师，他说马不会说话，但是有灵性，它要是不按要领训练，一鞭子下去，它就规矩了，也长记性了。给马一鞭子，是不是可以？动物保护者协会可能会提出抗议，说这是虐待动物。可是在杂技团，如果不给马一鞭子，能有其他更好的办法吗？你去对马说道理，对它说，嗨，老兄，你的动作不规范！它不懂啊。学员可就不一样了，他们是可教的，是有人格尊严的，怎么能非打即骂呢？

陆：你在学馆学艺期间，被老师骂过，或者打过吗？

程：没有。老师也是凡夫俗子，也会有情绪，有时候也会脸红脖子粗，顺手给学生两下子，大声吆喝，这不奇怪，这不能等同于打骂。有关这方面的事，我有过一次教训。

陆：能详细说说吗？

程：事情是这样的。1982年，大约是在第二届全国杂技比赛前后，有一次练习《大跳板》"六节人"，有一位小演员演的是"尖"，动作不规范，纠正了好几次都不行。我们正在为再次冲击全国比赛大奖而拼搏。当时，我的心里急啊，这怎么行呢？不能因为一个演员就坏了整个团队的荣誉啊，因此，情急之下，我抬起腿，在他的屁股上给了一下。这下，引火烧身，惹上麻烦了。事情闹到团部，团长王峰狠狠地批评了我。我想解释几句，王峰说，你别解释，你解释我也不听，你总归是动了手，打人了吧。我说，这个我接受，是我错，你给我处分吧。王峰说，光处分还不行，赶紧赔礼道歉！

小演员家住大杨浦，离我家很远。当天晚上，我和副队长达亮拎了一盒蛋糕，骑着自行车去了杨浦，诚恳地向这位小演员和他的家人道歉。在团内，我也做了检查。王峰果然说到做到，不仅批评了我，还照章办事，团部罚了我1000元。事情到此结束了吗？没有。有人写信向上海青少年保护办公室反映了，说上海杂技团打小演员。《青年报》记者闻讯上门来采访，写了文章上了报。这件事，对我的教训是深刻的，不管动机如何，打小演员总归是不应该的。

我是一个对练功十分认真的人，不管是谁，唯练功是问，因此也得罪了一些人，说我工作作风有问题，影响了我的入党。领导说，海宝，你的脾气要改一改，好好争取入党。事实上，我也是蛮好商量的，只要不偷懒，练功结束后我也喜欢聚一聚，闹一闹。我们练"六节人"，我总是开着车接送《大跳板》组的演员，再苦再累也没有一句怨言。我这个队长不好当啊，除了和大家一起练功，还兼了驾驶员这份工作。有的人理解，当然也有的人不理解。我觉得无所谓，只要出成绩，为集体争光，什么委屈我都不在乎。

陆：《大跳板》是上海杂技团的一个"看家节目"，你是这个节目的"底座子"，肩上要承受好几个演员的重量。你最多能扛起几个演员？

程：我起先是"底座子"，最多的时候，肩上有六个演员。后来，我改演"二节儿"（即站在"底座子"肩上的演员），要"压四节"（即双肩要扛起四个演员）。

陆："压四节"？是扛四个演员吗？

程：这不算什么。训练时，我们有的演员，双肩要扛起七个人、八个人，甚至十个人，这是常有的事。对于训练，我们的要求是从严从难从重，不这样不行啊。肩上这么多人，加起来大概有 1000 多斤重，"底座子"常常被压得灵魂出窍，还要"扛"着"挥鞭转"（即"单腿转"）。演出时转 32 下，训练的时候要翻一番，转 64 下。只有多练、苦练，才能保证演出成功。

陆：如此训练，很有点魔鬼训练的味道了。如果没有过人的意志和毅力，那是很难承受的。

程：俗话说，"台上一分钟，台下十年功"，我认为是非常有道理的。一台节目，演出时间有限，练功时间无限。1963 年，我还在学馆学艺，老师带我们参观日本女排训练，真是大开眼界。人家的训练，根本就不讲什么苦不苦，累不累，从严从难，一切从实战出发。一只只排球，就像出膛的连珠弹，拼命往女排队员身上砸。有的人摔在地上，可还是连滚带爬，接球，发球，扣球，简直连喘气的机会都没有。效果怎样？你去看看她们的比赛，因为经受过了严格的、刻苦的训练，所以个个勇猛如虎！

陆：我看过日本电视连续剧《排球女将》。剧中有个叫小鹿纯子的，是球队的主力队员，不论训练还是比赛，她完全不顾伤痛，奋力扣杀，一声"晴空霹雳"，摄人心魄。

程：实际上，我们杂技演员也一样。1995 年还是 1996 年？我现在记不清了。那时，我已经调往上海马戏学校，担任常务副校长了。白天，我在学校上班，晚上参加上海杂技团演出。有次在上海商城演出，我参加的节目是《大跳板》，青年演员沈斌翻跟头落地的一刹那，我做了个"保托"动作，眼角被勾了一下，后来去瑞金医院缝了 12 针。这次演出，也是我演出生涯的最后一次，我从此告别杂技舞台，退到幕后，一心一意地从事杂技教育了。

陆："保托"？也就是保护的意思吧？杂技表演，风险很高，演员一旦失手，如果没有"保托"，后果一定很严重吧？

程：正如你说，高空节目，难度都很高，确实也很危险。像《大跳板》，那时候不用保险绳，说通俗点，表演这样的节目，简直是在玩命。这是一个集体参与的节目，要求每个演员必须有集体主义思想，绝不能搞个人英雄主义。"保托"这个角色，除了胆大心细，还要不怕危险。如果畏首畏尾，甚至临阵脱逃，是违背我们杂技演员职业道德的。

陆：那个演员翻着跟头落地，大约有多高？

程：大概有九米多高吧，他这一下，砸得我血流不止，一下跌倒在地上，爬不起来了。几十年来，我因受伤坐过七次救护车。直到今天，我的身上还留着伤痕，头部、腿上，都有。我并不觉得苦，要是没有这点承受能力，能坚持下来吗？任何一门艺术，任何一个艺术家，都需要经过磨炼，这是一个积累过程，也是一个自我提升的过程。杂技，有它的特殊性，吃不起苦，不行啊！

陆：人确实需要有一点精神。尤其是杂技演员，苦则苦矣，但乐在其中。这种不怕吃苦、甘愿吃苦的精神，在你身上得到了真正的体现，有人说你是条硬汉子，名不虚传。

程：我觉得，一个成熟的杂技演员必须要经过磨炼，这既是一个痛苦的过程，也是一个逐步走向成熟，为今后的艺术生涯打下坚实基础的过程。杂技，不能搞花架子，而是要苦干、实干。我刚进学馆时，并不懂得这个道理，随着练功强度的逐步加大，老师的要求越来越严格，我越来越感到自己在承受着从未有过的皮肉之苦，我对自己的要求也在不断提高。即便是在我受伤住院治疗的日子里，我也毫无怨言。

《大跳板》砸出的"高度"有多高？

陆：进入杂技演艺圈后，你表演过很多节目，像《小武术》《青蛙游戏》《空中吊环》《火箭飞人》《跳板蹬人》《大跳板》等，都给观众留下了很深的印象。其中的《大跳板》，一直是上海杂技团的"保留节目"，能介绍一下这个非常经典的节目吗？

程：《大跳板》是一个集体表演的大型节目，是上海杂技团经过几十年积累和发展的一个品牌。这个节目源于俄罗斯，剽悍、刚劲、有力，这与俄罗斯人的性格有关。当时，上海杂技团的《大跳板》相比其他节目，还是年轻的，只有几十年历史，但惊险、紧张、气势磅礴的表演，给观众留下了很深印象。节目要求演员配合高度默契，翻、砸、接等必须紧密衔接，环环相扣。它的道具非常简单，主要是一块跷跷板。站在跳板一端的演员，用力砸下，站在另一端的演员弹起，在空中做翻筋斗、接人等动作。我们团的优秀演员吴慧珍、朱复正表演的"双翻"动作相当精彩。所谓"双翻"，是这样的：吴慧珍骑坐在朱复正双肩后站上跳板，另一端的演员用力一砸，他们就被抛向高空，两人如同一个连体人似的翻360度跟头，最后落在"底座子"肩上。除了"双翻"，还有"双人双翻四节人""720

度转体四节人"和"单人底座五节人"等高空抛接,都是我们团的创新动作,难度都很高。这个节目在1984年首届全国杂技比赛中荣获银奖,之后我们又创造了"空翻四周坐高椅""空翻两周五节人""单底座六节人"和"直体三周四节人"等难度更高的动作,在1987年和1991年第二届、第三届全国杂技比赛中荣获全国杂技最高奖"金狮奖"。后来,在《大跳板》基础上,我们又新创了《十字跳板》,发展了"1080旋三节人"、连砸、对翻等新动作,荣获了第四届全国杂技比赛金狮奖。

陆:能介绍一下上海杂技团《大跳板》的师承关系吗?

程:我先说一下与《大跳板》有关的一段史事。新中国成立前,吴桥有很多杂技艺人背井离乡,流浪国外,卖艺谋生。比如,著名老艺人史德俊12岁起就开始在俄国、德国、奥地利、匈牙利、罗马尼亚等国辗转演出。又比如,田仕合20世纪初与同乡人去了俄国,后又下南洋演出。再比如,我刚才提到的田双亮,1914年随俄国伊沙克马戏团跑遍了俄国、波兰、德国、法国、英国、瑞士、意大利等国家,1927年以后加盟美国杂耍班,在印尼、英国等地辗转演出十多年。

张其生是这些著名演员中的一位,也是长期飘零海外演出。他在香港演出期间,和大外甥李殿富创建了天升马戏团,在香港地区和东南亚一带很有影响。李殿起、李殿彦两兄弟是天升马戏团《大跳板》的两位主要演员。李殿起8岁随舅父张其生学艺,一年后登台演出。12岁随舅父和大哥李殿富加入伊沙哥马戏团,长年在苏联和东南亚一带演出,后来应英国哈姆斯达马戏团邀请去日本、朝鲜等国演出。天升马戏团成立后,李殿起回到中国内地,在广东、广西、云南等地继续演出。抗战胜利后,李氏兄弟来到上海,经朋友介绍去了苏侨协会。1951年,也就是新中国成立后的第三年,上海人民杂技团成立,李殿起、李殿彦、王玉振、刘君山、邱涌泉、张凤池等人联袂加入,成为上海人民杂技团最早一代的杂技演员,他们两兄弟是上海杂技团《大跳板》的第一代传人,也是我的老师。我是在李殿彦老师亲自带领下学习《大跳板》的。经过几十年努力,《大跳板》的动作难度和表现形式都有了发展和突破。

陆:上海人民杂技团(即上海杂技团)迄今已有60多年历史了,《大跳板》这个节目薪火相传,非常不容易。你是这个节目的第几代传人?

程:我1960年进学馆学艺,之前还有一届学员,是学馆资格最老的一批学员。他们之前,演员们早就开始演出《大跳板》了。从时间上推算,我应该属于《大跳板》的第三代传人。60多年来,《大跳板》一直是上海杂技团的压轴节目。一代又

《大跳板》（坐高椅）　张立永（左）、李殿彦（右）、乔荆州（上）

一代演员精益求精，奋力拼搏，不仅使《大跳板》传承了下来，而且在技巧上、难度上有所提高。历届学员如1956届的朱复正、顾顺庆，以及从红色杂技团调到上海杂技团的詹为民，1960届学员谭代清、张训导和我，1972届及同期随团学员朱来娣、潘沛明、陈建华、孙鑫国、卢盘、贡迅东、黄翠萍，1982届及同期学员庄健、张莺、李瑾等，都是《大跳板》的主力队员。

　　陆：在技巧和难度上，《大跳板》在继承前人的基础上有什么新的变化吗？

　　程：李殿起、李殿彦、张立永等人表演的"360度上三节"等动作，代表了上海杂技团《大跳板》第一代演员的最高水平。20世纪50年代中期，李殿起因颈椎受伤，下肢行动不便，不得已退出了舞台，从事杂技教育。为了将《大跳板》传承下去，李殿起等人付出了极大努力。在他们的传帮带教下，《大跳板》第二代演员脱颖而出，第三代演员也在向着更高标准、更高难度冲刺。20世纪八九十年代，演出二队由我领衔，演出《大跳板》，创造了难度更高的动作，如"360度旋""直体两周""三周落三节人""720度转体落四节人""空翻三周落三节人""单底座六节人"。这些高难度技巧动作，远在全国乃至世界水平之上。在第一届全国杂技比赛中，我们的《大跳板》以总分第二荣获银奖。1987年、1991年、1995年第二、第三、第四届全国杂技比赛，我们力挫群芳，蝉联了三届"金狮奖"。

陆：非凡的努力，艰苦的付出，赢得了大丰收。可以说，《大跳板》在技巧上的不断创新，不断砸出的"新高度"，成为上海杂技团的一个优秀品牌节目，并成为当时中国杂技界最有影响力的节目之一。有传承，有创新，这是《大跳板》之所以成为上海杂技团经典节目的一个重要原因。能介绍一下你刚才提到的《十字跳板》吗？

程：《十字跳板》是一个创新节目，以前没有过，在国内是首创。我们看了苏联类似节目的录像，深受启发，与团领导商量后，决心自创一个新节目。我们的"移植"，并不是简单模仿，更不是照搬照抄，而是在《大跳板》基础上重新编创，推陈出新，有所突破，不仅在技巧动作上有所创新，而且连道具也创新，"1080度旋三节人"、连砸、对翻等一系列技巧动作，以及角色造型，都是新的，至少，在国内是没有的。

陆：创作这个节目的初衷是什么？

程：1995年，第四届全国杂技比赛在即，我想，拿什么去参加比赛呢？《大跳板》虽然在技巧难度上有所突破，但毕竟是一个"老品牌"了，能不能在这个节目的基础上变换形式，让观众有耳目一新的感觉呢？这个问题一直萦绕在我的脑际，当时，我已经40岁开外了。按理，这个年龄不太适合跌打滚爬，更不要说演出高难度的技巧动作了。但为了迎接第四届全国杂技比赛，在比赛中创出新成绩，我的想法只有一个，拿出新节目，再次冲击金牌。于是，我带领一批年轻演员，高标准、严要求，拼命训练，终于练成了使观众感到耳目一新的《十字跳板》，摘得了第四届全国杂技比赛"金狮奖"。

陆：《十字跳板》之后呢？还有没有其他新创的节目亮相杂技舞台？

程：2012年1月22日，这一天是农历除夕。从第36届蒙特卡洛国际马戏节上传来好消息，上海杂技团《腾跃·大跳板》《男子艺术造型》两个参赛节目荣获国际杂技界最高奖项"金小丑"奖，创下中国杂技团参加国际杂技比赛最好的成绩。这两个创新节目，难度非常高，代表了上海杂技的新水平。如今，我虽然已经退休，但我始终关注着我国的杂技艺术。我的目光始终在追随着它，从来也没有离开过我为之奋斗、拼搏了几十年的中国杂技舞台。

陆：请介绍一下第 36 届蒙特卡洛国际马戏节。

程：蒙特卡洛国际马戏节是世界上级别最高的杂技马戏竞技比赛。参加这届大赛的有俄罗斯、乌克兰、德国、法国、西班牙、蒙古、摩纳哥、巴西和中国等 20 个国家，参赛节目有 29 个，可以说是高手云集，竞争相当激烈。《腾跃·大跳板》源于中国传统，经重新编排，增添了难度更高的新技巧，而演员蔡勇的《男子艺术造型》是一个创新之作，道具非常有特色，在一面缠绕有云纹、古色古香的中国大鼓上，淋漓尽致地表演了中国的传统杂技，给观众留下了深刻印象。

既要传承，更要创新发展

陆：中国杂技的延续、传承和发展，有一个过程吧？

程：新中国成立之初，我国的杂技节目并不多，只有几十个，用"寥若晨星"形容，我觉得并不为过。十年后，增加到了 200 多个。"文革"期间，所有的文艺样式遭到摧残，杂技不可能幸免。"文革"后，中国杂技界恢复了元气，出现了一次高潮，全国各地表演的节目不仅数量多，形式也是多种多样，艺术性和观赏性都很强。

陆：中国杂技之所以能赢得大量海内外观众，与它的特色不无关系。你认为中国杂技有哪些重要特色？

程：第一，重视腰、腿、顶等基本功训练，这是中国杂技最基础、最本质的。第二，险中求稳，动中求静，冷静、巧妙、准确，技巧千锤百炼。第三，平中求奇，出神入化。第四，轻重并举，软硬功夫相济。第五，超人的力量与轻捷灵巧的跟头技艺相结合。第六，以生活用具和劳动工具为道具，富有强烈的生活气息。第七，古朴的工艺美术和形体技巧相结合。第八，表演形式和表演场所多样化，有很强的适应性。第九，具有严密和严格的师承传统。中国杂技的这些特色，是特有的，也是独到的、本土的，是其跻身世界杂技艺坛的根基。我们在传承、发展中国杂技的时候，千万不能丢掉这些特色，必须进一步将其发扬光大。

陆：在谈到什么是创新这个问题时，中共中央宣传部原副部长、中国文联原主席周扬在 1983 年 3 月 20 日召开的全国杂技创新座谈会上说，头一条就是要把新思想、新作风、新技巧与这个祖先遗留下来的古老的传统结合起来，继承下去，加以丰富发展，使之发扬光大，决不能让它在我们的手里褪色或丧失。创新是不容易的，非常不容易的。中国杂技如何在传承中发扬光大？换句话说，中国杂技在传承的基础上，如何出新、出奇，也就是我们平时所说的创新？

程：关于创新，每个人的理解不同。我认为，创新应该是多渠道、多层面的。上海杂技团原团长王峰说，20 世纪 50 年代重庆杂技团在艺术革新上的成就，成为创立舞台杂技的典范；60 年代以"一朵大红花"为代表的武汉杂技团，是全国学习的榜样；70 年代代表中华人民共和国访美的沈阳杂技团，在全世界引起了巨大反响；80 年代上海杂技团在第二届全国杂技大赛中力挫群芳，令杂技界刮目相看。中国杂技取得的这些成绩，都与创新有关。创新的着眼点在于新，判断创新成功与否，不在于动作是不是到位了，完成了，而是有没有新意，是不是绝无仅有，能不能令人有耳目一新之感。我举个例子，第三届中国武汉国际杂技节上，武汉杂技团表演的《古圈技》，让人叹为一绝，这个节目的"小翻前扑穿双层四圈（带桌子）""倒插虎过二米高六圈"，创造了最新、最难的技巧。创新的目的，是要促进杂技艺术发展，适应杂技发展的潮流。

陆：上海杂技团有很多节目，如《小跳板》《空中吊环》《双咬花》《跳板蹬人》等，无不贯穿了艺术创新精神，又比如以高难度开创国内钢丝后空翻"360 度转体钻圈""跳板旋翻筋斗"，以及《空中飞人》《大跳板》中的"空翻三周""单立柱五人节"等技巧动作，可以说都是杂技追求艺术创新的典范，给人以清新如许、不同凡响、具有海派风格的独特感觉。

程：中国杂技经过了这么多年发展，加上自身的艺术沉淀，无论是技巧难度，还是表现形式，都有了很大程度的提高。在音乐、服装、灯光、布景、道具等辅助手段上，也有了很大进步，这是非常不容易的。尤其是在多元文化并存、娱乐形式多样的当下，杂技独立于艺术之林，变得更加不容易，也更加困难。至今，我还记得我们老团长王峰的一番话，大意是杂技创新并不是单一的，而是五花八门，总体上仍然是由杂技的单一性向综合性发展。

总之，杂技节目要满足观众的观赏需要，除了要有观赏性，还要有艺术性、趣味性，要重视剧场效果，要重视社会价值取向。从历届国内杂技节看，不仅要求杂技节目具有高难度的技巧，而且要有独到的、有新意的艺术表现形式，国际马戏节更如此。说到底，杂技仍然需要创新，离不开创新。

陆：过去，我国很少参加国际杂技比赛，十一届三中全会以后，改革开放了，文艺园地百花盛开，古老的中国杂技艺术开始走向国际舞台。1982 年以来，我国杂技演员屡屡在一些重大的国际赛事中获得如"金小丑"等重要奖项，如果没有创新，如果拘泥于现状，要有这样的突破恐怕是并不现实的吧？

程：中国杂技演员第一次出国演出，就成为中国文化与和平友谊的使者，足迹遍及世界各地。著名中国杂技艺术家夏菊花说得好，出去参赛有两个目的，一个是向世界展示自己的实力水平，一个是打开眼界取长补短。杂技是中国出访最多、影响最大的一种艺术形式，为传播中国文化、促进中西方文化交流作出了重要贡献，被誉为"艺坛楷模"。随着改革的日益深入，杂技商业化演出场次的不断增加，不仅宣传了中国杂技，促进了中国杂技的进一步发展，而且还创造了相当可观的经济效益。

陆：20世纪60年代初，上海杂技场拔地而起，白天用来练功，晚上用来演出，推动了上海杂技艺术步入新的发展阶段。1995年5月，上海杂技场完成了使命，被夷为平地。30年间，上海杂技团在杂技场演出了上万场次，接待了千余万人次的国内外观众，可以说，这是上海杂技艺术最辉煌的时期。但有人认为在经历了改革开放的"黄金十年"之后，特别是到了90年代中期，随着上海杂技场的拆除，上海杂技进入了低谷期，甚至有人说，上海杂技的雄风不再了。

程：我以为，这样的认识过于片面，也不符合上海杂技艺术的发展历程。与历史上的高峰和演出鼎盛期相比，90年代中期以后，上海杂技艺术的发展确实有点困难，但即便这样，上海杂技仍然拥有大量观众。就说1995年吧，这一年是我们杂技团赛事和外事活动特别繁忙的一年，在没有了杂技场的情况下，我们仍然坚持自收自支，1月到5月，也就是在上海杂技场整体拆除之前的五个月，上海杂技团在杂技场共演出88场次，5月至年底在上海商城共演出203场次，全年演出519场次，在国外演出213场次。这一年的外事活动，尤其频繁，杂技团先后被派往六个国家和地区，共演出1848场次。包括国外演出收入，全年全团演出收入700多万元，创造了历史纪录。

陆：上海杂技场的拆除，是不是意味着无论表演形式，还是节目内容，上海杂技艺术都出现了一个转折点？

程：上海杂技艺术在经历了80年代到90年代的"黄金十年"后，是有点滑坡。一方面，我们在国内外的一些比赛中，仍然取得了不俗的成绩，像《大跳板》这样的节目，不断冲击技巧难度，屡屡荣获比赛大奖，上海的杂技市场每年仍然迎来了几十万名国内外观众；另一方面，90年代之后的上海杂技确实有点不如从前，为什么这样说？我还是以《十字跳板》为例吧。这个节目，虽然是上海杂技团新创作的，但渐渐失去了赛场上的轰动效应，也没有了第二、第三届全国杂技大赛那样独占鳌头、"一览众山小"的气势，给人好像有点"强弩之末"的感觉。

实际上，这并不是个别现象，其他门类的艺术也有相同情况。文化消费的层次发生了变化，娱乐活动多种多样，人们有了更多的消费选择，昔日的文艺"一花独放"渐渐被万紫千红春满园的动人景象所取代，传统的节目，传统的表演，出现了滑坡，我觉得并不奇怪。关键是，要创新，要振兴。

陆：中国杂技曾经辉煌一时，但在多元文化并存、观众的审美情趣发生深刻变化的当下，杂技不太可能像以前那样辉煌，你认同这种说法吗？

程：杂技是中国文艺百花园中的一朵奇葩。过去，杂技舞台十分热闹。相比之下，现在的确有点儿冷寂。但我并不认为，中国杂技艺术一蹶不振了。相反，杂技拥有广大观众，有深厚的民间基础。为了使中国杂技永葆艺术青春，我们必须重视杂技教育，使具有中国传统文化特质的杂技在传承中创新发展，这是中国杂技事业的百年大计。

陆：杂技的发展趋势如何？中国杂技如何把握这种趋势？

程：中国杂技从最初的"冲国际赛场"，到近年来的"走市场"，从中不难发现，随着观众欣赏水平的日益提高，融入多元色彩的节目，不仅能在赛场上先声夺人，赢得高分值，而且在市场上也能享有很好的口碑，为中国杂技加分。由此我可以断言，"三化"，也就是多元化、国际化、科技化应该是中国杂技未来的走向，这是一种大趋势。

中国杂技不能因循守旧，固守传统，需要拓宽视野，要把握这种趋势，将眼界由狭隘的有形舞台转向无形的更为宽阔的国际舞台。王峰曾说，杂技艺术是没有国界的，它是一种不需要语言而又风靡全球的艺术形式，具有非常强大的生命力。我以为，通过不断创新，不断吸收全球演艺文化的优秀元素，中国杂技有希望成为中国文化走向世界的一张精彩名片。

陆：你所说的"三化"，是杂技艺术的新境界，能展开说一下吗？

程：我说的杂技多元化，指的是杂技节目的构成要多元化，艺术形式要多样化。比如时下流行的杂技剧，就是一种典型的多元化综合艺术，在杂技基本表演中融合了戏剧、武术、舞蹈等多元要素，表现了杂技的综合表演艺术方向。至于杂技的国际化，我想用"民族的就是国际的"这句话加以概括。艺术，首先要民族化，才能在世界舞台立足，进而闯出一片新天地。要音乐一响，演员一亮相，观众就明白，这个节目来自何方。这样，才能让观众过目不忘。杂技节目，说穿了，也是一种艺术产品、文化产品。因此，中国杂技也要有精品意识，只有精品化了，才能叫响国际舞台。

陆：杂技如何走向科技化呢？

程：对于杂技艺术来说，技巧是"核"，创新是"魂"。如何增强创新能力，适当运用和添加新科技元素，应该成为杂技界的研究课题之一。如何让杂技训练更加科学合理，摘掉世俗的"有色眼镜"，也应该成为杂技界的共识。同样，如何让杂技节目从"墙内开花墙外香"的尴尬境况中走出来，应该成为我们杂技人的共同担当，这是一种义不容辞的责任。杂技是一个寄托人生梦想的舞台。它不仅仅寄托了一代人的梦想，还是不断传承的事业，让几代人为之魂牵梦绕。

陆：杂技的振兴和进一步繁荣，是一个长期推进的过程，你对此有什么看法？

程：我想引用一句我们老团长说过的话，"创造新时代的百戏"。这句话，我觉得很有分量。第一，杂技属于百戏，这也许可以说是我们的文化传统。第二，杂技要有时代特征，这就是老团长所说的"新时代"，缺少时代特征的杂技艺术，很难符合观众的口味。第三，杂技艺术要继承传统，但不能固守传统，而是要在传承的基础上有所创新和创造。拘泥不知变通，这是守旧，是穿了新时代的鞋子在走杂技艺术的老路，肯定步履艰难。如何创新，如何创造新时代的百戏，这是个很大的课题，值得我的同行们探讨。

加拿大太阳马戏团的说明书上有一句话，我觉得很有意味。它是这样写的："有人问，太阳马戏团的演出是不是杂技？回答，是，又不完全是。"太阳马戏团演出的主体是道地的杂技节目，但从整场演出看，它又是歌剧、芭蕾、魔幻。这种全新的演出形式，不正是借鉴了我国古代的百戏艺术而又注入了时代特征的一种创新和创造吗？此外，我们这一代演员，如今都已年过花甲，当务之急，是培养年青一代的杂技人才，要像击鼓传花那样，将古老的中国杂技艺术一代一代传下去。由此引申，杂技教育，时不我待。

"出人、出戏、出成果"

陆：你既是杂技艺术表演家，又是杂技艺术教育家，担当如此双重角色，在中国杂技界是并不多的吧？

程：我的杂技艺术生涯有50多年了。回忆这50多年，我觉得蛮有意思，前38年我是在舞台上演出，后16年我在上海马戏学校当校长。虽然角色变了，但我并没有离开杂技。我的人生之轴，始终在围绕杂技艺术旋转。我的根系，也始终没有离开杂技艺术的土壤。我热爱杂技，摸爬滚打了几十年，怎么舍得离开？

陆：你是在哪一年去上海马戏学校担任校长的？

程：1996年吧。那一年，我已经46岁了。从杂技舞台走向杂技教育园地，我并不认为是一次简单的工作调动和角色转换，而是领导对杂技教育的重视，以及意识到培养杂技人才的紧迫性。也许正是鉴于这样的原因，领导才做出了这样重要的决定。

我的一生与杂技有缘，说起来也是一种很有趣的巧合吧。小时候，我住在延安中路一侧的慈惠南里，上海杂技团就在慈惠南里对面。从我家到上海杂技团，只不过隔了一条延安中路。上海马戏学校也在延安路一侧。几十年来，我好像一直在围绕着延安路转。这是上海最长的马路之一，它是我人生舞台的一条转轴，我始终没有离开过这条转轴。还有更巧的，上海马戏学校在上海西郊的程家桥路上，它姓程，我也姓程，这样的巧事，都凑到一块儿了。

陆：上海马戏学校是哪一年正式建校的？

程：1989年3月。这是我国最早从事杂技、马戏、魔术教学的中等艺术专业学校之一。它的前身是上海市舞蹈学校杂技科。在总结几届学员班的办学经验基础上，学校建立了一套科学、规范的教学制度，立足上海，面向全国。学校拥有完善的大型练功房和舞蹈室，有文化教室和电化教室。

陆：上海马戏学校肩负的使命是什么？

程：在国民教育体系中，杂技教育属于特殊教育范畴。上海马戏学校的创办，意味着承担教书育人和培训专项技能的双重使命。如何结合现有的经济文化发展水平和需求，在现有的国内教育体制基础上培养具备特殊技能的专门人才，这是新成立的上海马戏学校面对的一个教学课题，也一直是长期以来需要探索、求解的难题。创办这所学校的宗旨，不仅是为建而建，为创办而创办，而是要传承优秀的中国传统文化，向世界展示中国杂技的内核，这与教育本身，与中国杂技的发展，乃至走向世界，都是意义重大的。

陆：上海马戏学校的教学目标是什么？

程：上海马戏学校的成立，得益于改革开放。学生毕业后获国家承认的中专文凭。创办之初，报名非常踊跃，杂技界也为有了一所自己的学校而高兴。学校的目标是，培养有文化、有技术、有艺术表演能力的新型人才。以现在的眼光看，这个目标非常平常，但在当时有着不同寻常的意义。学校要求，杂技演员要提高技巧难度，更要加强文化素养，要给自己安上一双文化和技巧的翅膀，在比赛场上比翼齐飞。

建校以来，经过不断实践，学校已经形成了一支较为成熟的专业教学团队，以传承、弘扬优秀的民族文化为己任，按照出"精品节目、新品节目、优品节目"要求，不断探索出人、出戏、出成果的办学思路，重点以进入国内外一流赛场为教学目标，在继承民族优秀的传统节目的基础上，推陈出新，抓好精品优品节目创排。

陆：上海马戏学校建校后，在国内外一些重要赛事中，先后荣获了 50 多项金、银及单项奖，受奖教师 80 多人次、学生 180 多人次，获奖率之高、获奖人次之多，在国内同类艺术院校中非常少见，能介绍一下吗？

程：这是教师精心传授、学生刻苦用功的结果。上海马戏学校好像是一座艺术熔炉，"演员型"学生在这座熔炉中不断成长，在抓好杂技教育的同时，我们从中也发现了很多可塑人才和好的杂技苗子。在国际、国内的一些顶级杂技大赛中，由上海马戏学校学生主演的杂技节目获得了十多项殊荣，如第 25 届蒙特卡洛国际马戏节"金小丑"奖，第 14 届、16 届、18 届、21 届摩纳哥"初登舞台"国际杂技比赛"金 K 奖""亲王奖""摩纳哥城市奖"，第 22 届罗马金色马戏节"金奖""共和国总统奖"，第 19 届朝鲜"四月之春"艺术节金奖，第 14 届意大利拉蒂那国际马戏节金奖，第五届、第六届全国杂技比赛"金狮奖"，第四届全国青少年杂技比赛"金狮奖"等。尤其值得一说的是，在第 25 届蒙特卡洛国际马戏节上，学校的《跳板蹬人》获得了"金小丑"奖，这是上海杂技界在国际顶级赛场第一次获得"金小丑"奖，也是上海几代杂技人数十年来一直梦寐以求的国际大奖。

陆：学校取得的这些成果，打响了品牌，拓展了影响力，也为上海乃至国内同类艺术院校的教育构筑了一道美丽的风景线，充分反映了上海马戏学校的办学思路。学校是如何坚持走内外兼修之路的？

程：以学校和课堂为中心的教育，是一种传统的人才培养模式。在一定的历史条件下，这种固化的、一成不变的教学模式，对于学生确实也起到了一定的催化作用，收获了一定的教学成果。但是，在现代社会，特别是在竞争越来越激烈的国际比赛舞台上，如果一味固守这样的模式，是落伍的，必须大胆进行改革，打破以学校和课堂为中心的传统人才培养模式，加强实习教学环节，精心组织国内外各类实习演出活动，坚持走内涵建设和发展之路。

这些年来，上海马戏学校的学生曾先后赴美国、日本、澳大利亚、意大利等十多个国家演出，他们的足迹遍及世界几十个国家和地区。通过这些经常性的演出实践，师生互动，教学相长，提高了人才培养的质量，学校在面向市场、面向社会的同时加强了内涵建设，塑造了优质教育的品牌。

陆：在市场经济条件下，各种样式的艺术作品，不能，也不再只是孤芳自赏，或者仅仅给观众提供"观赏"，而且还赋予了它的市场功能，要讲"票房价值"，特别是杂技，与观众更近，杂技人更需要有"市场意识"，如何理解你所说的杂技"有赛场，就有市场"？

程：赛场和市场是两个不同的概念，两者不矛盾，是相辅相成、有机统一的。在抓好整体教学的前提下，我们着力打造优秀节目，打造品牌节目，提出了"冲赛场，走市场"，通过竞争激烈的赛场和市场，锤炼精品节目。如《跳板蹬人》，我们选择这个具有浓郁海派风格的节目，进行二度创作，求变求新，在增加跳板动作难度的同时，开发了"直体二周、团身三周、360度旋"等一系列高难度的技巧，尤其是"双翻"，走了前人没有走过的路。在冲击赛场前，先将节目推向市场，参加演出，包括在社区活动中的演出和出国商业性等其他文艺演出，让学生边练边实践，用演出效果检验教学成果。经过多年悉心打造，这个节目参加2000年第五届全国杂技比赛，荣获"金狮奖"。赛后，多次应邀参加上海市重大文艺演出，并接到了不少出国演出邀请。2001年，《跳板蹬人》参加第25届蒙特卡洛国际马戏节，荣获包括"金小丑"奖在内的三个奖项，成为马戏学校乃至海派杂技最具代表性的品牌节目。

陆：上海马戏学校的创办，是不是意味着杂技人才的培养，开始发生了由传统到现代的质变，开始进入系统的、专业的教学渠道？

程：新中国成立后，为了解决杂技演员青黄不接的问题，上海杂技团曾经在内部吸收过四位演员子女，对他们进行专业培训，不久，他们上了舞台。但人才短缺的矛盾依然没有得到有效解决。1956年，第一届学员班开班了。团部对学员进行"速成式"培养，为的是尽快解决演员青黄不接问题。虽然急功近利，但也是无奈之举。1960年、1972年、1983年，上海杂技团三次招生，加上第一届学员班，前后一共培训了140名学员和31名随团学员。从第一届学员到第四届学员，时间长达33年，全部采用团办学馆（训练班）形式，学员的来源不一，学制也不一样。办班方式单一，并没有形成正规化、科学化的培训理念和教学方法，与中国作为世界杂技大国的地位不相匹配，也不适应中国杂技向着更高水平、更高层次发展的目标。为了将杂技引向技高艺美的境界，培养德智体美全面发展的杂技艺术专业人才被提上了议事日程。

陆：传统的杂技教育有什么弊端？

程：传统的杂技教育，太功利了，力求在最短时间出节目，出经济效益，这种教育模式往往以教师为中心，强调教师的主导作用。在短期内，传统杂技教育也可能取得好的成绩，但它的效果是竭泽而渔，不利于杂技长远发展。受只讲成绩和只求效益的思维影响，甚至为了降低成本，不重视学生的基本功训练，人为地缩短节目的成型时间，边学边演，抑制了学生的多元发展。学生一旦因种种原因不能再登台表演，将会面临严峻的就业危机。

陆：作为中国第一所杂技专业培训学校，上海马戏学校是如何通过杂技教育和专业培训打造品牌杂技节目的？

程：上海马戏学校承担教书育人和专项技能培训的双重职能。如何在现有的经济文化发展水平和需求，以及国内教育体制的基础上，培养具备特殊技能的专门人才，一直是学校和老师们思考的课题，也一直是推行杂技现代教育需要解决的难题之一。在师生的共同努力下，学校围绕这个课题，不断探索，不断实践，推出了"以赛促教，全面发展"的教学理念，逐步形成了教学特色，努力打造学校的品牌节目。通过演出实践，发现教学距离，修改完善，学生边学边练边演，再回到训练，如此循环往复，目的是围绕品牌建设，不断校正教学"准星"，《跳板蹬人》《兜杠》《双人倒立技巧》《大飞人》《单人艺术造型》等一批节目就是通过无数次实践打磨成的品牌。学校还在国外好几个城市建立了长期演出基地，为学生的学习、训练提供实践保证。

陆：学校创办以来，秉承的是怎样的教育理念？

程：当初，学校的教学理念是"以赛促教，全面发展"，着力于教学节目的开发和训练，积极选送优秀的教学节目参加国内外各类杂技比赛，参与市场演出。通过赛场和市场的磨炼，学生的实践能力、职业精神、竞争意识都有了很大提高。学校的教育质量也得到了检验，以赛促教，推动了教学相长。外省市纷纷慕名而来，要求学校代培学生。2010年9月，学校在圆满完成安徽省杂技团和青海省民族歌舞剧院的委培任务后，接受新疆维吾尔自治区文化厅委培的60名新疆籍学生入学，迎来了又一个办学高峰，俄罗斯雅库茨克等一些国外剧团也要求与学校合作办学。

后来，我们在实践中认识到，"以赛促教"还不够完整，需要进一步表达我们的教育思想。马戏学校培养的学生都是演员型的，所以我们又提出"以赛为主，全面发展"。

陆：由"以赛促教，全面发展"转向"以赛为主，全面发展"，不变的是"全面发展"，这是为什么？

程：杂技的特殊技能训练需要有合适的身体、心理条件，以及有一个长期养成的过程。特殊技能的养成虽然属于职业教育范畴，但接受训练的学生大多又是必须接受义务教育或者应该接受其他层次学校教育的青少年儿童。这是专业学校面对的一对矛盾，如果处理欠当，一味强调训练而不重视基础文化教育，那么，若干年后，学生可能成为文化层次低、综合素质结构不健全的人。为了解决这个问题，我们学校要求不偏食，强调"全面发展"，不仅要加大力度学好技能，而且要加强文化学习。上海马戏学校为七年制，学生入学前接受过文化考核，按照每个学生的文化水平，安排到相应的班级，因材施教。在校期间，要求按照预设目标完成语文、数学、英语、政治等学科的学习。

陆：现代杂技是一种综合、多元、交流的艺术呈现和文化形态。学校又是如何加强与国内外杂技界合作的？

程：在上海国际杂技教育论坛上，世界各国、各地区的杂技界人士以本地杂技教育经验为基础，交流探讨了为杂技学员提供由教育传输到自主实践的过程，由纯粹技术性学习到逐渐养成艺术性创造力的过程，围绕杂技教育、实践、创作、演出、交流等各个环节和过程，阐述了现代杂技教育创新理念和独特做法。这些理念和做法，对上海杂技教育更新观念、开拓思路、探索手段提供了极好的参考，为上海杂技教育的升级和进步奠定了良好的基础。

陆：杂技训练是高强度的，甚至是残酷的，这是一项挑战身体极限的意志训练。正如你所说，马戏学校的学生都是孩子，是不是在学校和家长的双重压力下被动地练习？这些孩子，能不能承受近乎残酷的训练？

程：我已经说过，杂技是一门特殊的艺术，说得更确切些，杂技是一门吃苦的艺术。吃不了苦，很难成为一名合格的杂技演员，也成不了大器。反过来说，世界上恐怕不会有天生不怕吃苦的人，吃不吃得起苦，我觉得是后天的。我们学校有个孩子叫徐璐，只有9岁，几乎所有的孩子都是在学校和家长的双重压力下被动地练习，只有她在享受着一种激情，一种快乐。13岁的蔡勇，父母是哑巴，他们和老师沟通，要通过蔡勇的手语，他唯一能做的就是承受。一个杂技演员，吃苦是常有的事，伤痛也是经常发生的事，不足为怪。坦率地说，谁家父母看着孩子吃苦不痛心？再说，父母花了钱，让孩子来吃苦，能说他们舍得？我是校长，可我也为人之父啊！练杂技不吃苦，不行啊！

既然杂技免不了皮肉之苦，学校绝不能让孩子们在生活上再吃苦，他们在长身体，需要营养。原先，学生每天的伙食费是20元，可我觉得还要"特殊"一点，伙食费还要加码，在领导部门的关心、支持下，学校终于争取到了"特殊待遇"，伙食费由每天20元增加到了50元。对于生活设施，学校也动足了脑筋，在教委关心下，出资安装了空调，安装了净水机，保证孩子们吃得好，吃得干净，有营养。对于新疆、青海籍的学生，还要确保他们伙食"清真"。在历次国内外比赛中，师生得了奖，是他们努力拼搏的结果，应该向他们表示祝贺。在他们身后，还有一支默默奉献的队伍，包括学校食堂的工作人员，为了师生吃得好、吃得健康，有足够的体力和精力参加训练、参加比赛，他们也在努力工作着，难道我们不应该向他们表示祝贺，表示我们的礼赞？他们同样应该获得鲜花、获得掌声。

陆：杂技，也是一个生产系统。从编创到演出，要给观众有一种常演常新的感觉，马戏学校为杂技舞台输送人才，如何在教学上创新？

程：以前的杂技艺人说，杂技是个筐，什么东西都可以往里装。由于时代的局限性，我觉得这种说法在当时并没有什么不对，但是现在的情况不一样了，需要在原来的认识基础上大幅提高。

按照我的认识，应该这样说，杂技是个大筐，必须拣好的东西往里装。这又说到了杂技艺术的创新。同样，杂技教育也必须创新，首先是要摒弃传统杂技教育的弊病，摒弃那些陈旧的、落后的、毫无生气的教育思想和教育理念，要以培育"既有体育的体魄、力量，又有舞蹈的身段、姿态，兼及杂技的胆大、艺高和毅力"的人才为目标，变苛求技巧为追求艺术审美，变培养演员为培养人才，变培养"仓库性"人才为"创造性"人才。只有这样，杂技教育才有可能沉下心，对"一哄而上"争排节目、你争我夺抢占市场的杂技界"乱象"说"不"。

陆：杂技教育创新，具体表现在哪些方面？

程：传统杂技教育采用的是"传授——学习型"模式，教学双方大多是以师徒的身份出现。师傅要求徒弟适应他的"教"，不惜采取打骂、体罚的方式，学生不仅没有机会表达和展示自我，而且由于身体和心理上的折磨，被扼杀了创造潜能。杂技教育创新，应该运用现代教学理念，要破除传统教育藩篱，摒弃打骂罚，注重讲练看，也就是教师要勤讲、勤动，勤于带领学生练习，让学生明白动作，科学地掌握动作要领。

回首2000年以来，学校之所以在国内外重大赛事中取得一系列优异成绩，离不开杂技教育创新。正是杂技教育的创新，提高了学生的创造能力和表演能力，许多学生毕业时，已经是国内外重大赛事的获奖者，毕业生就业率常年保持在95%以上。

陆：上海马戏学校是如何处理专业训练与文化学习两者之间的关系？

程：杂技艺术是对艺术最高境界的向往和不懈追求，对学生的文化底蕴和知识的积累要求很高。学生如果具有相当的知识水平和文化积累，将会使杂技艺术之路越走越顺畅，不断体悟到个人成长的魅力。反之，"艺术之塔"如果缺少文化之基，就如同在沙漠上造房子，根基不牢，地动山摇，于学生、于杂技事业都不利。优秀的杂技人才，必然是有文化的、高素质的，他们是中国杂技的新鲜血液。有了他们的加盟，中国杂技一定能推陈出新，扬长避短，在国际舞台上大放异彩。

陆：说到杂技教育，有个绕不过去的话题，也就是"儿童与杂技"的关系问题。一个时期以来，这个问题一直为国内外杂技界所关注。甚至，在一些重要的国际赛事，有些国外评委会要求我国出具儿童演员的家长和医院证明，我国有关部门就此事向杂技界发出过警示性信息。我国不少有识之士也著文或通过演讲等形式，对杂技艺术的"低龄化"表示担忧，你认为有担心的必要吗？

程：杂技是一种特殊的技能和技巧，对于年龄当然有一定要求。以前，流落江湖的杂技艺人，为了谋生，不仅自己"卖艺"，而且还让自己的孩子从小继承衣钵，这且不说。杂技为什么需要从儿童时期学起？这个问题回答起来也不复杂，这是因为杂技有自身的特殊要求。接受腰、腿、跟头、顶等基本功训练，年龄最好在10岁以下，这个年龄段的儿童，骨中的有机质比较多，软骨较厚，可塑性强，训练效果好。过了这个年龄，训练就比较困难，也难以取得良好的效果。这也是上海杂技团在我10岁时挑选我进馆学艺的一个原因吧。可以说，儿童与杂技有着一种密不可分的依存关系。

陆：我国古籍有不少有关儿童杂技的描写，据崔令钦所编《教坊记》："教坊一小儿筋斗绝伦，乃衣以缯彩，梳洗，杂于内伎中。少顷，缘长竿上，倒立，寻复去手，久之，垂手抱竿，翻身而下。"说的就是少儿在竿顶上表演"拿顶""头顶子"和"跟头下竿"等技巧。诗人张祜的《杂曲歌辞·大酺乐》也有"小儿一伎竿头绝，天下传呼万岁声"句，说的也是少儿在竿顶表演杂技。看来，儿童表演杂技，古已有之，不足为怪。

程：准确把握儿童学习杂技的年龄段非常关键。正如王峰所说，杂技观众少不了儿童，杂技演员也少不了儿童。问题在于如何处理好儿童与杂技的关系，把握好一个"度"。我们老一代杂技演员应该担一份责任，那就是：既要培养杂技新秀，也要保护儿童的身心健康成长。杂技演员"低龄化"，不宜提倡。有人说，在杂技舞台上，主体表演者如果都是儿童，杂技就成了儿童艺术。我认为，这话说到了根子上。但是，杂技演员要掌握技巧的高难度，首先是离不开艰苦训练。由于杂技对人的年龄和身体条件有一定要求，艰苦训练必须从孩子抓起，如果离开了学习杂技的年龄阶段，那也不行。西方的马戏学校，不允许招收 14 岁以下的儿童，我们的国情和他们不一样，不能生搬硬套。关键是，对未成年人的培养要注重科学化，并且兼顾未成年人的身体健康。

上海马戏学校的学生，我认为都是我和老师们的孩子，我们要倾注满腔的爱。这些孩子的健康成长，是我最大的心愿。我要求自己，成为一个具有双重身份的杂技人，既是严师，也是慈父。由于杂技的特殊要求，他们入学时年龄较小，为了保证学生人身安全和正常的教学秩序，学校实行的是封闭式半军事化管理。刚入学的孩子，对杂技还一无所知，我们的专业老师自觉担当，给予孩子们严父慈母一般的关怀。我和老师们常常放弃节假日休息时间，带领他们游览上海的著名文化景点。家长把孩子交给我们，学校必须对学生的长远发展负责，让他们成才成人。

创品牌关键在人

陆：学生的"全面发展"，需要有配套的教育举措，学校是如何合理分配课时的？

程：在教学实践中，我们学校正确处理文化课程与专业技能训练的关系，不断调整课程结构，保证文化课与专业课4∶6的课时比例。除了专业，学校还开设了语文、英语、数学、政治、历史、计算机、音乐、美术、自然常识等文化课；除了九年义务教育规定的必修课程，还增设了表演、舞台化妆、杂技概论、专业英语等课程，帮助学生提高艺术素养和职业能力。每一门学科，都按照教学大纲和教学计划，学生必须参加每个学期的期中、期末考试，成绩与年度奖学金直接挂钩。学校教务处有一项硬规定，凡是文化课成绩不达标的学生，将被取消接受专业训练的资格。这些举措，保证了学生德智体美劳等"全面发展"。

陆：上海马戏学校的《跳板蹬人》《兜杠》《双人倒立技巧》《大飞人》《单人艺术造型》等节目，屡屡荣获大奖，这与不断强化的演出实践活动不无关系吧？

程：实践是杂技教学活动的重要一环。缺少这个环节，不行。通过一系列演出实践活动，教师能够发现教与学存在的距离，从而不断总结、不断修改和不断完善教案。学生通过演出实践，边学边演边练，再回到训练中去，力求有新突破、新提高。我们称这样的教学为"循环往复式"教学，对于教师和学生，都是一个不断检验、不断上升和不断超越的过程，这也是对于艺术精益求精的不懈追求。《跳板蹬

本书作者与杂技艺术家
程海宝（左）合影

人》等一批为业界关注的节目，就是在无数次的"循环往复式"教学中打下基础的。

陆：杂技品牌的创立，关键在人。俗话说，千军易得，一将难求。杰出的人才，除了"后天养成"，更需要通过严格、科学的训练，你们是如何发现和挖掘人才的？

程：通过长期实践，我认为在学生中进行蹲点观察、试验培训是一个行之有效的方法。比如《兜杠》，这个节目的底座子要个头相等、头脑反应快、力量大、爆发力足的男性，学校在蹲点式的观察中，发现了一对有家族运动史的双胞胎兄弟。经对他们有针对性的强化训练，这对双胞胎兄弟在蒙特卡洛马戏节上一举夺得"银小丑"奖和"特别奖"。打破上海杂技界国际奖项"零"纪录的《跳板蹬人》，演员也是通过蹲点观察挖掘出来的，这个节目同样荣获了蒙特卡洛"金小丑"奖。

陆：上海马戏学校的创立，使上海杂技后继有人，这是值得高兴的一件事。它是绽放在中国杂技界的一朵鲜花。由此及彼，我想请你对中国杂技的未来说几句话。

程：中国杂技发展到今天，取得的成就显而易见，令业界欢欣鼓舞。但是，结合观众的审美需求，以及国际马戏舞台的赛况，中国杂技任重道远，发展的空间很大，其艺术生命力非常旺盛。尽管在市场经济条件下，中国杂技的提高和进一步质变，还需要做出这样那样的努力，但我坚信，这门艺术的魅力是永存的，它在民众中的根基是深厚的。我对中国杂技的未来充满信心，深情地祝愿这朵艺术之花越开越灿烂，越开越美丽。

艺术传评

　　我从事杂技艺术有 54 个年头了，前 38 年是杂技舞台生涯，后 16 年从事杂技艺术教育。我常常有一种很奇怪的感觉，杂技艺术是一条很宽阔的河，我在拼命划桨，并没有想要歇一歇的念头，我只是一个船夫，想要将承载中国这门古老艺术的船划向前，唯有迎着风雨，拼命划动我手中的木桨。转眼，54 年过去了，我在杂技舞台和杂技教育园地留下了足迹，但我依然觉得，我好像还是在划着船向前。

——程海宝

楔　子

　　3月，寒意未消。小北风一吹，树上的残枝枯叶，纷纷往下掉落。尔后，一声呼啸，它们便打着旋儿，四散开去，眨眼就跑得没了影踪。

　　在这样的乍暖还寒季节，我行走在上海西郊的一条马路上，并不是为了感受早春的脉动，而是刚刚结束采访，踏上了回家的路。西郊的这条马路，既长且宽，由东及西地铺展而去，但，或许是临近中午的缘故吧，路上却少有过往行人，车辆也不多，四周显得十分的安静。正是这样的原因，使我喜欢上了这里的环境。我天天生活在闹市中心，听惯了喧嚣，见多了嘈嘈杂杂的街头景象，这时反倒有了一种远离尘世，"而无车马喧"的感觉。

　　我走着，慢慢走着，用心体会隐约而来的春天的脚步声。一会儿，我就走到了虹桥路上的一个三岔路口。这里，有一个不大的候车亭，可以停靠好几条线路的公交车。我在一张镂空的铁皮长凳上坐了下来，等车。几个月来，我反复行走在这条路上。不远处，就是我刚去采访的上海马戏学校。虽然它如今已迁向了上海远郊，但学校旧址仍在那里，围墙上也依然十分醒目地写着"上海马戏学校"。

　　我去上海马戏学校，是去采访原校长程海宝的。在中国杂技界，很少有人不知道程海宝。他是我国当代的一位著名杂技艺术家。他的名字，是和中国杂技艺术联系在一起的。我知道他演过很多杂技节目，由他领衔的《大跳板》，堪称中国杂技舞台上的一个经典节目。然而，要深入了解这位中国杂技家协会副主席、上海市杂技家协会主席，要了解他50多年来的杂技艺术生涯，仅凭短短几次采访，那是远远不够的。如同其他表演艺术家一样，程海宝的杂技艺术和精神世界是丰富多彩的，必须用多元的视角、平静的心态，去解读他的杂技艺术人生。听他谈艺，说杂技，我感觉时而如在感受山溪的奔泻，时而又好像在感受雷电的碰击。这，正是我所需要的。我太想了解这位性格演员50多年来的艺术人生了。

　　我的情感之湖，波澜起伏，陶醉在杂技艺术世界。我很奇怪，我何以会有这样的感觉。莫非，程海宝的叙说让我联想起了数千年的中国文明史？杂技，不正是其中的一页？

　　上海马戏学校是我了解中国杂技的一个窗口，也是我了解程海宝其人其事的一个"切入点"。这位当代著名杂技艺术家，从他的孩提时代开始，到他的完美"谢幕"，一路走来是多么的不容易！正当事业如日中天，他却在掌声和鲜花中"告别"舞台，去了上海马戏学校。为了杂技，为了杂技艺术事业的延续，他摘下了舞台光环，转而去培养杂技新秀。这，又是怎样的一种艺术胸怀！

我还是说说第一次去采访程海宝时的感受吧。那天早上，当我走进上海马戏学校，这里已是人去楼空。学校搬迁去了奉贤，校园里显得十分静谧。把守学校的门卫问了问我，便指着一幢教学楼对我说："程校长的办公室就在这幢楼里。"这是一幢综合性、多功能教学楼，看上去有点"年纪"了，灰蒙蒙的，毫不张扬，很有个性。沿着水泥筑就的台阶，我拾级而上，来到三楼。校长室就在这个楼层。我敲了敲门，程海宝从办公桌后站起身，和我打了个招呼。我看了一眼他的办公室，大约有五米长、三米宽吧，统共不过十来个平方米的面积，靠墙，放着一张三人沙发，沙发前有一个小茶几，一侧有一个不高的文件柜，大概是用来储放杂物的，屋子一角，是一张办公桌，棕红色的，桌上除了一台电脑，还堆着大量资料。

我问："程校长，这就是你的办公室？"

程海宝回答："是呀！"他好像看出了我心中的疑问，连忙解释，"我这个人，从小习惯粗茶淡饭，不喜欢豪华。生活上，我与世无争。办公室是办公的，有张桌子办公，有张凳子坐坐，我觉得足够了。"

第一次采访程海宝，第一次走进他的办公室，这月、这天，这人、这事，就给我留下了一个强烈印象。我有点感慨。也许，丰富多彩的生活，不只是塑造了一位艺术家的外表，也不只是如同鼓起的风帆，托起了一位艺术家几十年的杂技生涯，鼓舞着他去追逐为之奋斗了一生的美好梦想，而且，生活还在他的精神世界留下了一个投影：简约、简朴、简单，不雕琢、不奢华。寒来暑往，一位饮誉海上的杂技艺术家，竟然是在如此狭小的空间工作了16年！

光荣与梦想，是人生的最高境界。但是，程海宝并没有将耀眼的奖杯和奖章放在他的办公室内。他说，他的办公室很小，承受不起这些荣誉。这些年来，他将荣获的50多个奖杯、奖章、奖牌，全都藏在学校的一间资料室里了。

我忽然想起了程海宝说过的一句话，过了，就过了。所有的荣耀，都已经成为过去。顿时，我明白了，将所有的荣誉"藏起来"，这是程海宝的一种处置方式。

更使我感到意外的是，程海宝原本有三室一厅的住房，但他宁愿放弃宽敞的居住空间，也要天天与学校相守。说"以学校为家"，这话很有点老套；说古贤"三过家门而不入"，似乎又有点拔高和夸张。是不是有人也愿意像他那样，宁愿与妻子、儿子三人挤在学校的一间陋屋，也一定要将他心中的梦想化为现实？我无法找到答案。十多年过去了，当年的学生，有的好几次登上了国际大赛的领奖台，捧着奖杯、挂着奖牌而归，有的成了杂技舞台上的新星，赢得的鲜花和掌声无数，但程海宝还是守着这间陋屋。有的人不理解，程海宝，你这是何苦呢？程海宝不予理会。也有好事者说，程海宝将自己的三室一厅租给别人了。程海宝还是不予理会。

好事者有好事者的言论自由，那就让好事者去说吧。

白天过去了，校门外已是万家灯火，程海宝从办公室回到陋屋——这里，才是他心目中的家，他在构想，明天，该是怎样的一天？练功房里出现的，又该是怎样的一幕情景？当校园里升起了第一缕晨光，他走出了陋屋——走出了家，深情地望着校园。此刻，新的一天刚开始，校园里静静的，靠近大门的地方，有一块灵璧石，高耸着，石尖直指蓝天。这块巨石，有着一个诗化的名字：中流砥柱。

我又一次打量起程海宝来。他的个子不高，也不矮，属于中等个头的那种类型。但是，他的双肩很宽，这使我联想起了他在《大跳板》中担当的"底座子"角色。就是这副肩膀吗？曾经扛起了八个人、九个人，抑或更多的人？我在想，这副肩膀，才是一副真正的男人的肩膀，挑得起伤病、挑得起荣誉，也挑得起风、挑得起雨！有的人，看见的只是奖杯、奖章和奖牌，却很少关注那些奖杯、奖章背后的付出；有的人，看见的只是一位杂技艺术家在舞台上的精彩表演，却很少关注几十年来发生在舞台背后的故事。几十年来的付出，一次又一次的伤痛、伤病，使程海宝赢得了一次又一次的荣誉，每当他捧着奖杯、挂着奖牌奏凯而归，迎接他的是笑容，是掌声，是鲜花，同时，还有飞短流长。然而，他还是说："过了，就过了。这都是昨天的故事了。"

这，就是我想要了解的程海宝。

当红色大幕徐徐垂下，当观众发出由衷的赞叹之声，程海宝背后有着怎样鲜为人知的故事呢？

第一章

少年情怀

　　基本功训练是一个痛苦过程，只有身临其境的人才会知道。唯有经过难以计数的苦练，方能"熟能生巧"。我们的基本功练习，每个学员一定要将腰和腿练得达到一定柔软度不可。那滋味简直像是在上"老虎凳"，真是难以忍受啊！我不怕吃苦，要将腰、腿、跟头、顶等基本功练扎实，这是杂技演员最起码的基本功。基本功如果不扎实，走过场，像摆设，花拳绣腿，怎么能成气候呢？

——程海宝

　　陕西北路，箭也似的穿越南京西路，向北蜿蜒而去。历史在这里留下滚滚风尘的同时，也以惊人的工匠之笔留下了一幢幢豪宅。这条路，以前叫西摩路，筑于1899年，距今已有百年之久。路上的那一幢幢老洋房披览岁月，可谓阅尽了人世间的沉浮沧桑。西摩会堂，这座当年远东地区最大的犹太会堂，以及近代外国侨民聚居区内的太平花园、何东公馆、董家老宅、宋家老宅、荣宗敬故居、南洋公寓……现在都已成了历史的过客，静静地回忆着昨天的故事，著名华侨实业家、粤籍旅日经商的简照南、简玉阶兄弟，"香港船王"董浩云，国民党元老、粤军总司令许崇智，那些昔日的社会名流皆曾留下匆匆穿行于此的足迹。

　　白驹穿隙而过，时光如水银泻地，如今，历史在陕西北路拐了一个大弯，继续一路前去。靠近延安中路、陕西北路的一侧，历史留下的一片石库门建筑在周围现代生活气息的衬托下似乎显得有点"寒碜"，然而，厚实的历史底板上，却写下了一个几十年来历经风雨而没有褪色的名字：慈惠南里。

　　我们的故事，就从慈惠南里说起吧。

慈惠南里 16 号

　　慈惠南里建造于 20 世纪 30 年代。陕西北路的弄堂口上方，依然留存着四个苍

慈惠南里（陆林森摄）

劲的大字：慈惠南里。谁也没有考证过，这四个大字出自何人之手，也没有人去考证过，这条弄堂为什么取名慈惠南里。生活在慈惠南里的人们只知道，这条弄堂栉风沐雨，已经存在了七八十年。如今，三四十年代的物象早已不复存在，取而代之的是弄堂口摆着的一两个小摊，以卖皮带，或者修拉链为营生。相比之下，倒是弄堂两旁那些鳞次栉比的服饰店、百货店，以及售卖各种生活物品的商店，显得要时尚得多。它们原先大多也是住宅，因为是街面房子，在市场经济大潮中破墙开店，亮出了五光十色的商店旗号。因为有了这些店铺的存在，慈惠南里的沧桑感似乎也被淡化了。这条烟灰色的弄堂在城区综合整治改造中被修葺一新，弄口墙壁上的暗红色粉浆水，也像画匠泼下的写意油彩，更是抹去了不少斑斑驳驳的岁月痕迹。

走进慈惠南里，方知这条狭窄的弄堂里，其实还是别有一番景象，一大片被"老上海"们引以为傲、融合了中西方文化的石库门建筑群，饱经风霜，却依然保存得十分完好。然而，老房子还在续写着它们的传奇故事，原住民已基本流失，居住其中的大多已是后来陆陆续续搬迁于此的外来人家了。

1950 年 10 月 30 日，程海宝就出生在这里。他的父亲叫程晋荣，母亲叫叶助

041

霞。程晋荣18岁那年，携妻子从祖籍安徽绩溪上庄镇来到上海。慈惠南里16号，成了他们的家。几十年后的今天，程海宝早已结婚生子，迁居别处，而程家老屋仍在，住着他的姐姐一家。

程晋荣、叶助霞夫妇在慈惠南里一住几十年，他们生育了九个孩子：老大程彩莲、老二程彩芬、老三程彩芳（女儿）；老四程林沧（儿子）；老五程彩仙（女儿）；老六程海沧、老七程海光、老八程海宝、老九程海龙（儿子）。

中国有一句老话，叫做多子多福。中国还有一句老话，叫做盼子成龙、望女成凤。话是这么说，可要拉扯九个孩子长大成人，却并不是一件容易的事，夫妇俩含辛茹苦，耗尽了心血。程晋荣自从在上海定居下来后，在一家茶叶店找了一份工作，每天早出晚归，程家大大小小十一口人，就靠他每个月并不算高的薪水过日子，经济状况和生活条件可想而知。

人生多的是巧事，程晋荣打工的这家茶叶店，在上海滩上也算是赫赫有名的，名叫程裕新茶叶店，创始于清道光十八年（1838年），位于南市老城厢咸瓜街上。有关程裕新茶叶店搬离咸瓜街，另择新址开张，那还是若干年以后的事。程晋荣与这程裕新茶叶店，似乎也颇有点天生的缘分。茶叶店老板姓程，他也姓程，他们又都是安徽人氏，在外人看来，似乎有点儿沾亲带故。其实不然，程晋荣和店家原不过是雇佣关系，待到上海解放，后来又进行了工商业改造，程晋荣的地位发生了变化，成为新中国翻身当家的第一代职工，原先的雇佣关系自然也就不复存在。世事更迭，寻常百姓的谋生仍然离不开一份工作。所幸，彼时的上海滩，茶叶生意不错，程晋荣的工作相对也要稳定得多，这就使程家的生活有了经济保障。多年后，程晋荣离开茶叶店，去了上海闸北地区的一个工地，依然风里来雨里去，辛辛苦苦地工作。妻子叶助霞，是一位传统妇女。俗话说，男主外，女主内。程晋荣在外打工谋生，家里那些针针脑脑的活儿，也就全落在叶助霞一人的肩上了。九个孩子要吃、要穿，还要上学，日常开销很大，叶助霞有时也会去里弄生产组揽点儿糊纸盒子、拆纱头等杂活，挣点钱，贴补贴补家里的开销。一家人量入为出，勤勉有加，虽然谈不上富裕，日子过得倒也自给自足。

程海宝从小生活在这样的一个普通劳动者家庭，从小接受的是传统的中国式教育，程晋荣对九个孩子的要求是：勤劳，本分，不偷懒，生活上要节俭，踏踏实实地做人。

父母的言传身教，对程海宝的影响很大，在潜移默化中给予他许多精神养料。生活使他感受到父亲和母亲的艰辛，他牢记着父母亲的话：生活要简朴，做人要正直。虽然他的年龄很小，但他知道，好习惯必须从小养成。上学以后，他接受的仍然是中国式的传统教育，老师要求学生们好好学习，天天向上，守纪律，不逾矩。

生活，犹如一个硕大的磨盘，将青涩磨成了甜美的乳汁，养育了程海宝，使他深知，为人处世，当恪守传统，信奉孝道，他常常这样勉励自己："我可以没有朋友，但绝不可同不讲孝道、缺少爱心的人为伍。"少儿时期接受的传统价值理念，为他今后的人生打下了基础。

1960 年 9 月 5 日

发生在生活中的一件小事，往往会改变人的一生。1960 年 8 月的一天，上海的一家报纸上刊登了这样一则启事：上海人民杂技团公开向社会招收学员。

这条消息，并没有引起很多人注意。

就在这则招生启事登出不久后的一天，几个陌生人走进了延安中路小学。程海宝就在这所小学就读，那几个陌生人去了几个班级，又来到了程海宝的班级。孩子们事先并不知道他们的来意，一个个睁大了眼睛，好奇地望着他们。

原来，他们是上海人民杂技团的工作人员，是来就近招生的。程海宝家离学校很近，与学校只隔了一条延安中路。从学校沿延安中路往东，穿过陕西北路，就是上海人民杂技团了。工作人员看看这个，看看那个，然后来到程海宝面前，打量了一会，他们中有个人问："你家有几个孩子？"程海宝回答："爸爸妈妈生了我们九个兄弟姐妹。"他自报家门，介绍了姐姐、哥哥和弟弟。

"好啊，叫他们到我们杂技团来，让我们看看好吗？"

"好！"程海宝一口答应。年幼的他，当然不会知道，他的体格和形象已经入了他们的"法眼"，成了杂技团理想的"备选"人才。

放学回家，程海宝将这事对爸爸妈妈说了，一家人都感到很高兴。不久，他们家果真接到了通知，要他们去杂技团面试。

孩子究竟够不够格成为一名杂技演员？程晋荣和叶助霞心里没底，夫妇俩一商量，决定带孩子们去试一下。面试那天，他们带着程海宝，还有程海宝的哥哥程海光、弟弟程海龙去了杂技团。

面试现场十分热闹，唧唧喳喳地来了好多孩子，都是由家长陪着前来面试的。一位个子矮矮、体型瘦瘦的杂技团领导亲自在现场坐阵，他就是上海人民杂技团副团长王峰。有关王峰，这里先得说上几句。

王峰是一位杰出的中国杂技艺术工作者，长期从事杂技理论研究，多次呼吁要加快培养杂技人才。杂技团这次"就近招生"，他就是倡导者之一。对于这次面向社会的公开招生，他非常重视，一定要好中选好，录用一批可塑之才，为上海的杂技艺术储备和输送"后备力量"，因此，他亲自在现场担任"主考官"。

周良铁在回忆当年的面试情况时说："上海杂技团副团长王峰亲自把关，看我们一个个'过堂'。"周良铁所说的"过堂"，内容有哪些？"考官压压我们的腿，检查柔软度。""还有，扳腿、朝天蹬、拿顶、前桥、后桥（前软翻、后软翻）等。"他说，这些不是他的强项，但爬竿速度比其他他应考的孩子快捷，所以被杂技团一眼相中了。程海宝呢，长得结实，弯腰、踢腿等动作也不错，看上去是一块学杂技的好料。按照"主考官"要求，他完成了需要"过堂"的内容。当时他既紧张，也感到新鲜，至于考官对他的印象，他无法预判，也没有想到要去预判。

面试结束后，程家一直在等待结果。终于有一天，上海人民杂技团寄来了录取通知。

程海宝和哥哥程海光、弟弟程海龙都符合要求，全部被录取了。程家一下被录取了三个孩子，程晋荣和叶助霞既高兴又有点不舍。其时，家里有几个女孩子正寄养在安徽老家，要是三个男孩都去了杂技团学艺，家里实在太冷清了。他们想要的很简单，天伦之乐，就在于一家人团聚一起，哪怕生活清苦一点也无所谓，他们早就习惯了家里的喧闹。尤其是做母亲的叶助霞，实在是割舍不得母子之情，虽然杂技团就在家对面，离慈惠南里不过是一箭之地，但孩子们毕竟是要离家了呀。夫妇俩商量来商量去，最后决定留下最小的孩子程海龙，让程海光和程海宝去报到。

1960年9月5日，这是程海宝终生难忘的一天：他要和哥哥去杂技团报到了。清早，他醒了，一骨碌起身，漱洗完，穿上白衬衫，还是像平时一样，戴上红领巾。可是这一天，他不用再去延安中路小学了，他已经是杂技团学馆的一名正式学员了。

"晓往知来"第一课

初进学馆的程海宝，对于已然开启的杂技艺术之门，在认识上还是模糊的。他知道中国杂技是怎么回事，但那只是停留在非常浅显的认识上，一个刚满10岁的孩子，怎么可能从真正的意义上去认识杂技艺术？他也不可能知道，走向杂技艺术，成为一名杂技演员，将要付出多少心血和精力，而在漫长的杂技艺术之路上，又将承受多少近乎残酷的、刻骨铭心的"磨难"！他在学馆接受的杂技启蒙教育，与其说是一些极为简单的扳腿、朝天蹬、拿顶、前桥、后桥，还不如说是让他更多地了解杂技团团史，了解中国杂技的历史走向。

翻开上海人民杂技团的历史底页，赫然记录着这样一段文字：

1950年，中华杂技团（1953年更名为中国杂技团）成立。这是在国务院总理周恩来关心下组建的第一个国家级杂技艺术表演团体。作为新中国第一个文艺团体，中华杂技团组建不久成功出访苏联，载誉而归。社会主义制度确立后，文化事业蓬勃发展，需要有一批能够体现党的文艺方针的、高质量的、由政府部门直接领导和管理的文艺团体，上海组建杂技艺术表演团体被提上了重要的议事日程。在著名戏剧理论家、上海市文化局戏曲改进处副处长刘厚生主持下，上海开始组建由国家部门管理的上海杂技艺术团体的组织架构。而此时，热心于将杂技艺人组织起来的潘全福等人到处奔走，为沟通政府部门和杂技艺人起到了积极的纽带作用。经过努力，一个全市性的杂技艺术团体呼之欲出。1951年11月19日，上海人民杂技团宣布成立。上海市文化局副局长于伶等出席当天的挂牌仪式，刘厚生在仪式上发表讲话。11月23日，杂技团成立后仅仅三天，上海市人民政府就下达（51）4654号文，正式批准上海人民杂技团成立，该文同时宣布一项任命：潘全福任代理团长兼政治辅导员，邱胜奎、邓文庆任副团长。

了解杂技团的这段历史，对于初入杂技艺术之门的程海宝来说，是重要的，老一代杂技艺术家的口述实录，为他推开了一扇瞭望中国杂技历史走向和发展的窗户。程海宝由此生发了成为一名新时代杂技演员的荣誉感，奠定了学好技艺的决心和认知基础。他从团史上还读到了许多进馆前根本不了解，也无从了解的杂技团原始面貌：新组建的上海人民杂技团，原来是以邓文庆、邓玉山、冯奇宝等人组建的原神州魔术团及邱胜奎、邱涌泉、朱建平等人的原邱家班为基础，其中包括著名杂技演员李殿起、李殿彦、张立永、王玉振、甄毓卿、黄玉书、张凤池、张洪海等，一共47人。成立之初，因团内党员人数不多，与稍后成立的上海人民评弹工作组

上海人民杂技团建团元勋集体照

成立了一个联合党支部，对杂技团的演出等日常工作进行统一领导。杂技团成立后的第二年，孙泰、田双亮、申方良、申方明等杂技界名流从澳洲和香港地区陆续回到上海，加盟杂技团。20世纪50年代中期，又有著名魔术师莫悟奇、莫非仙，口技艺人周志成等陆续加盟，短短几年，杂技团就发展成了阵容强大、在国内广有影响的专业杂技团体之一。

此时的上海人民杂技团，已是明星云集，声誉鹊起，但也面临着一个问题：大多数演员年龄偏大，长此以往，演员队伍将会严重老化，这与杂技对演员的年轻化要求是相悖的。而且，一批传统节目如《口技》《魔术》《手技》《钢叉》《踩球》等，也急需有新人继承。为了解决这个刻不容缓的人才断层问题，团部决定在内部招收学员，四名演员子女先后被吸收进团。团部对他们进行"师傅带徒弟"的培训，手把手带教。他们为杂技团补充了新鲜血液，但并没有从根本上解决杂技演员的"断层"问题。

要不要将招生的口子开得再大一些呢？经过研究，团部决定改变招生方式，由内部转为面向社会，并且以团办学馆形式，为杂技团"定向"培养一批青年演员。这个想法，很快得到了上级部门认可。可是，新中国成立才只有几年，社会观念还很陈旧，很多人瞧不起杂技这个行当，乃至反对自家的孩子去学杂技。

因此，杂技团的"扩招"计划虽好，可要实现这项计划却并不容易，主要就是生源成了问题。后来，在上海市人民政府协调下，"扩招"得到了上海市儿童教养院的大力支持，为上海杂技艺术界第一次公开向社会招生提供了"生源保障"。

1956年4月18日，杂技团从上海市儿童教养院招收了30名有基础、有培养前途的小学员，接着又从杂技团内部招收了部分演员子女，组成了学员班。这些孩子的平均年龄12岁，学制五年，一批著名演员，如甄毓卿、李殿起、王信志、邓文庆等，"改行"成为学员班的带教老师。

学员班初创伊始，办学条件异常艰苦，基础设施很差，但学员表现得非常坚强，没有练功房，就在露天练功，没有道具，就自己动手做。冬天，寒风飕飕，冷得刺骨，他们也决不轻言放弃，坚持在露天练功。练《走大绳》，练高空节目，没有一个学员叫苦，更没有一个人后退。甄毓卿、李殿起、王信志、邓文庆等，都是经验丰富的杂技艺术家，在他们悉心培养下，短短两年之后，学员们练出了《蹦床飞人》《火箭飞人》《空中体操》《走钢丝》《走大绳》《双爬杆》《四人造型》《双咬花》《蹬伞》等一批高难度节目和大型高空节目。

1958年6月1日，学员班在中福会上海少年宫进行了第一次演出，这是学员班第一次向社会公开亮相，展示上海杂技的教育成果。1961年7月，学员班结业，涌现了杨惠芳、薛晶晶等一批优秀学员。1963年，他们带着一批优秀节目赴京献演，

第二届学员合影，前排右一为程海宝，第三排左一为带教老师申方良，后排右一为带教老师申方明

杨惠芳的《钢丝跟头》、薛晶晶的《倒立》、朱复正的《蹦床》、沙小心等人的《四人造型》、王燕燕和王莺莺的《双咬花》、周演吉的《蹬伞》等，均让观众眼睛一亮，台下喝彩声四起。他们的脱颖而出，弥补了上海人民杂技团青年演员数量的不足，更起到了承前启后的作用。作为杂技团培养出来的一支骨干力量，他们在上海的杂技舞台上撑起了半边天，同时也为马戏杂技拓出了一条探索之路。更为可喜的是，这支新生力量的脱颖而出，为上海人民杂技团积累了宝贵的教学经验，就在他们毕业前的一年，杂技团决定开设学馆，程海宝踏着杂技团开辟的教育之路，走进了学馆，成为学馆的第二届学员。

以大树为"界"

延安中路 549 号，原是一处私家花园，名叫"煦园"，建于 20 世纪二三十年代，园主为洪桢良。"煦园"不大，占地 4390 平方米，和其他园林相比，显然是一座"袖珍式"的花园。不过上海滩寸土寸金，尤其是市中心，地皮更是十分金贵，"煦园"立足于延安中路一侧，已是相当不易。洪桢良乃浙江商业储蓄银行总经理，其

上海杂技团原址（陆林森摄）

子洪君彦是章含之前夫、章士钊前婿，身世如此显赫，更显得"煦园"身价不菲。再看"煦园"内的建筑，兼具江南园林和英国乡村别墅风格，换句话说，"煦园"是中西方风格的"混搭"，中西方文化交融，园内叠石理水、水石相映，恍惚间让人如同置身于大自然的怀抱，忘却了人世间的喧嚣，那些石桥、假山和亭子，无不折射着中华传统建筑的精美和江南园林的神韵。

上海人民杂技团建团后，一班人马就驻扎在"煦园"里，时间长达30多年，直到1999年7月上海马戏城竣工，方才搬离，迁往新址。一晃，又十多年过去，"煦园"里仍然可以寻觅到演员们当年练功的痕迹。沿延安中路549号那扇铁门右拐，有一栋老洋房，这就是当年的上海人民杂技团所在地，一楼到二楼，铺着质地很硬的木质地板，走在上面似有一股缓缓向上的弹力。练功房大梁上，有排练节目用的布条、绳索等印痕。

程海宝以前来过"煦园"，那是偷偷来的，不是来看杂技，而是来"煦园"玩乐的。现在，虽说进了学馆，成为一名学馆学员，可初来乍到，对于"煦园"里的一切，还是感到十分陌生。尤其是那些名木古树，他觉得更是难得一见的奇珍异宝。例如"煦园"内那两株古银杏，一株高14米，一株高15米，树围各为1.3米、1.5米，均有100多岁的"年龄"了；还有那两棵广玉兰，树龄也在100年以上，称得上是世纪级的古树名木；还有，那丁香树，一到开花季节，一树新花，在清风中散发着幽幽的香味。

学馆有一条规定，学员一律住宿，非经同意，平时不得回家。程海宝从没离开过父母，而现在，慈惠南里就在杂技团对面，可以说是近在咫尺，他也只能一周回去一次。小小的"煦园"，虽然景色迷人，可怎能安下一个孩子的心？程海宝有时候也免不了想回家看看，毕竟，他还是一个孩子啊，特别是每当他走到杂技团的大门口，只要一个转身，转眼就可以回到慈惠南里，这是多么大的诱惑啊。但是，他想，自己怎么能偷着跑回家呢，学馆不是有规定的吗，私自回家不就违反了学馆规定？

上海人民杂技团的那扇大铁门，平时是关着的。大铁门旁，是门卫室，那时叫传达室，还有一扇小门，供人员进出。铁门里侧，有一棵大树，像一把巨大的遮阳伞，一到盛夏季节，洒下一地绿荫，真所谓大树底下好乘凉，让人觉得凉爽无比，非常的惬意。

有一天，程海宝又来到了近门的大树旁，突然一下冲动起来，心心念念的家，就在马路对面，回家转转多好呀！可他想起了纪律，想起了学馆的规定，突然间，一个奇特的念头从脑际倏地闪过：以大树为分界线，越过大树，就意味着离开学馆，私自回家！从此，在他的潜意识里，隐隐约约地就有了一条分界线，每每走到大树附近，他就会不由自主地收住脚步，不敢再往前跨越一步，唯恐坏了纪律，坏了学馆规矩。他一直保守着自己心中的这个秘密，尽管后来他不知到这棵大树旁多少回，也不知在这棵大树边来来回回地徘徊了多少次，却一直没有越过这棵大树。几十年后，当他回忆往事，不禁哑然失笑。

痛苦的练功过程

程海宝进馆学艺之前的那一届学员，也就是上海人民杂技团有史以来招收的第一届学员班，规定的学制是五年，由于急于用人，杂技团不得不改变初衷，对他们进行"速成式"培养。两年多以后，这批学员走上了舞台。虽然节目很受欢迎，他们的表演很出色，但他们的基本功并不扎实。这是杂技团急于"出人、出节目"的结果。几年后，为了弥补他们的基本功不足，杂技团采取了补救措施：让他们一边演出，一边"回炉"进行"补课"，目的是要"追补"基本功。杨惠芳成为1956年学员班的学员后，一直坚持练习"钢丝跟头"，为了练"提筋"，她在钢丝上将头弯向背脊，然后再一个后翻跟头，为了使动作更加优美，教师把着她的腰，一个接着一个后翻。汗水从她的脸上滚落下来，浸湿了练功衣衫，她仍然不肯停歇，一个劲儿地练习下去。先天不足，后天发力，由于"补救"措施有力，这一届学员的基本功大为提高，技巧日臻完美，舞台表演也更加出色了。杨惠芳的《钢丝跟头》（后空翻）、薛晶晶的《倒立》（晃八圈，单手顶旱水起）、芮保罗的《驯虎》、朱复正和徐文静的《溜冰》，还有如《蹦床飞人》《四人造型》《双咬花》《钢丝跟头》《空中吊环》《晃球》《顶碗》等一批节目，犹如盛开在杂技舞台上的艺术之花，光彩夺目。

杂技艺术的特殊性之一，是"从业年龄小、专业性强、舞台生命短暂"。可以说，第一届学员班学员的成败得失，为学馆积累了宝贵的教学经验。对于程海宝这一届学员，学馆的教学思路变得非常明确：不急于求成，精工细雕，抓基本功练习。王峰对第二届学员寄予了殷切期望，亲自过问，要求学馆将他们的根基打扎实，为以后的节目训练做好准备。

基本功训练，这可是一个漫长而又痛苦的过程啊，对于离开学校之门，转而跨进杂技团学馆的程海宝来说，绝不是一件轻松的事情。每天，天刚蒙蒙亮，学员们就聚集在一起，开始了每天必须完成的课程。学馆规定，每个学员必须进行两个小时的基本功练习。基本功练习有哪些内容呢？拿顶、下腰、压腿，这些是必须练习的。练完这些，接着要练习业务功。"拿大顶"，这是杂技演员必须掌握的基本技巧动作，看似简单，可真要掌握要领，非得下一番苦功不可，那种"头朝下，双手撑地，双腿悬空"的滋味，只有身临其境的人才会有体会。拿一次"大顶"，时间足足有八分钟，练着练着，双手发麻了，脑袋充血了，两条臂膀快要撑不住了。那，就原地休息一会吧？可是，不行！学馆有规定指标，不达指标，谁也甭指望老师喊一声："原地休息！"跌倒了怎么办？爬起来，继续！又跌倒了，再爬起来，还是两个字：继续！

程海宝看看老师，老师紧绷着脸，看上去毫无通融的余地。他身边的小学员们，个个如履薄冰，汗流浃背，但是，没有一个人敢打退堂鼓。"拿大顶"是最寻常的基本功，老师的要求只有一句话：常练不懈。不到火候，谁也别想停止，更不要说那些练"拿大顶"没有过关的学员了。

实际上，练"拿大顶"这个技巧动作还算是轻的，它属于"静力练习"，比"静力练习"更难、更苦的是"动力练习"。程海宝练"动力练习"，也没有少吃苦头，"粘顶"是"动力练习"中的一个动作，怎么个练法呢？且看，双手撑板凳，双腿并起，向上，悬空，腰、腿要调整到位。难不难？有了"静力练习"基础，再练"粘顶"，不难。问题是，练"粘顶"，不是练一遍，也不是练两遍，而是要练几十遍，一直要练到双腿麻木，失去了知觉为止！冰冻三尺，非一日之寒。"粘顶"，唯有经过难以计数的苦练，方能"熟能生巧"，立于不败之地！

"拿大顶""粘顶"之类的基本功练习，还仅仅是开了个头。要说更难、更苦的"活儿"，还在后面等着哩。

几十年后。

2009 年 11 月 30 日，上海一家媒体发表了一篇文章，其中有一段文字是这样的：

> 　　电影《霸王别姬》中，那些超乎人体负荷的京剧魔鬼训练，带来的惊异程度并不亚于角儿在台上美丽绝伦的"人戏不分，雌雄同在"。"台上一分钟，台下十年功"。程蝶衣那句咬牙切齿的"等你流上三船五车的汗，你就明白了"或许是最好的诠释。杂技与京剧有许多相似之处。而严格苛刻的超常训练，考验的不仅是演员，还有院团。
>
> ——文汇报：《上海杂技团人才培养面临难题》

文章描述的是电影《霸王别姬》中的练功，实际上与杂技并没有什么两样。

程海宝说："我们的基本功练习，每个学员一定要将腰和腿练得达到一定柔软度不可。"为了达到一定的柔软度，有什么好办法吗？

有啊！

> 　　为了将膝部拉直，首先要将膝盖后腿部的筋拉开，训练的方法是：学员坐在板凳上，腿平放，膝盖部位用带子绑在凳子上，这样可以使腿伸得笔直。然后，在腿的下面加砖，一块、两块、三块，越加越多，简直像是在坐"老虎凳"！有的学员实在受不了，杀猪似的哇哇大叫。身体素质好一点的，经过几个月的"苦练"，挺了过来。身体素质差一点的，练不出腿功的，被学馆视为基本功不全面。如果实在太差，也就成了被学馆退回，不适宜当杂技演员的原因之一。
>
> ——陆林森：《一壶魔术半世功·周良铁》

学馆老师，好像个个都是铁石心肠，他们听惯了学员"杀猪似的哇哇大叫"，早就见怪不怪了，根本没有一点休息的意思，只是喊："坚持，拿顶要稳，不要左晃右晃。跟头要快，要像出膛的炮弹。"学员达不到要求怎么办？也很简单，再来一遍，快！有的学员，膝盖后的筋拉不开，那就在膝盖上绑一条厚厚的带子，将脚掌往上扳起，下面垫砖，一块、两块、三块，那滋味，的确像是在上"老虎凳"了！

酸痛，一阵阵袭来，难以忍受啊！程海宝脸上的汗水直淌，"老虎凳"不知上了多少回，他坚持着，坚持着，在心里说，别人能做的，我一定也要能做！他的想法很简单：一定要达标，要不，练习就不停止！坚持，是他的唯一选择。

在名目繁多的基本功训练中，还有一个项目，叫"站头"。程海宝是"底座子"，毛振国是"尖"。"底座子"的作用是什么？回答是，像气功站桩一样，用头将"尖"顶起来。毛振国也是个孩子，可少说也有百十来斤。程海宝圆乎乎的脸上，写满了自信。当毛振国双脚站在他的头顶时，他用双手叉腰，站直了身子，不摇，也不晃，俨然如一座小小铁塔，任凭毛振国在他的头顶上"拗造型"！

俗话说，"滴水穿石，非一日之功"。基本功训练，难就难在坚持。在学馆，程海宝接受了两年多的基本功训练，几乎占了六年学制的一半时间。在这两年多的时间里，他不忘师训，天天坚持，为他日后的节目训练打下了基础。基本功训练虽苦，但他乐在其中。他渴望成为一名真正的杂技演员，常常自勉："不能怕吃苦，一定要将腰、腿、跟头、顶练扎实，这是杂技演员最起码的基本功。基本功如果不扎实，演员就会像一只'软脚蟹'，演不好节目。没有真本事，想要在杂技舞台上站住脚，那是根本不可能的事。练杂技怕吃苦不行，但光是不怕吃苦还不够。杂技的一招一式，都离不开腰、腿、跟头、顶等基本功，基本功如果不扎实，走过场，

基本功训练"站头"。左起吴慧珍（上），赵萍（下）；周良铁（上），蒋正平（下）；张训导（上），程海光（下）；毛振国（上），程海宝（下）

像摆设，花拳绣腿，怎么能成气候呢？"

演员的生活很"特殊"

1961 年的春天是令人难忘的。从 1959 年开始的"困难时期"，已经延续了将近三年。到了 1961 年这一年，荒芜的中国大地渐渐开始泛绿，沉睡的柳树抽出了青青嫩芽，从南方飞回来的候鸟也忙碌了起来，在空中飞来飞去，寻找可以筑巢的树枝头，准备孵育新一轮的生命。

"困难时期"快要过去了，人们顽强地将困难留给了历史，怀着对未来的一腔热情，续写生活的新篇章。这时候的上海人民杂技团，除了日常演出，对于学馆的教学任务抓得也很紧。

曙光尚未升起，生活之歌还在传唱。当三年"困难时期"进入"尾声阶段"的时候，程海宝这一届学员的日常生活又是怎样的呢？

打开斑驳的历史卷宗，不难发现：1961 年 4 月，上海市区的猪肉定量供应已经减少到了每人每月只有几两。按一个月 30 天计算，每人每天平均的猪肉配给量还不到三克。薄如纸片的三克猪肉，显然无法满足生活需要。但即便如此，猪肉供应还是捉襟见肘，几个月后，连每人每天几克猪肉的供应都难以为继了。由于货源断档，猪肉供应不得不暂停。猪肉配给的"尴尬"状况，还造成了一连串反应，粮食、大豆油以及家禽和蛋品等货源也很短缺，全都必须凭票计划供应，而且要定点购买。这样的市场"供应尴尬"，与几十年后商品琳琅满目，供应商们扯着嗓子拼命吆喝推销的情景，形成了十分强烈的反差。

沿着 20 世纪 60 年代的岁月轨道，将时间再推回 1956 年的一天，老挝王国政府首相梭发那·富马亲王访问中国，共和国总理周恩来陪同贵宾出席中国杂技团在中南海怀仁堂举行招待演出晚会。上台献演的是该团的一批小学员，他们精彩的表演和天真烂漫的笑容，给贵宾们留下了极为深刻的印象。

周恩来总理送走富马亲王后，特地来到后台看望小学员们，亲切地询问道："你们平时吃的是什么啊？"孩子们都没有开口，有个孩子突然冒出了一句："我们吃馒头呀，还有稀饭。"周恩来一听，两条浓眉锁在了一起，思考片刻，他转身对领队老师说："孩子们练功，体力消耗太大，要好好关心他们的身体，关心他们的成长啊！"接着，周总理又语重心长地叮嘱道，"孩子们是我们杂技事业的接班人，要照顾好，增加营养。早上给每个孩子增加半磅牛奶、两个鸡蛋。回去后，你们商量商量，看看行不？"

共和国总理的一番话，听得领队老师眼眶湿润了。共和国总理，工作繁忙，对杂技团学员的生活状况如此关心，要求千方百计地想办法，克服困难，改善孩子们的生活，使他们健康地成长，领队老师如何不感动？

是啊，再苦，也不能苦了孩子们啊！为了孩子，为了新中国的杂技事业，必须尽一切可能，改善小学员们的生活条件。

很快，国家出台了一项特殊政策：由于杂技艺术的特殊性，从事这门艺术的演员，体力消耗太大，必须在生活上适当照顾，给予一定的伙食补贴。

这一年，11 岁的程海宝来学馆学艺一年多了。一年，时间并不算长，但看上去，他比一年前显得似乎要老练多了。在这一年时间里，为了学艺，他吃了不少苦，但也享受了国家给予的特殊照顾：每个月有特批的 15 元营养费。在 20 世纪 60 年代，这 15 元可是相当于一个艺徒一个月的工资啊。除了每个月可以享受 15 元营养费，食堂还专门"网开一面"，给正在长身体的学馆学员每人每天供应一块二两左右的红烧肉，较之定额分配的社会供给量，简直天壤之别！这还不算，食堂每天还特地为孩子们烹饪了营养丰富的菜肴，有荤有素有汤，保证吃饱、吃好，有足够的体力投入训练。

1961 年是三年"困难时期"最为困难的一年，但在国家特殊政策的"庇护"下，程海宝这一批学员的生活待遇得到了极大改善。这在当时的历史条件下，可以说是一件相当不容易的事。营养有保证，学馆教学也不再急于求成，程海宝的基本功练得相当扎实。学馆对于第二届学员的教学计划是：前三年练基本功，后三年练杂技节目。经过三年的刻苦练习，程海宝为紧接而来的三年节目训练打下了非常扎实的基础。星期六下午，学馆按规定放假，他无需刻板地遵守自己定下的纪律了，而是可以大步越过杂技团大铁门内侧的那棵大树，像一只放飞的鸟儿，扑棱着翅膀，穿过延安中路，回到慈惠南里。

程家有两个孩子在学馆学习技艺，他们放假回来的日子，做父母的焉能不感到高兴？最忙的莫过于做母亲的，家境虽然一般，叶助霞还是要做上一些好吃的饭菜，犒劳在学馆吃了不少"苦头"的两个孩子。特别是到了星期天，孩子们又要离开家，回学馆去，叶助霞忙里忙外，买糕点，买零食，听说学馆的伙食非常不错，可做母亲的还是担心孩子吃不饱，千方百计地为他们备足"粮草"，让两个孩子带到学馆去。买糕点，得凭票。那个年头，糕点券金贵，程家平时不舍得用，将糕点券节省下来，等两个孩子回来后再用。糕点券如果不够用，程家就用面粉，炒成熟面粉（上海人称其为"炒麦粉"）。炒麦粉炒好了，在里面放点糖，然后装在一只铁罐子里。打开盖子，程海宝伸长脖子，闻闻，呀，那味道真香啊！

有一天，程海宝将一根脆麻花带到了学馆，但是他舍不得吃，每当想起它，也只是打开铁罐看看，又将铁罐盖好。一次，他打开铁罐后，拿出了脆麻花，终于忍不住了，小心地掰下一块，慢慢品尝。接着，将缺了一块的脆麻花又放回铁罐。几十年后的一天，当他回忆起这件事，笑着说："那时，我不是不想吃，而是舍不得一下吃完。吃完，就没有了。一根脆麻花，按照今天的生活水平，根本不值一谈，可在三年'困难时期'，吃一根脆麻花，那简直就是一种享受了。"

在名师传授下

程海宝是幸运的。他们这一届学员，生活得到了很大程度的改善，在那个困难年代，实属不易。对于教学，学馆也动足了脑筋，为他们配备了不少优秀的演员教师。有的演员，因为年龄大了，不能再在舞台上演出了。有的演员，受过伤，或者这样那样的原因，也不适宜演出了，就从舞台上退下来，到学馆带教学员。这些由演员改行当教师的，都有着深厚的杂技艺术功力和丰富的舞台演出经验，在他们的培养下，程海宝健康地成长着。

上海人民杂技团组建成立初期，由于受经济条件制约，道具、设施、练功场所等都很简陋。程海宝进学馆学艺时，情况有了变化，不仅老师有专职的，练功也有了专门的场地，生活条件比起以前，明显也要好得多。杂技团甚至还不惜工本，抽调了一批优秀的杂技艺术家，充实学馆的师资队伍。著名杂技艺术家李殿起、甄毓卿、王信志、申方亮、申方明，著名魔术表演艺术家邱胜奎、莫非仙、邓文庆，著

学员们与带教老师王信志（二排右六）、周志成（二排右七）、邓文庆（二排右八）、邱胜奎（二排右九）等著名杂技艺术家合影

名口技表演艺术家周志良、周志成等，都是程海宝的老师。薪火相传，这使程海宝受益匪浅。其中，有几位杂技艺术家要说一说。

甄毓卿，擅长表演中国民间杂技"古技"，他的技艺与众不同，举凡桌子、椅子、板凳，信手拈来，都可以成为他用来表演的道具，这在常人看来简直难以想象。他的磕头师傅是杂技老艺人王敬文，甄毓卿跟他学艺的时候，才12岁。王敬文后来去了东南亚一带演出，甄毓卿也跟随师傅去了那儿。一直到了30岁那年，他才离开师傅，独立演出，先后在北京等地公演。解放战争打响后，甄毓卿奔赴苏北解放区，为军民演出。翻开上海杂技团团史，长长一行建团元老的名字赫然在目，他们的加盟为上海杂技界的光荣史册添上了浓墨重彩的一笔，甄毓卿是功勋元老之一。第一届学员班是上海杂技界破天荒的"黄埔一期"，开班后，甄毓卿不再演出，成为学员们的业务老师。这位早已被工农兵观众熟知的"古技"艺术表演家，对学员一不打，二不骂，而是备加呵护，视孩子如同己出，精心竭力地培养他们，促使他们成才。"黄埔一期"出人才，出成绩，涌现了不少像沙小心、王莺莺、周演吉那样的年轻优秀演员。在学员班，甄毓卿既是一位老师，又是一位出色的道具设计师，《双咬花》中的道具，就是他为学员们度身定制的。伞是《蹬伞》节目的主要道具，学员蹬坏了，怎么办？买一把新的？不。夜深了，甄毓卿戴着老花眼镜，坐在灯下，一针一线地修补。第二天，学员们又用上了修补好的伞。

人高马大的王信志老师，出身于京剧世家，有一副天生的大嗓门，练功房里，几乎天天可以听到他的吼叫声。王信志的功夫十分了得，尤其擅长翻跟头，也是一位抄跟头的好把式。学员在练习翻跟头的时候，他只要用手在后背轻轻一托，他们的跟头便"呼""呼"地一个接一个翻了过去。程海宝的跟头之所以翻得特别棒，除了他自己的刻苦练习，与王信志的点拨和教化不无关系。王信志教学员翻跟头，有他的口诀，当年的杂技演员、后来改行从事魔术表演的周良铁，直到今天都没有忘记，他说："王老师一边教我们'端龙头把'（即'团身后空翻'的一种），一边大声喊，'跟腿要快，不能挂笼'（'团身后空翻'时的一种坏习惯）！他的大嗓门，简直惊天动地哪，听得我们个个心惊肉跳。奇怪的是，只要按照他的口诀，从地上一蹦而起，'呼''呼''呼'，我们就好像出膛的炮弹，一个接一个地将跟头翻了过去。王老师教我们'端龙头把'时还说：'抱腿，团身，跟头就会翻得好看。'我们的双手用力往上一抢，再抱住腿，他一使劲，我们的跟头就翻了过去。"

20世纪八九十年代，上海杂技团（1977年10月由上海人民杂技团改名为上海杂技团）的《大跳板》节目崛起于中国杂坛，程海宝是《大跳板》的"主心骨"。作为《大跳板》的第一代演员，李殿起、李殿彦、张立永创造的"360度上三节"以及李殿起《晃梯》中的"梯顶倒立"，代表了那个时代的最高水平，令许多优秀的杂技人也望尘莫及。20世纪50年代中期，李殿起在上海演出时颈椎受伤，导致下肢行动困难，不得不退出杂技舞台。到学馆任教以后，由他带教的钢丝"前桥""弹坐"和"后空翻"，难度都非常高。从第一届学员班到第二届学馆学员，李殿起带出了一批优秀的杂技演员，中国第一个在钢丝上表演后空翻的优秀杂技女演员杨惠芳，就是其中的一个代表性人物。还有张凤池、张鸿海两位优秀演员，他们在杂技界享有"两张底"盛誉。这两位优秀演员都姓张，这是人们之所以称呼他们为杂坛"两张底"的原因之一；还有一个原因，张凤池、张鸿海在《大跳板》中担当的，都是"底座子"角色。作为"两张底"之一的张凤池，11岁拜"朱家班"朱恩荣为师，练就了一身过硬功夫，后随朱恩荣去菲律宾等地演出，24岁回国。张凤池也是上海人民杂技团的建团元老之一，他和王玉振、刘君山等人表演的"三周坐高椅""360度上三节""四节人站头"等技巧动作，难度非常高，令人有惊心动魄之感。"两张底"中的张鸿海，9岁随父学习扯铃，学成后独当一面。他表演的《扯铃》，声音巨响，速度极快，"斗番"十分漂亮；他自创自演的"空竹长线"，在当时堪称一绝：当空竹升至观众的头顶，从线的一端滑向另一端，最后又神奇地回到他手中，观众连连惊呼："哪来如此神来之笔"，"真是绝了！"上海人民杂技团成立时，张鸿海欣然加盟，也成了《大跳板》的"底座子"。

在名师传授和名演员影响下，学员们感受着、领悟着中国杂技的无穷魅力。程海宝拼命地学习、练功，不断积累，他从翻跟头、"反把顶""叠罗汉"等最基本的技巧动作练起，日积月累，兼收并蓄，渐渐学会和掌握了腰、腿、跟头、顶等基本功的要领，这正是学馆的培养目标和老师们所希望达到的"期望值"。前三年过去了，后三年就要"真刀真枪"地学习节目了。前三年的"底子"打得好不好，将会在后三年的节目训练中表现出来。《刀火门》是程海宝练习的第一个节目。这是对于胆魄和胆量的考验：他必须接连穿越前后放着的两个圈，前面那个，上面竖着明晃晃的尖刀；后面那个，摆放着熊熊燃烧的火焰。敢不敢穿越？能不能穿越？成败，就在于"敢"，或者"不敢"。初出茅庐的程海宝，如果一退缩，那可就要"一着不慎，满盘皆输"，以前的功夫全白练了，老师和其他学员就会说，程海宝的胆量，不过如此。按照他的性格，那是他完全不能接受的。但见程海宝到了练功场上，蓄足劲，向前跑了几步，猛地一个鱼跃，"嗖"地一下便蹿进了面前的那个"刀门"，接着从"刀门"蹿出，一下蹿入了"火门"，转眼，又从"火门"蹿出，在地上打了几个滚儿，稳稳地站起了身！

其实《刀火门》这个节目，并不难。要说难，比它难得多的节目还在后面。比如《大跳板》，与之相比，《刀火门》的技巧难度和惊险程度，只不过刚刚露出了"冰山一角"而已。

《踩圈—蹿圈》，球上人左起：张训导、毛振国、姚金虎、程海宝、程海光；蹿圈者左起：周良铁、蒋正平等

从高空摔了下来

上海人民杂技团和上海人民评弹工作组（后改称上海评弹团）是上海最早成立的两个文艺团体，都位于煦园内。杂技团在东面的一幢三层楼楼房。评弹工作组在西面，也是一幢三层楼楼房。杂技团的工作人员比较多，共有40多个演职人员，吃、住，还有练功全都在这幢三层楼房内，显得十分拥挤。尤其使杂技团感到伤脑筋的是，演员们缺少练功的地方。楼外，有一块空地，成了演员们唯一的练功场地。他们经常在那里排练一些小型节目，但这块空地太小，无法排练大型节目尤其是高空类节目。

1954年初，上海市文化局给市政府打了个报告，申请为杂技团新建一间练功房，解决演员没有地方练功的困难。经潘汉年副市长批示同意，杂技团在评弹工作组南面的一块空地上新建了一间练功房，面积296平方米，高8米，木质地板，从此，演员们有了练功的场地。为了进一步改善练功条件，杂技团后来在练功房的西面，又申请新建了一间练功房，面积150平方米，高8米，也是木质地板。先期建造的练功房，杂技团称之为大练功房，后来建造的练功房，称之为小练功房，时间大约正是在程海宝进馆学艺前后的 1960 年。因此，程海宝一进学馆，就有了属于他们第二届学员练功的小练功房。

设施改善了，要求也更加严格了。"拿顶"是杂技演员的"拿手活"，可是，练一把顶下来，起码要十多分钟，腰一点都不能弯，手腕像针刺一样。不能退缩，也不能停止，学馆的老师反复告诫："练，就要练出样子。一招鲜，吃遍天。只有学到本领，才会有饭吃。学不到本领，当然就不会有饭吃。"程海宝已经习惯了前三年的基本功练习，这点苦对于他，已经根本算不上什么了，让他刻骨铭心的是，练功过程中常常会发生意外，从高处摔落下来。有一回，他练习杠杆技巧，摔倒在地，当场昏了过去……醒来时，他发现自己已经躺在医院的病床上，一时没有反应过来，感到非常奇怪："怎么啦，我怎么到医院来了？"疼痛一阵阵袭来，他清醒了，蹙紧着眉头，没有叫，也没有喊，只是觉得眼皮子很重，不由得闭上了眼睛，又昏睡了过去。

"海宝，海宝！"迷迷糊糊间，程海宝好像听见有人在耳边叫唤，"谁？谁在叫我？"

"海宝，海宝！"

多么熟悉的声音啊！

这是妈妈的声音吗？程海宝猛地睁开眼睛，眼前站着的，果真是妈妈！

这世上还有什么比妈妈的力量更加强大的呢？在妈妈的呼唤声中，正处在昏迷状态中的程海宝彻底醒了过来，叫了一声："妈妈！"

病床边的叶助霞，此时正不安地望着儿子："海宝，好点了吗？妈妈看看，伤在哪儿了？"

程海宝摇了摇头："妈妈，不要紧，不要紧的，我不是好好的吗？"

病房里静静的，阳光从室外照射进来，照见了程海宝一张没有血色的脸。叶助霞说："海宝，等身体好了，我们回家！"

程海宝倔强地说："妈妈，不要紧的。我很快就会好的，我要回学馆，回练功房去。"

发生在 60 年代的两件事

一则喜，一则悲。20 世纪 60 年代中期的程海宝，遇到了两件不一样的大事情。先说喜事：南京路上出现了一个地标性的新型建筑物——上海杂技场。这令上海杂技人感到非常高兴。有关上海杂技场的建造，说起来也是事出有因。上海人民杂技团成立后，没有练功场地的问题逐一得到了解决。但是，没有专属剧场的困难却长期存在，不要说一些重要演出，就连平时的演出活动，也只能自行想办法解决：要么借用其他文化单位的剧场，要么就只能因陋就简，有什么场地就演出什么节目，想要演出一些大型节目和高空类节目，也是十分的困难。《空中飞人》是一个大型节目，已失传了几十年。原天升马戏团，潘家班演员张立永、申方良等人决心恢复《空中飞人》演出。他们千方百计地克服困难，没有场地，就在露天排练；没有道具，就用竹架做；"钢丝绳"没处悬挂，就用绳子替代，拴在大树上。终于，他们在 1954 年夏天将《空中飞人》搬上了舞台。这个节目的恢复性上演，引起了轰动，使张立永、申方良等老一辈杂技艺术家看到了希望，越发坚定了演出大型节目和高空类节目的决心。就在《空中飞人》演出后的第三年，上海人民杂技团又成功地推出了一批难度更高、技巧更新的大型高空杂技节目《蹦床飞人》《火箭飞人》《空中体操》《走钢丝》《双爬杆》《四人造型》《双咬花》《蹬伞》等，并且开始向马圈型演出方向发展。

在国际杂坛，马戏杂技表演采用的马戏大篷，常见的有两种形式，一种是流动大篷，只要有一块空地就可搭建，随搭随拆，灵活方便；还有一种是固定大篷，它的体型大，舒适豪华，所以成本也高。这两种马戏大篷，中心表演区都为马圈形，观众席为圆形阶梯状，前排设有包厢，大篷顶部的表演空间很宽敞，有利于演员、观众相互间的情绪感应。

1956 年 10 月 29 日至 1957 年 3 月 14 日，苏联大马戏团来中国访问演出，在上海掀起了马戏大篷热，这股热潮延续了好多年。上海人民杂技团开始酝酿推出马戏节目。要上演马戏杂技，不能没有马戏大篷。但上海没有马戏大篷，国内除了齐齐哈尔马戏团，各地的杂技团也都没有。苏联马戏团访华演出，不仅促进了上海马戏大篷的发展，更是推动了全国各地马戏大篷的建设热潮。其后几年，各地杂技团马戏大篷发展很快，相继建起了 30 个马戏大篷。直到 20 世纪 50 年代末 60 年代中期，受文艺政策影响，杂技表演由传统主题倾向工农兵主题，高空杂技发展受到制约，马戏大篷销声匿迹，不再被人提起。

上海人民杂技团自从 1954 年在露天广场演出《空中飞人》后，始终在坚持发展马戏大篷艺术。1958 年，上海人民广场出现了第一只马戏大篷，占地面积 800 平方米，高达 12 米，可以容纳 2000 名以上观众。它的出现，引起了市民好奇。第二年，杂技团引进了两匹马、几条狗，为上演马戏节目作准备。此举，得到了上海市委和市政府的支持，市委书记处书记石西民亲自过问上海马戏大篷的建设。1960 年底，上海与黑龙江签订了一份协议：由黑龙江帮助上海发展动物杂技节目。上海人民杂技团演员张铁山、张立永、刘春燕、芮保罗，以及部分第二届学员赴黑龙江学习，半年后返沪，公开演出《马术》《驯虎》《驯狮》《驯狗》《驯熊》

《驯猴》等节目。有了演出大篷，演员们不再担心没有场子演出，但也带来了相当大的管理困难。场内的管理工作，并不亚于一个正规的剧场，130 多名演职人员，面对 2000 多名观众，既要演出，又要提供必要的服务，常常忙得焦头烂额。团部抽调了两名专职人员负责大篷管理。这两位专职人员，都是身怀绝技的老艺人。他们不仅要承担大篷的管理，还兼任了杂技教师和采购物品等工作。显然，人手不足，成了大篷管理的一个"瓶颈"。那么，杂技团是如何在 2000 多名观众的场内维持秩序的？当年有媒体报道说，演出前，演职人员倾巢而出，技工、园丁以及行政人员，有的去卖票，有的去看门，也有的去分发说明书。演出还有十来分钟就要开始，全体乐队人员居然还在场子里帮着维持秩序。演出结束后，大家又忙开了，清场的清场，打扫的打扫。有一年，春节期间，天公不作美，飘飘洒洒地下起了雨。好好的大篷，竟然漏水了。演职人员又一起出动，先是将大篷拆开，将漏水的地方补好，然后再将它油漆一新。这些烦恼事尚不必多说，倒是有一件事，成了演出大篷的"心腹之患"：人民广场是人民群众聚会的地方，20 世纪 50 年代末 60 年代初，上海的群众集会接连不断。每逢集会，演出大篷就必须拆除。夏秋之交，台风频发，大篷也必须赶在台风来临之前拆除。1962 年夏，由于猝不及防，就发生过大篷被台风吹倒的事情。大篷拆了建，建了拆，不胜其烦，既劳民，又伤财。程海宝和学馆学员参加过多次大篷的拆拆建建，同样感受到了这项工作的繁琐性。每逢搭建，他们要将又大又粗的木柱打入地下，用厚帆布沿着圆心团团围住，再用铁桩头将帆布固定牢。每逢拆除，麻烦更大，俗话说，造房容易拆房难，已被打入地下的木柱有几十根，要将它们一根根从地下"请出来"，那该花费多少精力？

上海，什么时候能够有一个"永久性"的马戏大篷？

1963 年 9 月，传来了一个好消息：上海市人民政府批准建造上海杂技场。拟建中的上海杂技场，选址南京西路 400 号，自开工建设后，只用了一年多时间就告竣工。这是中国第一座圆形、钢梁屋架结构的杂技演出场子。1964 年 1 月 31 日，上海市市长曹荻秋出席春节联欢会，惊奇地说："南京路上，什么时候造了这么一个漂亮的演出场子！"

几年后，程海宝从学馆毕业。按照惯例，毕业前要进行实习演出。1965 年的一天，学馆第二届学员的实习就在上海杂技场。这是程海宝在上海杂技场正式参加的第一次演出。当年的一份节目单，如今已经字迹模糊，泛黄的纸面上还是清晰地留下了 18 个节目的名称，它们是：《大旗跟头》《越南小英雄》《转碟》《水火流星》《假日的劳动》《队日活动》等。程海宝参加演出的是：《大旗跟头》《少年武术》《儿童游戏》等。

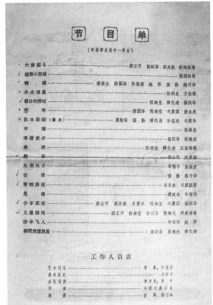

1965 年学馆演出节目单

第二届学员在上海杂技场参加演出的开场式

《小武术》（十字排楼）
前排左二为程海宝

《儿童游戏》

1965年第二届学员在杂技场首次演出后合影

然而，始料不及的是，一年后，这个上海的新地标竟然功能异化，成为大批判的"圣地"，这是后话。

新建上海杂技场，在程海宝的艺术生涯中，是一个"亮点"。这样的一段历史，自然会成为他难以磨灭的记忆。

发生在60年代中期的一件悲事是，程晋荣去世了。父亲的去世，成为程海宝心中永远的痛。这一年，他只有15岁，快要从学馆毕业了。那天晚上，程晋荣起床小便，一不小心，摔了一跤。这一跤摔得可不轻，程晋荣大张着嘴，"啊啊"地说不出话来。叶助霞慌了手脚，急忙叫上几个孩子，七手八脚地将他送往附近的医院救治。

程海宝得到消息，已经是第二天早上了。他急急忙忙地赶往医院看望父亲，可为时已晚，程晋荣因脑溢血，医生回天乏力，挽救不了他的生命。程晋荣英年早逝，去世时只有49岁。他去世后，被安葬在上海联谊山庄。"文革"期间，联谊山庄大批棺木被毁。万幸的是，程晋荣的棺木成了"漏网之鱼"，程海宝和家人将他的棺木挖了出来。那棺木，是用水泥掺和着木屑做的，原本并不牢固，在地下埋了好几个年头，早已松散。程家用粗铅丝将棺木绑紧，借了一辆板车拉出，运到安徽绩溪老家"入土为安"了。

程晋荣的匆忙离世，使程家深陷于悲痛之中。家里的一根"大梁"倒下了，生活变得更加困难。叶助霞在运输公司找了一份拉板车的苦活儿，风里来，雨里去，挣一点辛苦钱，支撑着偌大的一个家，将几个孩子拉扯成人。程海宝还在学馆学习，星期天学馆放假，懂事的他，回到家里，帮着料理一些简单家务，有时候跟着母亲去跑运输，母亲在前面拉，他就在后面用力推。几个哥哥、姐姐，为了生活，不得不中断学业，早早地参加了工作。1991年，叶助霞去世了，享年73岁。程家九个孩子将她与程晋荣合葬在一起，完成了一桩心事。从此，程海宝每年都要去安徽绩溪上坟祭祖，在父亲母亲的墓碑前放上鲜花、水果，点上一炷清香。几十年来，风雨无阻，年年如此。

往事历历，一幕幕浮现在程海宝的眼前，每当想起父亲和母亲，他总是感到很伤感。

第二章

黑白守常

在非常年代，中国传统特色的杂技艺术之门关上了。取而代之的是，为政治服务的革命杂技。老一代杂技艺术家没有放弃对杂技艺术的追求，他们的人格力量感染了我，使我坚持练功。《无剧》是一出闹剧，我没有选择的余地，这出闹剧无意中也"营养"了我们这一代青年演员。尼克松访问上海，为了毛主席革命外交路线的胜利，我带病参加了演出。

——程海宝

1966 年 9 月，秋高气爽的一天。经过六年学习，程海宝毕业了。是年，他已经 16 岁了。当年进学馆学艺的 40 名学员，到毕业这天，只剩下了 26 名。其余 14 名，有的因为吃不了苦，中途辍学，有的不具备当杂技演员的条件，也离开学馆。他们，改行了。只有这 26 名学员，坚持到了最后，成为上海杂技界的一支新军。

16 岁的程海宝，恰似一棵挺拔生长的树，成为上海杂技团的新生代演员。老一代杂技艺术家的目光在深情地凝视着他和他的同学们，期望他们尽快成为上海杂技舞台上的一股中坚力量。走出学馆的程海宝，英气勃发，一脸阳光，对自己的杂技生涯充满了瑰丽的想象："我的未来，将会是怎样的呢？"是的，展现在他面前的杂技舞台，还将会是那样的宽、那样的广阔、那样的充满魅力吗？舞台下的观众，还会是那样的热情吗？

一场将要搅动中华大地的风暴正在酝酿，很快就要席卷而来。

混沌年代

1966 年 5 月 16 日，中共中央政治局扩大会议通过了一份指导性的"文化大革命"纲领性文件——《五一六通知》。

一场史无前例的"文革"运动爆发了。

太阳，还是那颗太阳，仍然高高地悬挂在天上。星星，还是那些星星，仍然在天幕上眨着神奇的眼睛。可是，通往未来的杂技艺术之路，已是遍地荒芜，一时间，数不胜数的优秀文艺作品横遭践踏，杰出的文艺家们被粗暴地打翻在地，施暴者们狂叫"再踏上一只脚"，叫他们"永世不得翻身"！

这场风暴之猛，来头之大，其势之烈，让人惊骇不已！具有数千年传统、深受广大观众喜爱的中国杂技，因为"不能表现阶级斗争""不能宣传毛泽东思想"而被斥为"封资修"；魔术表演呢，也成了"骗人的玩意儿"；动物表演，因为"不是艺术"，有的动物被宰杀，有的被送进了动物园；老演员成了"牛鬼蛇神"，或被批判斗争，或被逼自杀；杂技团解散，杂技演员下放。所有这一切，恍若急风暴雨，顷刻间席卷神州大地，程海宝一脸恍惚，与他同届毕业的学员们一脸恍惚：这世界，怎么啦？

在杂技团，程海宝起初还能和同届毕业的青年演员同台演出《小武术》《青蛙游戏》《空中吊环》《火箭飞人》等一批节目，可是后来，风暴越来越猛，大批判越来越深入，传统的杂技不能表演了，代之而起的是那些不伦不类的、统统被贴上"革命"标签的"杂技"：

> 有的把武术、魔术硬扯在一起，名之曰《铁道游击队》《敌后武工队》《地道战》《美国佬滚回去》等等，把《耍坛子》改成《顶水抗旱》，《晃板》成了《航标灯》，把手技《花棒》改成"玉米棒"，美其名叫《庆丰收》，将碟子改成葵花形状，于是转碟成了《葵花向阳》，把《空中飞人》冠以《红旗飘飘》，如此等等，把传统的杂技艺术搞得支离破碎。
>
> ——黄铭华：《历史的回顾》

历史和现实，犹如前行的列车，突然急拐弯，带着巨大的惯性，冲出了原来的运行轨道，所有的人，所有的看客，无不惊慌失措！然而，有的人如同狂人般喷发狂热，有的人唯恐避之不及，也有的人惊慌失措地戴上了假面，追随着狂热的风暴，随波逐流。

大字报铺天盖地而来，冠以各种名目的政治运动接连不断，工人停工，学生停课，明星和权威相继被打倒：

> 1966年9月，杂技团出现了第一个造反派组织——红卫战斗队，党的领导瘫痪了，谁都可以自己拉山头，团内先后成立的造反派组织竟有31个之多，160个演职员中，被点名者近百名，36人被关进"牛棚"隔离审查，作为运动的第一号对象，王峰被定为党内走资本主义的当权派、反革

命修正主义分子，邓文庆、邱胜奎、孙泰、莫非仙、黄玉书等被作为反动学术权威抄家（莫非仙因不堪忍受非人的虐待，几度逃跑、自杀，虽经抢救活了下来，但已致残，舞台上再也听不到他那幽默风趣、略带口吃的道白了），周焕金、徐志远等因执行资产阶级反动路线受到批判。

——《上海杂技团团史》

寒风摇落、一夜流星雨。很多"批斗"，其中包括"批斗"杂技老艺术家，就是在刚落成不久的上海杂技场。在"文革"冲击下，学馆好不容易取得的教学成果付诸东流，1971 年，程海宝这一届学员先前演出的 18 个优秀杂技节目，只剩下《转碟》《蹬技》等四个了。

中国传统特色的杂技艺术之门关上了。取而代之的是，为政治服务的革命杂技。程海宝这一代青年演员，有理想，有才艺，更有献身精神，六年多学习、老一代杂技艺术家的严格教化，使他们对中国杂技艺术充满感情，可是，置身于如此一个情感疯狂的时代，他们迷茫了。

从 1968 年到 1971 年，杂技团连续四年进行"斗批改"，昔日著名的杂技艺术家有的被批被斗，有的被关被押，批斗也好，关押也好，有的老艺术家并没有放弃杂技，而是逆行于时代轨道，偷偷地练功。花坛演员孟令宽是其中的一位典型人物。这位《颠四门》《背箭口扔》的首创者，出身于农民家庭，花坛抛接得心应手，高高抛起，轻轻落下，一抛一接，尽在掌控中。1957 年，他参加世界青年联欢节，荣获银质奖章。1962 年，孟令宽加入上海人民杂技团。"文革"爆发后，他已经 40 多岁了，仍然不改初衷，冒着被批被斗的危险，每天坚持练一次功。老一辈杂技艺术家的品格和艺术坚持，为程海宝树立了榜样。他无法回避这一场运动，但他对于杂技艺术的热情丝毫不减，老一代杂技艺术家的精神在影响着他。自信，点燃了他心中的希望。"革命"之余，他开始了"别一种"练功：举杠铃。他想，练好身体是一个杂技演员的基础，必须坚持。眼下，不是有一句话叫做"身体是革命的本钱"吗？这样一想，程海宝反倒有点坦然了，就像老一代杂技艺术家坚持练功那样，刻刻没有放松"自我修炼"。

大时代，在异常艰苦复杂的环境中曲线前进。程海宝、蒋正平、张训导、谭代清、周良铁、毛振国这一代刚走出学馆不久的青年演员，经受着异乎寻常的考验，他们并没有辜负学馆和老一代杂技艺术家的培养，没有使学馆老师们失望！若干年后，当大时代终于摆脱了混沌年代的羁绊，继续按照自己的运行方式一路向前，程海宝和他同时代的青年演员，以过硬的技能技艺和一系列高难度的技巧动作，在杂技舞台上大放光彩，这与他们在"文革"时期的坚持练功是分不开的。中国杂坛，有了他们这一代青年演员的那一份坚持，就有了希望。曾经荒芜的杂技艺术，有了他们的坚守，就有了后续的、绵延不绝的新生力量。十年"文革"结束，他们用自己的实力证明了自己的存在，证明了中国杂技独特的艺术魅力。

《无剧》，无"剧"？

"文革"爆发前，上海人民杂技团演出的杂技节目，深受观众欢迎。在演出的大量优秀作品中，也包括一批反映工农兵生活的节目，如《军训》《消防战士》《农业科学家》等，那是为了配合当时的政治宣传需要。即便这些带有强烈政治色彩的杂技节目，"文革"初期也没有逃脱被"彻底砸烂"的命运，被安上了诸如"纯技术表演""封资修破烂货"等罪名。节目既然成了"破烂货"，焉能不被"砸烂"？《飞天》《溜冰》等，更是成了修正主义文艺路线的"黑标本"。传统的中国杂技，被无情地踢出了舞台。全国尚存的一些杂技团，也遵命搞起所谓的"革命杂技"来了。

1967年2月，由上海人民杂技团、上海音乐学院、上海体育学院、上海师范学院、上海乐团、上影乐团、上海越剧院学馆七家单位联合编排的"杂技歌舞剧"先后在上海文化广场、徐汇剧场演出。这部"歌舞剧"，就是轰动一时的《无产阶级文化大革命万岁》。这个节目所要表现的主题，正是"革命火焰处处烧"，并且"越烧越旺"的"文化大革命"！

规模浩大、演出阵容空前的杂技歌舞剧，从开始到结束，无不充满了"革命时代"的"革命气息"。以"大海航行靠舵手"为序幕，之后几场依次是："星火燎原""英雄的红卫兵诞生""向旧世界宣战""迎着风浪前进""炮打司令部""一月革命风暴""欢呼上海市革命委员会成立"，而尾声是："将革命进行到底"。

《无剧》的创编演，令张春桥、姚文元、徐景贤等"四人帮"成员及其骨干欣喜若狂。他们亲临现场指导、观看，胡诌"杂技艺术开了新生面"。一些油印的"革命小报"紧随其后，纷纷叫嚷："它以劳动人民喜闻乐见的杂技艺术，表现了无产阶级'文化大革命'的重大主题"，"无论从表演内容到艺术形式，还是从道具到服装，或是从音响效果到舞台灯光，都是根据剧情政治内容的需要加以设计、变革和创新的，而剧中任何杂技技艺的穿插运用更是严格遵循了杂技技艺必须为突出全剧的革命战斗性而服务的原则，因而不似以往只是表现鸡飞狗跳、鸟鸣猫叫的口技，或是单纯为技巧而技巧的《车技》或《转碟》。"

此时，程海宝离毕业只有几个月了。要不要参加《无剧》演出？他当然是没有选择余地的，不只是他，其他学员，也都必须登上舞台，参加演出。殊不知，撇开《无剧》火热的"政治色彩"不说，这出为政治服务的"杂技歌舞剧"，竟在无意中

杂技歌舞剧《无产阶级文化大革命万岁》充满了为政治服务的意味

也"营养"了初出茅庐的这一代青年演员。这部杂技歌舞剧，在表现样式上，竭力放大了综合艺术的功能，对布景、灯光、化妆、道具等舞美艺术无不进行精心构思设计，特别是邀请了大批有影响的上海文艺界人士如苏乐慈、杨秀娟、顾于飞等人和上海戏剧学院舞台美术系学生参与集体创作，将大型歌舞采用的幻灯天幕布景率先搬上了杂技舞台；它的背景音乐，由上海音乐学院作曲系贺小秋、陈传薪作曲，陈刚作词，上海音乐学院杨秀娟指挥，上海人民杂技团乐队和上影乐队合作演奏，这些别出心裁的"艺术创新"，彻底颠覆了中国传统杂技的表演手法，如同一部光怪陆离的教科书，不仅推动了上海人民杂技团对于综合艺术的探索，也对程海宝等这一代青年演员起到了一些启示作用。这，恐怕也算得上是《无剧》无意中留下的一些"历史功绩"吧。

尼克松来了

"文革"在进行，"斗、批、改"在继续，苟延残喘的中国杂技向何处去？

随着外事活动的增加，招待外宾的文艺晚会接踵而来，出现了恢复传统杂技表演的一丝机会。

1971年2月，周恩来陪同柬埔寨西哈努克亲王在上海观看杂技演出。同年10月，也是在上海，周恩来陪同埃塞俄比亚皇帝海尔·塞拉西一世陛下观看杂技演出。周恩来说："杂技艺术有别于样板戏，也不同于其他剧种，左中右都能看。"共和国总理的关心和支持，使上海人民杂技团有了恢复上演传统杂技的机会，两次专场晚会表演的节目便是《倒立技巧》《高车踢碗》《口技》《古彩戏法》《快乐的炊事员》《锻炼身体，保卫祖国》《蹬伞》《钻桶》《跳板》等传统中国杂技。

年方20岁的程海宝，参加了这两次意义非凡的演出活动，以及一系列涉外演出。每一次演出，不仅展示了一位青年杂技演员的艺术才华，更是一次又一次在艺术修炼上得到了提高。

1972年2月，美国总统尼克松踏上了访华之旅。对于这位美国总统来说，这可

阿联酋总统顾问和学员合影

演出结束后与印尼政府代表团合影，前排右三为程海宝

是一次带有特殊使命的中国之行。访华期间，尼克松还要到上海和杭州访问，在上海和中华人民共和国国务院总理周恩来共同签署"上海公报"。

就在尼克松踏上访华之旅的一个月前，由美国总统国家安全事务助理黑格准将率领的 18 人小组到达北京，为尼克松访华作技术准备。

北京，是尼克松访问中国的第一站。1 月 7 日，黑格完成了在北京的工作，飞抵上海。上海人民杂技团专门为这位美国将军准备了一场演出。与其说这是一次招待演出，那还不如说是一次带有政治色彩的演出，其重要性不言而喻。

程海宝进入了招待黑格演出晚会的演员名单，和他一起进入演员名单的还有程海光、周良铁、蒋正平、毛震华、吴慧珍、张训导、谭代清、郑建清、韩峰、毛振国、姚金虎等一批青年演员。黑格尚未到达上海，演员们就开始了紧张的排练。

招待晚会定于当天晚上 7 点钟举行。地点是上海友谊影剧院。

演员们当天下午就来到了影剧院，为晚上的演出精心准备。

夜幕降临了，时钟在不紧不慢地走着。几个小时过去了，黑格没有来到剧场。7 点敲过了，还是不见黑格的身影。这是怎么啦？程海宝感到奇怪，所有参与演出的演员也感到奇怪。

时钟仍然在不紧不慢地走着。又一个小时过去了，黑格还是没有现身。

难道，黑格爽约了？

海关大楼上的巨钟，敲响了"东方红"。接着，"当当"地敲了九下。

一列车队驶进了影剧院，徐徐停了下来。

黑格，终于来了！

紫红色的帷幕升了起来。

节目都是预先定下的，《小武术》是常规节目，每有涉外活动，它都会出现在节目单上。但是这一回，《小武术》不叫《小武术》，而是改名为《锻炼身体，保卫祖国》了。

一个月后，程海宝参加为尼克松的专场演出活动，也是在这个影剧院，《锻炼身体，保卫祖国》也是节目单上的一个。演出前，也就是2月22日，节目单送了上去，给有关部门审查。26日，送审通过，演出节目正式决定。27日下午，杂技团召开大会，程海宝参加宣誓："为国争光，为全国人民争光，决不给毛主席老人家丢脸！"

尼克松来上海前，演员集中关门排练，不巧的是，程海宝患了急性肾炎，尿血。他想，如此关键时刻，我不能不参加演出，他只有一个念头：为了毛主席革命外交路线的胜利，为了毛主席老人家，我必须带病参加演出！

周恩来总理、尼克松总统和夫人为精彩演出鼓掌

集训地在毗邻南京路的一幢大楼内。这里，原来是上海警备区招待所，被临时用作了演员们的"彩排房"。"彩排"期间，叶助霞天天为儿子煎好中药，送到大楼内的练功现场，程海宝喝下中药，继续排练。尼克松访问上海前夕，排练结束，他回到家，稍作休整，第二天正式参加演出。上级部门给这场事关中美两国关系的演出定下的基调是：为了确保毛主席革命路线的完胜，必须"万无一失"。

到了演出那天，让程海宝始料不及的是，这位大名鼎鼎的美国总统，竟然和黑格一样，也是没有准点现身。从当晚7点，一直等到9点敲过，尼克松这才姗姗而来。9点20分，演出才正式开始。

在《小武术》节目的基础上，《锻炼身体，保卫祖国》增加了现代生活的内容，以几个青年打篮球为开场，继而跳鞍马，逐渐深化主题，意在表现新中国青少年茁壮成长。程海宝和毛振国是"对手"，表演"单手举顶""跳四门举顶"，对于演员们的演出，尼克松时不时报以掌声。

夜深了，演出结束了。这些日子来，程海宝带伤排练，带伤演出，当他走下舞台，感到一身轻松，多想好好休息，睡个懒觉啊！

2月的夜上海，寒冷刺骨。

话说《小武术》

程海宝毕业前后，《小武术》是上海人民杂技团经常演出的一个节目。这个节目，好看，精彩，惊险，优美，因而广受观众喜爱。前进杂技团李国雄在《论节目总体构思在杂技创新中的意义与方法》一文中是这样描述《小武术》的："当大幕一拉开，人们就被出现在眼前的优美画面吸住了。那浓雾笼罩的山峰，那浩瀚无垠的云海，青松下的展翅欲飞的仙鹤，小亭边响着飞瀑的声音，古寺晨钟频频唤，朝阳欲出又未出……"真是节目还未上演，就以优美的意境先声夺人，李文还以战士杂技团演出的《小武术》为例，"舍掉传统《小武术》的全部动作，重新设计了'双抛对接'等20多个高难技巧，因而改变了节目的技巧面貌"，更是道出了这个节目"通过技巧的出新和突破"，"表现了中华民族少林习武的阳刚之美和自强不息的精神"的真谛。

在中国杂坛，由老大成连宝、老二成连生、三妹成文群、老四成连玉、老五成连贯"成氏五兄妹"表演的《小武术》，堪称历久弥新的杂技经典之作，演完全部174个动作，只有6分多钟，可谓干净利落，一气呵成。有人说，中国戏曲艺术的情节结构讲究"凤头"，也就是说，节目一开场就要吸引住观众，那么，"成氏五兄妹"表演的《小武术》，有着怎样的"凤头"呢？

《小武术》对手（单臂举顶）
尖：毛振国；底座：程海宝

《小武术》　主教老师：申方良；上面人：张训导；底座：程海光；后排左起：陈国
珍、蒋正平、姚金虎、毛振国

"蝶式造型"是成氏五兄妹表演的《小武术》的一个出场动作，优美抒情，极富雕塑感：下面两个"底座子"，上面两个"二节儿"，女演员手足舒展，被托至中间，五个演员一起注视前方，犹如一只展翅欲飞的彩蝶，这样的造型，怎能不与观众的审美情趣碰撞，引发台上台下的心灵感应？

据历史记载，周恩来每次陪同外宾观看《小武术》，总是很留心外宾的反映，每当看见外宾脸露惊讶之色，他总是十分高兴。有一次，"成氏五兄妹"在北京饭店为亚非电影周著名电影艺术家表演完，下场的时候，周恩来特地让夏衍将五兄妹叫了过去，亲手送了一朵石榴花给女演员，说："看到你们新的创作，很是高兴。你们要不断学习，不断提高，不断创新。"周恩来鼓励"成氏五兄妹"要继续努力，像石榴花那样，永远火红鲜艳。

> 新中国成立时，我们五兄妹风华正茂，又得到党和政府的重视和关怀，先后到过英国、法国、印度、日本等 18 个国家，拍过两部电影，一部叫《中国杂技艺术表演》，一部叫《欢天喜地》。我们还经常参加招待国外首脑的演出。1957 年在北京饭店亚非电影周茶话会上，我们兄妹演完了《小武术》，周总理叫我过去，亲手送我一枝红石榴花。他对我说："一次比一次演得好，要不断学习，不断创新，再接再厉。"
>
> ——成文群：《成连宝对〈小武术〉的贡献》

> 1956 年在捷克访问演出时，天降瓢泼大雨，台子搭在露天广场上，观众不顾大雨浇头，在台下看演出。领队王松生急得没有办法，他走到后台对成连宝说："老大（这是人们对他亲热的称呼），天下大雨，观众不肯离去，好多节目都无法演出了，你们的《小武术》能演吗？"连宝同志爽快地说："能！养兵千日，用兵一时，我们为了中捷两国人民的友谊，一定把节目演好。"他领着弟弟妹妹做好一切准备，克服了场地滑、手上滑、大雨浇头无法把罩的种种困难，《小武术》的 174 个动作，一个不减地演完，获得了观众雷鸣般的掌声。
>
> ——朱赤：《成连宝与〈小武术〉》

《小武术》在西北欧一些国家演出时，它的精彩技巧造型、高难度动作，也是令观众咋舌不已。看了演出，丹麦《政策报》发表文章说："这不只是武术，这是芭蕾——是所见的最纯朴的中国技艺。"在日本演出时，日本观众也深为震惊，说中国的这个杂技节目"简直令人喘不过气来"。

早在 20 世纪五六十年代，上海人民杂技团的《小武术》就已饮誉海内外。到了程海宝这一代青年演员，《小武术》已是连演了许多年，因而在技艺上更加成熟和完美了。

　　如果只看《小武术》这个名称，很容易望文生义，以为《小武术》属于中国武术范畴。实际上，这是一种误解。人们通常所说的中国武术，按照定数组合，或徒手，或使用器械，踢、打、摔、拿、跌、击、劈、刺等，那都是为了防身或进攻，而杂技表演中的《小武术》，虽然脱胎于武术，给人以一种形似中国武术的感觉，也很讲究手眼身法步的"套路"，但它是一种文化艺术，在武术的基础上经过艺术加工，"嫁接"了诸多技巧动作，是一种表演艺术。

　　上海和各地杂技团都表演过《小武术》，但要说最让观众过目不忘的，非"成氏五兄妹"莫属。他们表演的"垛金瓜顶"（即两人双拳"对垛举顶"）变"掉人"，难度非常高。他们练习"垛金瓜顶"，不知道摔打了多少回。五兄妹的父亲是一位老杂技艺术家，对五兄妹的要求近乎严酷，每次练习，非要达到标准不可，一遍不行，两遍；两遍不行，三遍，五兄妹之一的成文群说："起初，我爸爸叫我大哥在板凳上'垛金瓜顶'，之后叫大哥在他拳头上起顶，这就难多了。拳头对拳头不是一次能完成的，需经反复的研究和时间。大哥没少挨爸爸的打。"

　　成文群小时候经常表演《小武术》，有一回在北京前门外剧场演出，一不留神，从舞台上摔了下来，当场昏了过去。一次偶然失手，使这位优秀杂技演员留下了一生遗憾。

《集体武术》（拱桥滚）

程海宝练习《小武术》，也多以"成氏兄妹"的《小武术》为范本，每有所得，融化于实践。"攀朝天蹬"是《小武术》中的一个经典动作，"抬腿要慢，落脚要快"，"扬起两手，快而不慌"，唯其如此，"掉人"向后"平砸"，这才让人大感惊险和刺激。

这些"口诀"般的"提示"，成了程海宝练习《小武术》，熟练掌握技巧的"要领"。从学馆毕业后，他登台演出的节目有《青蛙游戏》《儿童游戏》《浪木》等。《小武术》是其中一个，常演不衰。

第三章

黄金十年

> 我知道练《大跳板》很苦，但我愿意。大型节目所体现的，不是苦不苦的问题，而是展现我们杂技团的实力和演员的演出水平。杂技艺术需要发展，需要有高水平的大型集体节目，我要是能够为此出一分力，也是尽了我的责任。80年代初，上海杂技团赴美演出，在豪华的肯尼迪艺术中心演出了很多节目，其中就有震撼人心的《大跳板》。
>
> ——程海宝

1976年10月，"文革"以王张江姚四个反派人物被钉上历史耻辱柱的方式宣告结束。在欢庆"四人帮"倒台的日子里，人们扬眉吐气，载歌载舞地走上街头，犹如获得了第二次解放。在潮水般的人流中，有一支队伍格外地引人瞩目，他们就是上海杂技团演员组成的演出队。演员们将舞台搬到了马路上，一边行进在欢乐的人群中，一边尽兴表演。十年来，这是他们第一次恢复了传统杂技节目演出，表演虽然简短，技巧难度也不能算高，但每个人的心中，似乎在涌动着一股文艺复兴的波澜。

秋天的太阳，挂在天上，将金色的光辉洒向大地。秋风送爽，人们跳啊，唱啊，程海宝和演出队，都有点陶醉了。漫长的"文革"岁月，给予他们的是沉重，是压抑，是无法言喻的失落，然而今天，终于可以长长地舒一口气，对着秋阳说一声，秋天真好！

风和日丽，这才是真正的秋天啊！

"奖励办法"出台前后

经历了"文革"无情冲击的杂技艺术家，很多人的两鬓开始染白，激情四射的艺术创作才能遭到扼杀。十年，整整十年，耽误了他们多少艺术青春和艺术生命啊！

中国杂技好男儿 艺术传评

然而，冬枯春荣，岁月之河可以改变两岸的景色，却没有改变程海宝这一代青年演员的杂技艺术人生。他们依然在执著地追求着自己心中的杂技之梦。萦绕在程海宝心头的是，天宇苍茫，流水无情，一转眼，自己快要满30岁了。中国人不是有一种说法，叫做"三十而立"吗？可是，回首过往的十年，杂技舞台上留下的是什么呢？这十年，正是他生命中最有激情、最富于艺术创造能力的黄金十年，一个青年演员，应该志存高远，想要做的事情很多，想要奉献给观众的节目也有很多很多，不是说"沧海横流，方显英雄本色"吗？可是，壮志难酬，这十年，作为一个青年演员，程海宝难以作为啊！

所幸，十年"文革"期间，程海宝并没有停止体质体能锻炼和基本功练习，并没有停止《小武术》《青蛙游戏》《空中吊环》《火箭飞人》等节目的演出，这为"文革"后的他，重新走上舞台打下了扎实基础。他不甘平庸，自从担任上海杂技团演出二队队长后，转而将《大跳板》当作了自己的主攻方向。《大跳板》，是上海人民杂技团的传统大型集体节目。程海宝主攻力量型的大型集体节目，可以说是责任重，难度高，练功苦，付出多，出国机会少。辛辛苦苦地拼搏，出了成绩，功劳、荣誉都是集体的。他做出这样的选择，难道是傻了吗？不，他的心里清楚得很。这是一次转轨，一次展现创造才华和拼搏的机会，痛失十年，还有什么比奋起追赶自己的艺术人生更重要、更紧迫的事情？对于他来说，时不我待，机不可失。尽管，作出这样的选择是在"自讨苦吃"，但他心甘情愿，毫无怨言：既然做了这样的选择，那就只有一路往前，"明知山有虎，偏向虎山行"了。他说："我知道练《大跳板》很苦，但我愿意。大型节目所体现的，不是苦不苦的问题，而是展现我们杂技团的实力和演员的演出水平。杂技艺术需要发展，需要有高水平的大型集体节目，更需要有人自讨苦吃，我要是能够为此出一分力，也是尽了我应该尽的责任。"

程海宝没有用更多的舞台语言进行表白，而是带着他的团队认认真真地甩开膀子干了起来。此后十多年，他一直痴心不改，继承、创新，在他的带领下，《大跳板》不断砸出了新的高度。

20世纪70年代末，中国大地掀起了改革之风。沿袭了数十年的旧管理体制，极大地束缚了杂技艺术家们的创作热情，锅里有的、手里端的，全都一个样。杂技团建团以来，实行的是国家"供给"，保证了演职人员的工资收入和杂技团日常运转所需要的费用，同时也抢救了一批濒临消失的传统杂技节目，推动了杂技艺术的繁荣发展，而与之并存的弊端也显而易见，平均主义的分配机制束缚了编演创人员的积极性。

1978年秋天，演出一队赴江苏镇江、常州、无锡一带巡回演出。演职人员在报上读到了一篇文章：《回收一只水泥袋，奖励一分钱》。犹如一块石子投向了河面，立刻引起了连锁反应：一分钱？这也算奖励？能起到作用吗？大家议论纷纷，举一反三，痛感这样的奖励机制不合理，必须改革。演出队按照合同巡回演出，完成了合同规定的场次，这是"计划内"。如果应观众要求加演，算什么？属不属于"计划外"？由此带来的创收，能不能提取一定比例金额，用以奖励超额演出？如果连这点都做不到，还有谁愿意加场演出？不如干脆回家休息。

多演多得，不演不得，应该不应该？越议论，大家越是感到象征性的"一分钱"奖励机制必须破除。额外加演一场，收入大约为360元，按10％比例提取作为奖金，大约36元，算下来，每个加场演出的演员大约可以有0.6元的奖金收入。区区0.6元，多不多？平心而论，不多。但是，"一石激起千层浪"，在演职人员中引起的反响却不小。演员们喊出了增演增收的"第一声"。孰料，由于奖励"新政"没有上报审批，增演增收的改革之举不久便半路夭折了。

改革，遇到了阻力。仍然沿袭平均主义的"大锅饭"旧体制？或者，也实行象征性的"一分钱"奖励？不！杂技团打算尝试新的分配和奖励机制。经过充分酝酿，不久便出台了一份新的奖励制度：《增演增收给予演出补贴办法》。杂技团下设三个演出队，程海宝负责演出二队，另外的两个演出队是演出一队和青年演出队。《办法》出台以后，牵一发而动全身，三个演出队的士气大振，人人都想多演出，多创收。为了多演出，三个演出队都在演出质量和节目的新、难、奇、巧上下了一番苦功。

上海杂技团的奖励制度改革，得到了主管部门的支持。上海文化局专门下发"沪文革发78第979号"文，决定在系统内推广试行杂技团的奖励制度改革方案。文件直指陈规陋习的"痛点"，明确规定：凡是完成经费指标（以收抵支后的定额补贴）、演出场次指标（有收入的）、下厂下乡下部队演出指标等三项指标后，经费结余可以提取70％作为文艺演出团体的奖金，其余30％上缴，奖金的分配使用由本单位决定，主要用于购置业务设备、集体福利。它的主要精神是增演增收，国家、集体、个人三得益。

很快，文化部也以"一号文件"向各地文艺院团推广上海的创新和改革举措，在全国文艺界引起了强烈反响，《光明日报》《上海戏剧》、文化部《文化工作简报》以及相关媒体纷纷作了报道。

在改革洪流中

1977年10月，上海人民杂技团正式改名为上海杂技团，并且恢复了高空大型杂技和马戏驯兽节目表演。"文革"期间，一度被用作批判和斗争"牛鬼蛇神"的上海杂技场，也回归"本我"，恢复演出杂技节目。两年后的 7 月 14 日，上海杂技团改组，上海市委宣传部批复上海市文化局，王峰副团长提任团长。

从南到北，由东及西，中华大地此时正涌动着改革热潮，上海杂技团开始走上艺术复兴之路，出现了难得的演出小"高峰"。就在王峰走马上任两个月后，杂技团赴山东演出，刚刚落成的山东体育馆内座无虚席，热情的山东观众迎来了上海杂技团马戏队，精彩的演出让观众们为之一叹："真是大饱眼福啊！"第二天，山东省报《大众日报》在显著版面发表《精湛的技艺，独特的风格》一文，盛赞上海杂技团马戏队的演出"非常完美，做到了精心设计，层次分明，衔接自然……演员娴熟自如的技巧，优雅健美的艺术造型，大大发挥了杂技艺术的感染力"。

程海宝置身于改革洪流，越来越忙了。练功、演出，带领二队走南闯北，一年四季，他将大半时间用在了节目的编创演上，即使回到家，也常常是"至不暖席"，心里想的仍然是演出、演出。从 1981 年开始，他带领演出二队巡回演出，近的地方如江苏、浙江，远的则有湖南、广西、四川等地，一路上留下了他们的足迹。程海宝和杂技团有个约定，多演出，多创收，将优秀的杂技节目送往各地。经济上，二队和其他两个演出队以及魔术队，都进行独立核算，分灶吃饭，奖勤罚懒，多劳多得，演员们的演出热情分外高涨。程海宝崇尚简朴，对于多劳多得，他有自己的看法。他说，演员们辛辛苦苦演出，挣来的奖金是光荣的，属于集体，也是属于大家的，所以，使用时应该坚持节约原则，能省则省，能不用尽量不用。总之，不能乱花一分钱。每次去上海市外演出，他总是规划好出行的路线图，选择最经济的旅馆，甚至和队员一起去打前站，为演出做好充分准备。住旅馆好是好，可是费用太贵，他不舍得花，宁愿在演出现场，在舞台后随便搭一个地铺，将就将就，将省下的钱用于演出、再创收，最大限度地增加队员的收入。

1980 年到 1990 年，这是上海杂技团最引以为傲的"黄金十年"。仅杂技团在上海杂技场的演出，就刷新了历史纪录，每年接待的观众高达 40 多万人次，其中，外宾占绝大多数，约占全部观众人次的 70％到 80％，包括各国政要和高层次访沪代表团、经贸人员、旅游客、在沪专家以及各国留学生。人气爆棚的上海杂技，被誉为上海对外交流的一张文化名片，对于弘扬中国的民族杂技艺术起到了重要的推动作用。许多外宾观赏了上海杂技，热情地为之牵线搭桥，促成了上海杂技走向国际社会，启开了上海杂技团走出国门进行商业演出的大幕。

十年间，杂技团北上南下，对内对外，商业演出活动频频。1983 年 4 月 26 日，杂技团马戏队赴京公演，这是 20 年后上海杂技团首次与北京观众见面，演员结构和节目都已发生了变化，为期十天的公演，一共演出了 21 场，引起了轰动。《北京晚报》发表文章说，上海杂技团"不仅使首都观众大饱眼福，而且得到了中央领导同志和在京同行、专家们的赞扬，高度评价该团不愧是个具有国际水平的艺术团体"。中国杂技家协会副主席阿良看了演出，发表评论说，上海杂技团的表演有三个突破："音乐演奏有突破，艺术表演上有突破，技术上有突破，有上海独特的风格。"

这十年，也是程海宝带领演出二队，在演艺市场大显身手的"黄金十年"。"文革"，使程海宝这一代青年杂技演员失去了很多，然而，他们没有沉沦，而是抓紧时间自我修炼，校正人生坐标，认准了中国杂技，一步步走向艺术成熟。

程海宝、周良铁、张训导、蒋正平等一批青年演员，频频亮相于国内国际赛场。鲜花，映红了他们的脸庞；掌声，淹没了练功房内的喧嚣和嘈杂。他们，将中国杂技舞台上曾经的荒芜，远远地、远远地甩在了身后，向着一片新生的杂技绿洲奋进。

走出去，商演

20世纪80年代初，中国对外演出公司与美国哥伦比亚文艺家管理公司签订了一份合同，邀请上海杂技团赴美商业演出。

在中国杂技的历史上，这还是"破天荒"的第一次。

走出去，商演！

数千年的历史文化传承，正在发生着质的变化。古老的中国杂技艺术，即将要融入国际社会，一展峥嵘。翻开上海杂技团的演出史册，走出国门在世界各国的演出活动，实际上并不少。自建团以来，包括整场演出以及游乐场、博览会、饭店演出，甚至加盟外团……其例不胜枚举。不过，由于政治形势需要，上海杂技团"走出去"演出的前往国，往往都是一些与中国友好交往的国家，它们基本上集中在东欧、东南亚地区和非洲。这样的演出活动，可以列举很多：1956年4月，第一次组团出访国为罗马尼亚、民主德国、波兰和匈牙利，这些国家属于社会主义阵营，杂技团在这些国家的演出，时间长达七个多月，受到了政要们和民众的欢迎。四年后，杂技团再次组团"走出去"，这一次不是东欧，而是走得更远，出访的国家也是四个：苏丹、埃塞俄比亚、几内亚、摩洛哥，都是非洲国家。访问演出的时间也很长，共六个多月。演员们所到之处，也受到了政要们和民众的热情欢迎，埃塞俄比亚皇帝塞拉西甚至亲临演出现场，在演出结束后接见上海杂技团全体演员，向他们赠送纪念品。在几内亚，杂技团行程2200多公里，访问了九个城市，当地民众载歌载舞，就像迎接亲人一样，甚至连商店也停止营业，人们兴高采烈地敲着当当鼓，迎候远方而来的贵宾。杂技团风尘仆仆地到达科纳克里时，正好赶上亚非人民团结组织第二届大会召开，演员们顾不上旅途劳累，立即为大会举行首场演出。演出结束，杜尔总统走上舞台，接见全体演员。拉贝，是几内亚北部的一座城市，杂技团尚未到达，全城张灯结彩，民众翘首以待，争睹中国杂技，为新中国取得的成就热情"点赞"："上海杂技团的精彩演出，使我们看到了新中国艺术发展的成就和社会主义制度的优越性。"1963 年 10 月，第一届新兴力量运动会艺术节在印度尼西亚召开，应印尼邀请，上海杂技团出访该国，也举行了专场演出。

截至 1965 年，上海杂技团跨出国境的访问演出从未停止过，甚至，在"文革"期间，政治运动一波接一波，但由于对外政治宣传需要，杂技团也没有停止过"走出去"，如 1973 年 3 月，远赴阿尔巴尼亚、罗马尼亚、法国、意大利、圣马力诺、马耳他、英国、联邦德国、土耳其等欧洲九国，23 个城市，一共演出了 119 场，观众 32 万。第二年 7 月，应中日友好协会邀请，东渡扶桑，为日本民众演出。建团后的几十年，杂技团"走出去"演出达 7000 多场，充分展示了中国杂技艺术的奇特风采，给欧、亚、非、美洲等几十个国家留下了美好的印象。但是，这些演出都是在履行中国和其他国家签下的文化交流协定，或者是接受邀请，参加一些国家重要活动而进行的演出，根据对外政策和宣传口径，所有这些演出，强调的是政治第一、友谊第一，无需考虑创收，都是无偿的、不计成本的。

80 年代初，上海杂技团的赴美演出，与以前所有"走出去"的演出完全不一样，这是一次真正意义上的市场行为，而且是由文化主管部门之一的中国对外演出公司与美国签下的合同。因此，这次商业演出，不仅改写了上海杂技团历次"走出去"演出的性质，而且是中国杂技向着国际商业化运作的一次"破冰之旅"，在中国杂坛很快引起了反响。就在上海杂技团这次赴美商业演出后不久，广东省杂技团组团赴美国、加拿大商演，又一次在海外掀起了一股"中国杂技热"；广东省杂技团、江苏南京杂技等也开始向国际商业化运作转轨，纷纷组团"走出去"商演。

继首次赴美商演之后，第二年上海杂技团再次组团，东渡扶桑演出。这也是一次商业性演出，参加这一次演出的演员更多，节目也更加丰富，除了传统杂技，杂技团还带去了一个特殊的"明星级演员"：熊猫"伟伟"。为期四个多月的商演，在 16 个城市共演出了 116 场，观众 42 万人次。这一年，除了上海杂技团，重庆杂技团、武汉杂技团、黑龙江杂技团也相继赴法、英、瑞士、日本、加拿大商演。据统计，这一年中国派往国外的杂技团有 15 个团次，除了两次访问演出，一次半商业性演出和一次参赛演出，其他都是商业性演出。1982 年、1983 年，是中国杂技"走出去"商演活动的高峰期，平均每年在海外商演十多次。之后的 1984 年、1986 年、1988 年，分别为 30 多次、51 次、80 次。"走出去"商演，逐渐成为中国杂技的一种常态。

首次赴美商演，程海宝正值而立之年。中国对外演出公司与美国哥伦比亚文艺家管理公司的商业演出合同签订后，上海杂技团一共抽调了66名演员，组成了强大的演出阵容，带去了一批传统的经典节目。

这是程海宝第一次参加的对外商演活动，也是他第一次跨出国门，走向大洋彼岸的美国。他的心情是异乎寻常地激动。一个具有几千年文明和悠久历史传统的国家，以礼仪之邦闻名于世，只是，几千年来，国门未曾向世界打开过，他是这个封闭国度中的一份子。但现在，改革之风如一双神奇之手，将尘封许久的国门徐徐推开了。

机舱里的尴尬一幕

早春二月，迎面吹来的风，还是冷飕飕的，走在上海外滩的程海宝，他的心里却是温暖如春。他就要去美国进行商业演出了，杂技团要求每个演员定做几套出国服装。之前，出国需要办理的一切手续，全都按照要求办妥了，比如政治审查，这是必须履行的程序；又比如宣布纪律，在国外演出期间，如果要上街溜达溜达，必须三人同行。几十年后的今天，倘若旧事重提，人们无不惊讶，出一趟国，手续居然这么繁琐，在国外的大街上溜达，居然也会有这样的硬性规定！但在国门初开的1980年，出国是一件大事，有关部门把关十分严格，着眼于历史的角度，也属正常。杂技团自然不敢松懈，规定要办的，必须尽快办好。等到签证下来，团部将所有出国商演的演员集中一起，进行政治学习，重申纪律。所有的例行公事都已完成，剩下的也就是演职人员的服装问题了。

演职人员穿什么服装出国呢？杂技团为此着实也是颇费了一番脑筋的。中山装？未尝不可。关于中山装，《中华文化习俗辞典》是这样说的："孙中山参照中国原有的衣裤特点，吸收南洋华侨的'企领文装'和'西装样式'，本着'适宜卫生、便于动作，易以经济，壮以观瞻'的原则，亲自主持设计，由黄隆生裁制出的一种服装样式。"中山装穿着简便、实用，自辛亥革命起便和西服一起开始流行。中国人对中山装带有很浓的感情色彩。但"十年动乱"结束后，西风东渐，人们的服饰发生了巨大的变化，"文革"时期清一色的灰色、蓝色中山装，陆续退出了生活圈，穿西装成了一种流行。

经研究，杂技团决定，去美国商演的演职人员，都可以到指定的上海友谊商店定做几套服装。改革开放了，中国人的精神面貌大变，西装革履所体现的，是一种新形象。

走在上海外滩的程海宝，正是去上海友谊商店定制服装的。说起上海友谊商店，名气不小，那时候，几乎家喻户晓，无人不知。这家商店，开业于20世纪50年代中后期，是一家品质高贵的商店。开业之初，接待国内民族代表团，也接待市民。但是，到了1961年，商店停止向市民供应商品了。"文革"期间，这家商店更是成了非经批准，不可入内的"禁地"。直到"文革"结束，商店才恢复了原来的经营业务，规定除党和国家领导人，其他人不得进店购物，要是中央和地方领导人想要进店，也必须由上海市委办公厅出具介绍信。改革开放以后，情况大变，商店不再成为少数人特殊需要的购买点，开始逐步走向社会化经营了。然而，其档次之高，品质之不俗，在市民心目中仍然占有相当高的地位。

程海宝同样未能免俗。走在通往上海友谊商店的中山东一路上，他的心情是不言而喻的。按规定，他在店里定制了三套服装：一套西装，一件咖啡色中大衣，还有一套，就是被视若"国服"的中山装。但是，他定做的中山装，面料不再是涤卡，而是全毛了。它的颜色，也不再是以前千篇一律的蓝色或者灰色，而是新潮、时尚的全黑色，比起先前在马路上到处可以见到的涤卡中山装，显然要气派得多，也高档得多了。他的体格魁梧，一脸英气，俨然一副中国改革开放以后青年杂技演员的形象，世界将会用怎样的一种眼光打量走出国门的这一代青年演员呢？度过劫难春常在，毫无疑问，他们代表的是改革开放后的中国气派和新一代杂技艺术家的气质。

不料，第一次穿上西装的程海宝，上了飞机，竟然出了洋相：不会打领带呀！而不会打领带，脸露尴尬之色的，又何止程海宝一个人呢？杂技团不少青年演员，以前都没有穿过西装，也没有系过领带。这下，机舱里热闹开了，演员们"临时抱佛脚"，你帮着我，我帮着你，相互帮着打起了领带。有的人上飞机前学会了打领带，却不料，上了飞机偏偏又忘了。有人想出了一个好办法：打领带？实在太麻烦了。何不干脆将领带挽个活结，往脖子上一套，用手往下一拉，将活结紧一紧，领带不就挺括了？如果要取下领带，这也不难呀，将活结往上一提，松一松，不就可以了？这方法果然管用，程海宝和所有不会打领带的青年演员，再不感到尴尬了。

肯尼迪艺术中心

托马克河是美国中东部最重要的一条河流，波澜不惊，两岸绿树成荫。这条河，发源于阿巴拉契亚山脉西麓，以大西洋切萨皮克湾为它的最后归宿。1776年7月4日，美利坚合众国成立，建都于托马克河一侧。有关它的建都，历史上还有过一些说法：当年，围绕建都问题，南北两派发生了激烈争吵。北派希望将首都建在纽约，南派不同意，希望定都于南方。双方互不相让，后来大家各让一步，决定先将首都建在托马克河畔，这是南北两派的一条重要分界线。走马上任后的华盛顿总统，由此开始了国会大厦的构思。

200多年过去了，历史在托马克河畔留下了人类社会多少的奇思妙想啊，大批建筑物拔地而起，将华盛顿这座城市打点得分外的出挑，市中心广场的五角大楼、华盛顿中心林肯纪念碑等众多建筑相继出现在了托马克河畔。一个多世纪前，美国人为了打通中东部的封闭状态，溯河流而北上，修筑了一条和托马克河连通的人工运河。

一个多世纪过去，这两条日夜奔流的河，还在讲述着昨天的这些个传奇故事吗？

1971年，离托马克河畔不远，一座现代建筑——肯尼迪表演艺术中心落成了。

"中心"占地面积7万多平方米，由3700吨白色大理石建成，大厅高近20米，包括一家歌剧院、两个舞台表演厅、一间实验剧院、一个音乐厅、一个电影院及表演艺术图书馆和艾森豪威尔剧院、歌剧院、音乐厅三个大剧场。这里是展示美国和世界各地优秀表演艺术的舞台，是美国演出活动最频繁的展台之一，光每年举办的演出就有3000多场，接待观众200多万，还有300多万参观者和2000多万人参加由"中心"举办的各类文艺活动。

1981年4月，美国总统卡特在中国驻美大使柴泽民等人陪同下接见赴美演出的全体演职人员

与美总统卡特合影，
后排左四为程海宝

1981 年 4 月 30 日，一批来自东方世界的杂技艺术家出现在肯尼迪表演艺术中心。他们，就是上海杂技团的演职人员们。按照行程安排，杂技团要在这里举行一场精彩的杂技演出。好奇的美国人，早早地来到了剧场。演出还没有开始，人们翘首以待。突然，掌声响了。全场观众站立起来，原来是美国总统卡特带领家人来看演出了。他们走到剧场二楼，在富丽堂皇的包厢里坐了下来。

卡特微笑着，向着观众挥手、鼓掌。

口技、倒立、技巧、木砖顶（在木块上拿顶）、溜冰等节目轮番上场，观众时而屏息，时而惊呼，完全被技艺高超的中国杂技艺术征服了。程海宝参加演出的是《大跳板》《跳板蹬人》。对于由程海宝领衔表演的《大跳板》，有的美国观众早有耳闻，可这一回，他们将要真正地开一开眼界，饱一饱眼福了。果不其然，"后空翻三周落三节""转体 720 度旋落三节"等高难度技巧，一个接一个地亮相，全场顿时沸腾起来，掀起了欢呼的声浪。

演出结束，中国驻美大使柴泽民陪同卡特总统来到后台，与演员们一一握手，感谢来自中国的杂技演员们，为美国观众奉献了一台精美绝伦的演出。

卡特微笑着，夸奖道："你们是来自中华人民共和国的文化使者。""这是一个令人愉快的夜晚，我的烦恼被你们精彩的演出一扫而光，你们都是中华人民共和国的文化使者，我为我们两国关系的发展感到自豪。"

美国哥伦比亚艺术家经理公司有一位经纪人，一路陪同上海杂技团在美国演出，这时的他，也掩饰不住内心的激动，高兴地说："我们接待过难以计数的艺术团体，总统来到剧场观看演出，你们是第一个。"

"我的烦恼"？贵为"一国之君"的卡特何出此言？原来，程海宝等演员们在华盛顿肯尼迪表演艺术中心的演出，并非是上海杂技团访美商演的第一场。纽约才是

在美国商演时与美国艺术家合影

他们到达美国后举行演出的第一站。那天，杂技团到了纽约，不巧的是，他们的演出却遇到了始料不及的麻烦。按照程海宝等演员的想法，中美两国，关山相隔，是中国改革为两国的文化交流带来了历史性的机遇，在美国的第一站演出，一定要让美国观众真正了解什么是中国杂技，因此，他们对上台演出充满了期待。纽约方面也为他们的演出做了准备，地点安排在豪华的商业中心。杂技团尚未到达，演出信息便已发了出去。当天夜里，闪闪烁烁的霓虹灯，将纽约城照耀得很是迷人。但是，到了演出时间，前来观赏中国杂技的观众却并不多，偌大的一个剧场，观众稀稀拉拉的，这就有点奇怪了。难道，纽约观众不喜欢中国杂技？不，主办方另有隐情，演出当天，纽约地铁工人大罢工，交通瘫痪，很多观众不能来了，连本来想赶来观赏的卡特总统也不能来了，他正在为地铁工人的大罢工而大伤脑筋哩。所以，当他后来坐在肯尼迪表演艺术中心，看完中国杂技表演，终于笑了。

上海杂技团在美国的商演活动，一共持续了三个多月，程海宝随团访问演出的脚步经过了芝加哥、华盛顿、费城、纽约、旧金山等城市。第一次到美国演出，大获成功，演员们既感到兴奋，又感到美国社会太陌生、太新鲜。改革开放前，国门封闭，要了解一个真实的美国，是并不可能的。而现在，他们面对的是满大街的霓虹灯，以及车水马龙的繁华景象，来自遥远东方的中国人，怎么能不感到新鲜和陌生呢？

东方，有火光在燧石的碰击中升上夜空。大洋彼岸的中国，正在迈开巨人般的脚步追赶世界。远离祖国的程海宝，耳畔似乎有大江大河拍岸的涛声隐隐传来，他的眼前闪烁着一片光彩。许多年后，当他回忆起这次美国之行，体会颇深地说："第一次到美国演出，我感到什么都很新鲜。但是，改革开放后的中国，和以前不一样了，我们的国家取得了辉煌的建设成就，东西方的经济差别越来越小了。"

第四章

铩羽而归

> 每年冬天举办的蒙特卡洛国际杂技马戏节，向有国际杂坛"奥林匹克"一说。1984 年，中国组团参加第十届蒙特卡洛国际马戏杂技节，上海杂技团参赛的节目是《跳板蹬人》，我和节目组成员希望将"金小丑"抱回祖国。不料，我们仅得了一个蒙特卡洛城市奖（银奖）。我的心很不平静，应该拿到手的大奖没有拿到，这总归是有点遗憾的。我在地中海的海边站了好长一会，心里在说："蒙特卡洛，我会回来的。"
>
> ——程海宝

维罗纳、巴黎、蒙特卡洛，这三座城市名闻国际杂坛，举办国际马戏比赛，它们是最重要的三座城市。

在欧洲文艺复兴时期，英国戏剧家威廉·莎士比亚创作了大量优秀的文学作品，被喻为"人类文学奥林匹斯山上的宙斯"。他的一生，写有很多戏剧作品，其中的《罗密欧与朱丽叶》广受读者喜爱，这部剧作讲述的是两个热恋中的青年男女，因家族仇恨而遭到不幸。出人意料的是，莎士比亚将笔锋一转，这个悲情故事的结局颇具戏剧性：两家人和好如初了。

罗密欧与朱丽叶的悲情故事，就发生在意大利维罗纳市。这里，是世界明星马戏节的举办地，也是国际杂坛举办马戏节的重要赛场之一。而法国巴黎，则以举办明日杂技节和未来杂技节闻名于世。摩纳哥蒙特卡洛是世界公认的杂技最高奖项"金小丑"奖诞生地。这三座著名城市，每当举办马戏比赛时，都会吸引来自世界各地的大批演出商、经纪人，以及马戏团老板蜂拥而至。在欣赏当代最高杂技艺术节目的同时，他们更是以商人的头脑、不失时机地研究和分析当今国际杂坛的风向，并且以近乎严酷的标准挑选杂技节目。在比赛中荣获大奖的杂技节目，往往会成为他们竞相争夺的"文化产品"。有人如此形容，国际马戏赛场既是国际杂坛的"展销会"，又是各国演出商、经纪人和马戏团老板的"订货会"。这话，真是恰如其分，一点也不错。

会师远征

摩纳哥公国，"扼地中海入大西洋"的门户，面积不大，人口只有 2.4 万。别看这个国家在世界地图册上只有巴掌般大小，它已经成功地举办了 17 届国际马戏节，特别是为国际马戏节设立的"金小丑"奖，被人们誉为国际杂技界的"奥斯卡"奖，向为世界各国杂技艺术家垂涎。

> 那里，从国王到平民都对马戏有着特殊的情感和爱好。我们目睹了大公与评委一起打分，一起讨论，亲自为演员发奖的场面，看到了每场演出前大公入场时乐队高奏国歌、全体观众起立鼓掌致敬的场面。摩纳哥因财力丰厚而不惜重金，每年都吸引众多的杂技强国趋之若鹜，各国均拿出最强大的阵容，最高水平的节目前往竞争。
>
> ——周良田：《欧洲三大杂技赛场考察随笔》

冬天的太阳，高高地挂在天幕上，好像一面硕大无朋的铜镜。太阳的无私赐予，使得摩纳哥的气候变得温暖如春。

1984 年 12 月初的一天，一架国际航班在中国北京机场呼啸着腾空而起。由中国杂技家协会副主席蓝天率领的中国杂技艺术家们，搭乘这趟航班飞往摩纳哥。他们是去参加第十届蒙特卡洛国际马戏杂技节的。维罗纳、巴黎、蒙特卡洛这三座举世公认的三大国际马戏比赛之城中，倘说能举办规模最大、水平最高的国际马戏杂技赛事，则首推蒙特卡洛。这与酷爱马戏杂技的摩纳哥大公雷尼埃三世有关。雷尼埃三世于 1974 年创办了国际马戏杂技节，并为大赛设立了一项国际杂坛的最高奖项，它就是"金小丑"奖。

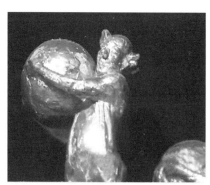

蒙特卡洛国际马戏杂技节"金小丑"奖

中国杂技好男儿 ❀ 艺术传评

1981 年，中国第一次组团参加蒙特卡洛国际马戏杂技节，从此与国际杂坛这个重要的"节日"结下了不解之缘。当第十届摩纳哥国际马戏杂技节组委会的邀请函寄到北京后，文化部立刻作出了回应：中国，将派遣一个代表团参加这届大赛。

到摩纳哥去！

到蒙特卡洛去参加大赛！

中国的杂技艺术家们在期盼着，参加国际大赛，夺取国际杂坛最高奖项"金小丑"，这是他们的愿望。经过挑选，中国杂技家协会组建了一个代表队，选定了参赛节目。上海杂技团参赛的节目是《跳板蹬人》，演员程海宝、潘素梅、黄翠萍、俞月红。

《跳板蹬人》是上海杂技团的创新节目，程海宝是这个节目的编创者之一，也是表演者之一。说起《跳板蹬人》，离不开国家一级演员，中国杂技家协会第一、二、三届常务理事，上海市杂技家协会副主席，著名杂技艺术家潘素梅的贡献。这位著名的杂技艺术家，出身于杂技世家，是上海大世界游乐场潘家班童子团的第三代传人。潘素梅受家庭和父辈影响，从小就爱上了杂技。但在旧社会，杂技是被人看不起的一门行当，杂技艺人常常受人欺辱，潘素梅想要学杂技，遭到了父亲潘玉善的强烈反对，任凭潘素梅怎么哭闹，潘玉善就是一百个不答应。1949 年，潘家和杂技人迎来了解放，潘玉善看到了希望。这时的潘素梅，还只有 8 岁，见女儿小小年龄，矢志继承父业，潘玉善终于松了口，答应教女儿学艺。在父亲一丝不苟的带教下，潘素梅严格要求自己，练就了一身扎实的基本功，成为潘家班童子团的一名小演员，演出的节目有《晃板》《椅子顶》《转碟》《空竹》《蹬技》《大跳板》《蹦床飞人》等。她的《走钢丝》，动作轻盈，体态曼妙，一当"走"在若隐若现的钢丝上，便如同在云端漫游，胜似"闲庭信步"一般，走、立、坐、卧、跳，无不轻松自如，能在钢丝上表演几十种技巧动作。

1956 年，潘素梅加入上海红色杂技团，专攻蹬技。蹬技在杂技中属于耍弄类，表演者仰卧小台，双足向上，将各种轻重器皿或家具置于脚上，靠脚的推动使其旋转、腾翻，改变角度，做各种细致的、难度很高的动作，除蹬物外，还可以蹬人，或让人在所蹬的物件上表演技巧动作。

有关蹬技，古代典籍有一段文字，描述一位民间女杂技艺人的蹬技表演："……仰卧于地，伸足弄瓮，旋转如丸。少焉，左足掷瓮，高约二丈，将坠，以右足接之；右足掷，左足接之。更置一瓮，两足运两瓮，往来替换若梭之投，若球之滚，若鸟之飞翔，忽倚忽侧而不离于足。"这段文字，十分精彩，将古代一位女杂技艺人的蹬技描述得惟妙惟肖，可谓形神兼备。表演这个节目的杂技艺术家，一般以女性为主，她们不仅可以蹬纸伞、毯子、扇子、鼓、桶、板、积木等分量不重的物品，也可以蹬缸、坛、桌等重物，甚至还可以蹬梯、蹬人，或使被蹬之物飞速旋转，或腾越自如。

潘素梅的蹬技，更是别有一功，她的表演以蹬轻巧的物件为主。其中的《蹬伞》，是她最具代表性的一个节目。1957年，她随上海杂技团出访非洲，克服演出场地条件差等困难，成功地完成了《走钢丝》《蹬伞》等节目表演，受到了非洲朋友的高度赞誉。"文革"期间，潘素梅下放农村，度过了漫长的五年农村生活。1972年，尼克松访华前，上海人民杂技团开始准备演出专场，因打算恢复传统的节目《走钢丝》，遂借调潘素梅，她从农村回到上海，在为尼克松演出的时候表演了蹬技。1972年11月，潘素梅正式调入上海人民杂技团。她早就想排练《跳板蹬人》节目，因当时她所在的红色杂技团条件尚未成熟，一直没有如愿。1977年，程海宝决心编创一个创新节目，经与潘素梅等人商量，一拍即合。这时，潘素梅已经是一位37岁的中年演员了。这个年龄表演这个节目，对于以蹬、翻技艺见长的她，难度也是不小的。

> 粉碎"四人帮"不久，我重新提出了练《跳板蹬人》的设想。此时的领导，再也不是"四人帮"横行时只会"打棍子"的庸碌之辈，他们高瞻远瞩，以高屋建瓴之势排除干扰，支持了我。并抽调了优秀的跳板演员朱复正与我搭档，于1977年底正式开始练创新节目《跳板蹬人》。
>
> ——潘素梅：《我的艺龄与新中国同龄》

一听要推出《跳板蹬人》，潘素梅二话不说，立即投入了排练。在长达三个多月的紧张排练中，她十分投入。不料，正当进入关键阶段，跳板演员朱复正砸板时一脚砸空，髌骨撕裂，排练不得不暂时停止。后来，在其他演员配合下，潘素梅学习借鉴国外同类节目的成功经验，与跳板演员朱复正再度合作，练成了"连翻""对穿斜托""双人落扛椅"等一系列跳翻和蹬翻相结合的动作。

跳板如何与蹬技完美结合？这是《跳板蹬人》的一大难题。因为，个子再小的"尖子"，体重少说也有百来斤，从几米高处落到脚上，再将"尖子"蹬向高空，比起蹬物，不知要困难多少。潘素梅不畏艰难，一遍又一遍地苦练，终于练成了。这里记下的，是她在表演《跳板蹬人》时的一个场景："一名演员借助跳板的弹力，翻了一个360度转体后凌空而下，被躺着的潘素梅用双脚平稳地接住了。她再收脚一蹬，那位演员又趁势在空中翻出筋斗。潘素梅一接一蹬，一蹬一接，把百余斤重的演员蹬得像车轮一般地飞转。在翻滚了十个筋斗之后，潘素梅突然抵住了翻筋斗演员的双脚，使该演员一下挺立起来，表演戛然而止。"

观众无不惊叹，说潘素梅表演的《跳板蹬人》是"力与美的和谐组合"。1979

年 10 月 1 日，是中华人民共和国成立 30 周年的日子，巧的是，这一天也正是潘素梅杂技生涯 30 周年的纪念。令她感到欣慰的是，"千辛万苦始成金"，《跳板蹬人》终于排练成功了。

上海杂技团将这个创新节目作为献给国庆 30 周年的礼物，媒体为之纷纷追踪报道，上海人民广播电台以《开不败的红梅》为题，向听众介绍潘素梅 30 年来的杂技艺术成就。为庆祝国庆 30 周年，上海文艺界在文化广场举行国庆 30 周年文艺晚会，潘素梅表演的《跳板蹬人》给观众留下了强烈印象。1981 年华东六省一市杂技优秀节目会演在上海举行，上海杂技团有两个节目荣获一等奖，一个是《大跳板》，另一个就是《跳板蹬人》。

将《跳板蹬人》推上蒙特卡洛赛场，是上海杂技团经过一番深思熟虑的。应该说，将这个节目推向国际比赛场，有很大的胜算。

七八月份的上海，天气像个大蒸笼，又闷又热，不要说运动，干坐着也会时不时额上冒汗。当年空调还没有普及，摇头风扇无力地摇着"头"，连吹出的风也是热烘烘的。

程海宝带领《跳板蹬人》节目组投入了紧张的练习。自从推出《跳板蹬人》后，程海宝和演员们已经表演了许多次，每一次都赢得了良好的口碑。如此说来，去摩纳哥参赛，就无需将《跳板蹬人》反复进行排练了？

程海宝的回答，只有一个字：不！他知道，曲不离口，拳不离手，节目再好，技巧再高，仍然必须反复练习，只有这样，节目才会日臻完美。他也知道，国际杂

1981 年华东六省一市杂技优秀节目会演

《十字跳板》

程海宝（右一）、潘素梅（右二）在美国玲玲马戏团的出场式

《跳板蹬人》

技舞台，群雄逐鹿，容不得闪忽，也容不得发生半点差池。和上海杂技团同去参加第十届蒙特卡洛国际马戏杂技节的，还有山东杂技团，他们带去的参赛节目是《蹬板凳》。10月初，山东杂技团来到上海参加赛前集训。中国这两个实力超群的杂技团，都派出了自己的实力型和技巧型演员，志在夺冠。练功房里，两个节目组都在为了比赛而挥汗苦练，没有人喊一声累，也没有人叫一声苦。

夺冠，鼓舞着《跳板蹬人》和《蹬板凳》的演员们。山东团的《蹬板凳》，需要助演，谁来担当呢？

程海宝说："我来！"

徐志远说："我来！"

山东团的演员们不好意思了："你们？你们不也在排练吗？"

"没事！"程海宝说，"我们都是去摩纳哥参加比赛的，《跳板蹬人》也好，《蹬板凳》也好，咱们都是一家人啊！"

其实，《跳板蹬人》节目组的排练也遇到了一些问题：程海宝有伤，潘素梅、黄翠萍、俞月红也都是有伤在身。

但是，程海宝顾不到这么多了，仍然坚持说："排练到了节骨眼上，我来为《蹬板凳》当助演吧。"

有了助演，《蹬板凳》的排练更加有力，也更加顺畅了。程海宝的胳臂被板凳砸伤了，要不要临阵"换将"呢？他坚定地回答："不用！咱们继续练！"鲜血，从伤口流了出来，他似乎浑然不觉，仍然坚持着，为《蹬板凳》递送板凳。集训期间，两个节目组的演员们团结得像是一个人，大家只有一个心愿：我们是中国杂技人，我们来了，摩纳哥！

出发前，文化部、中国杂技家协会等领导来到机场，为远征摩纳哥的中国杂技艺术家们壮行，勉励说："你们要放手一搏，沉着，冷静，不要背思想包袱。祖国，等待你们凯旋。"

拼搏，人生能有几回拼搏啊！

为了祖国的荣誉，为了赢得比赛，程海宝下定了决心：放手一搏。赛场，就是战场，谁不想将"金小丑"抱回自己的祖国？

华山一条道。

程海宝认准了：拼搏，拼搏，这是唯一的取胜之道。

饮恨摩纳哥

经过十个小时左右的飞行，国际航班徐徐降落在了巴黎国际机场。程海宝一行人稍事休息，就转乘当地航班，往东南方向继续飞行。一个多小时后，航班降落在地中海旁的尼斯机场。他们换乘汽车，继续前行，又一个小时后，终于到达了美丽的蒙特卡洛。

摩纳哥公国虽说是世界上国土面积最小的国家，但国内有不少设施一流的足球场、篮球场和一级方程式赛车场。难怪，国际上很多重要比赛选择在摩纳哥举行，每年一届的国际马戏节是其中的一项重要赛事。以前的摩纳哥，举办国际杂技比赛，条件其实是并不完备的，用以赛事的设施也很一般，连马戏大篷也是从意大利、瑞士借来的。兰尼埃大公非常喜欢马戏杂技，他创办国际马戏节的决心既定，一批体育设施随之开始兴建。1974 年，大公选择蒙特卡洛市中心兴建马戏大篷。经过几年建设，一个坚固、漂亮的马戏大篷落成了，成为蒙特卡洛城的一道靓丽风景线。

摩纳哥的马戏大篷位于海滨公园旁，外形酷似一座古城堡，远远望去，给人以一种神秘感。走进"古堡"，但见"擎天柱"似的四根巨大立柱托起了整个大篷。偌大的舞台，如悬挂在半空的楼阁，因此有了"空中舞台"一说。比赛场地的中间，有可供赛马和马戏表演的马圈。大篷内，可以容纳 4300 多名观众。大篷外，有一个直升机停机坪、一个游艇码头、一个专供停靠船舶的港口，交通十分方便。一到比赛季节，世界各国游客，摩肩接踵，整座蒙特卡洛城成了一座欢乐的海洋。

每年冬天举办的蒙特卡洛国际杂技马戏节，由大公亲自担任评奖委员会主席，规格之高，场面之大，堪与国际体坛"奥林匹克运动会"、国际影坛"奥斯卡"比肩，因此，有"国际杂坛上的奥林匹克"之美誉。

从1983年开始，蒙特卡洛国际杂技马戏节评委会越来越强调演员的专业化和技巧的高难度。每年一届的比赛，除了摩纳哥大公亲自担任评委会主席，法、意、中、俄、马来西亚和美国等国家，也各委派一名权威人士，组成一个八人小组，这就是颇负盛名的蒙特卡洛国际杂技马戏节评委会。这八位评委，年龄都很大，专业素质非常高，其中以马戏团经理、马戏演出经营者居多，目的是将优秀的节目推向商业化、国际化。

当年第一次举办赛事，摩纳哥大公宣布了严格的评分要求：艺术10分、技巧20分，每个评委根据节目的创新程度和技巧难度，以及演员的临场发挥分别给出分数，他们也可以给自己心目中的最佳者适当加点分，但总分不能超过20分。大公强调说："评委对本国的节目要公正。"第二天上午，大公主持评委会，按序报分，最后由大公报出他认为最合适的分数。

程海宝到达蒙特卡洛的当天，这里已是张灯结彩，以马戏丑角为标记的马戏节会标触目可见，参赛国国旗在和风中猎猎飘扬。这一切，给大赛增添了诸多喜庆色彩。

12月6日，这一天是程海宝终生难忘的。比赛场内，人头攒动，看客争睹，参

参加第十届蒙特卡洛国际马戏杂技比赛的《跳板蹬人》演出团队

赛节目轮番上场。时间，似乎走得特别慢，等待，等待，还是等待。终于到了这一刻：中国参赛节目《蹬板凳》上场了。

> 卢立新和沈凝的耳边似乎回响着领导嘱咐的话语，她们竭力使激动的心情镇静下来，身着华美的盛唐风格服饰，随着独特的齐鲁余韵的乐曲登场。场内顿时响起热烈掌声。接着，沈凝首先就位，色彩鲜丽、雕刻精细的长凳，以各种巧妙的方式在她的双脚上叠摆而上，每增一层，卢立新都在板凳上演出一种造型，掌声随之而起。至第七层，观众面前出现了一座挺拔峻秀的宝塔，卢立新立于塔顶，飘然若仙。正当观众看得出神，卢立新突然做"双飞燕"劈顶，身体倒立，凌空而下，干净利落，稳准优美，扣人心弦。3000名观众惊讶得同时大叫起来。在观众有节奏的掌声中，沈凝做"360度大转"，卢立新做"单手顶转"，把气氛推向了高潮。

> ——也兵：《进军摩纳哥的前前后后》

摩纳哥人有个很奇特的习惯，但凡对比赛一方的表现感到满意，除了鼓掌、喝彩，还会用力跺脚，这种用来表达感情的方式在世界上恐怕也算是最具个性的方式之一了。山东杂技团的《蹬板凳》就享受了这样的特殊待遇。观众们对卢立新和沈凝的精彩表演，回报以掌声、口哨，还有就是震耳欲聋的跺脚声。

> 观众以为节目到此结束，谁知助演又递上了两条板凳和一个插着鲜花的花瓶，卢立新在两条板凳各有一头悬空的条件下，做起"咬花旋转"动作。于是大厅沸腾了，长时间的鼓掌、吹哨、跺脚，到底谢了多少次幕简直记不清了。各国评委向蓝天热烈祝贺，本届比赛评委主席摩纳哥大公说："真是十分精彩、出色的表演。"有的观众说："表演太迷人了，有生第一次见到这么精彩的表演。"

> ——也兵：《进军摩纳哥的前前后后》

比赛要进行两轮，每一轮比赛都分外激烈。上海杂技团的《跳板蹬人》和山东杂技团的《蹬板凳》，哪一个节目更具王者之相？换句话说，中国的这两个杂技节目谁更有希望夺冠？这个问题成了中国代表团议论的焦点。说实话，程海宝和《跳板蹬人》节目组就是为冲冠而来的。看情势，比赛现场，争夺相当激烈，节目精彩纷呈，各国选手的表现也是相当的超凡脱俗，"金小丑"花落谁家，还有得一搏。

蓝天是中国代表团的领队之一。看了演出，他有点着急，要求两个节目组一定要继续努力，一定要为祖国的荣誉而战，不论哪一个节目，只要能够出线，都是中国杂技的荣誉。他希望两个节目组一定要保持良好心态。

《跳板蹬人》和《蹬板凳》，谁更有希望夺冠？中国代表团内也有不同看法，多数人倾向于《蹬板凳》，因为卢立新和沈凝的表演太出色了，观众的掌声、喝彩声和跺脚声就是最好的证明。

既然比赛出现了倾向性，蓝天希望中国代表团一定要借此保持住优势，至于能不能夺冠，那就要看卢立新和沈凝在第二轮比赛中的表现了。

作为上海杂技团副团长，作为潘素梅的丈夫，徐志远当然希望上海杂技团能够一举夺冠，抱回"金小丑"。再说，潘素梅是《跳板蹬人》的主力队员，这个节目又是她精心编创的，多少年来闪烁着它的奇光异彩，要说夺冠，应该也是没有太大问题的。但是，"金小丑"只有一个，眼下已经到了关键时候，徐志远认为蓝天的分析符合实际情况。中国代表团代表的是中国杂技，是一个整体，必须保持整体夺冠的优势，力保两个节目中的一个。赢得比赛，是中国代表团全体成员的意志和共同目标。于是，他和蓝天在"火线"上紧急协调开了。

大家达成的共识是：全力以赴，赢得比赛，勇夺"金小丑"！

徐志远毫不含糊地说："放下思想包袱，轻装上阵，我们《跳板蹬人》和《蹬板凳》两个组要拧成一股绳，协同作战，赢得最后比赛！"两个节目组的演员们同声响应：全力以赴，协同作战，誓夺"金小丑"！

程海宝和《跳板蹬人》节目组在经受着严峻的考验。他和演员们达成了共识："夺冠第一，尽全力确保《蹬板凳》夺冠成功！但我们不放弃第二轮比赛，并且还要争取好成绩！"

终于，第二轮比赛在观众的热望中拉开了帷幕。

《蹬板凳》要上场了，为了保证演出成功，徐志远对节目组的演员们打气："放开手脚，我来当你们的助演！"

程海宝说："我也是你们的助演！"

这时，节目编导孟昭鹏挺身站了出来："还有我，我来为你们拉保险绳！"

在观众的期待中，中国代表团报送的参赛节目《蹬板凳》又一次登场了。

跳翻、蹬翻，动作一个比一个炫目，卢立新和沈凝的表演，毫无破绽，天衣无缝！

观众们近乎疯狂的呐喊声、狂叫声、掌声和跺脚声响成了一片。

到了12月9日晚上，摩纳哥大公要宣布得奖名单了。

程海宝的心情是比较复杂的，《跳板蹬人》和《蹬板凳》这两个节目，究竟能不能出线，谁的赢面更大，谁更有希望成为这一届"金小丑"的得主？说实话，他

参加第十届蒙特卡洛国际马戏杂技
比赛的《跳板蹬人》

的心里没底，代表团所有人的心里都没底。

现场，安静了下来。

大公宣布：经评定，第十届蒙特卡洛马戏杂技节"金小丑"奖，颁发给中国的《蹬板凳》节目。

全场再次爆发出了热烈掌声，还有"咚咚"的跺脚声。

上海杂技团没有抱回"金小丑"。这届比赛，《跳板蹬人》荣获了一枚银奖：蒙特卡洛城市奖。

程海宝的心很不平静，他既为《蹬板凳》获得大赛最高荣誉而鼓掌，又为上海杂技团没有荣获"金小丑"奖而感到失落。他想，平心而论，我们尽力了。《蹬板凳》的表现，可圈可点。虽说《跳板蹬人》临场发挥得也不错，但并非尽善尽美。

程海宝陷入了沉思。

按惯例，蒙特卡洛国际马戏杂技比赛分为两大赛区，一个是成年类赛区，另一个是金K奖国际少儿赛区。成年类赛区的场地是用木屑掺和泥土铺设的，适合马戏和驯兽类节目表演。《跳板蹬人》的弹跳性强，在这样的场地进行表演，压制了演员们的正常水平发挥。北京和蒙特卡洛的时差有六个小时。程海宝一行到达蒙特卡洛，为了倒时差，尽快适应现场气氛，他打破常规，并没有让节目组的两个"尖"到宾馆去休息，而是像平时那样让他们放松放松，比如兜兜马路，看看风景。可是，到了晚上 11 点，比赛开始，演员们还是不适应。

"当然，这些都是我们没有发挥应有水平的原因。还有一个原因，而且是更主要的原因，那就是我们的个别演员心理素质失常，应该拿到手的大奖没有拿到，这是遗憾的。"程海宝如此说。

地中海风平浪静，阳光洒在海面上，碧波浪里，有道道金光跟着海水涌动，看着醉人的景色，程海宝默无一语。他在海边站立了好长一会，心里说："蒙特卡洛，我会回来的。"

补记：明星陨落

1993 年 6 月 17 日，著名杂技演员潘素梅病逝，终年 52 岁。之前，潘素梅就感觉到身体不太好，冥冥中，她似乎有一种预感：自己莫非得了癌症？有一天去医院检查，医生对她说出了实情：

> 一天演出开始前 10 分钟，她发现自己便血，心里咯噔一下，可什么也没声张，照旧演出。第二天，她匆匆到医院检查，从医生严峻的神色里感觉不妙，"是癌症？请如实告诉我。"医生说了实话。她回到杂技场，对同伴们说，今天不练功了，这在她是从来没有过的事。没人相信潘素梅真的会得病。晚上的演出，人们来征求潘素梅《跳板蹬人》上不上？"上！"潘素梅二话没说，带着同伴上了舞台。一连演了三天，直到医院来了立即住院的通知。

——《用生命换来的辉煌》（《上海杂协通讯》第 28 期）

潘素梅 8 岁随父学艺，9 岁在上海大世界登台演出，14 岁演出著名杂技节目《钢丝前滚翻》，赢得观众叫好。到逝世这年，她的杂技艺术生涯长达 43 年，一生演过的代表性节目有《走钢丝》《蹬伞》《扛梯》《跳板蹬人》等，为繁荣上海的杂技艺术鞠躬尽瘁。她的足迹遍及大江南北和亚洲、非洲、美洲、欧洲等 20 多个国家，是新中国杂技演员中的一位杰出代表人物。为了表彰她的杰出艺术成就，中国杂技家协会在 1992 年颁给她中国杂坛的最高荣誉奖"百戏奖"。她的英年早逝，是上海杂坛，乃至中国杂坛的一大损失，消息传出，上海杂坛不胜悲痛。

程海宝和潘素梅合作多年，多次联袂演出过，为她的艺术功力而倍感骄傲。第十届蒙特卡洛马戏杂技节，他和潘素梅合作演出的《跳板蹬人》节目，虽然没有拿到"金小丑"奖，但潘素梅的出众表演，仍然让他感奋不已。

现在潘素梅走了，永远走了，程海宝深为痛惜，为上海杂坛失去了一位优秀的艺术家而悲痛不已。

潘素梅患病期间，程海宝和她的丈夫徐志远经常去医院看望她，鼓励她与疾病抗争，期待她早日痊愈，重返赛场。在第十届摩纳哥国际马戏节上的一战，程海宝心犹不甘，希望再度与潘素梅合作，然而……程海宝叹息了，多么杰出的一位杂技女演员啊。一想起潘素梅的病情，身为二队队长的他，心里十分难过："我们都是吃五谷杂粮的人，都是有同事之情、有悲悯之心的，我们怎么能忘记潘素梅，怎么能忘记《跳板蹬人》拼搏摩纳哥赛场的情景呢？"

徐志远是上海杂技团的副团长，与妻子相濡以沫多年，深知妻子的品格和艺德，尤其是妻子对杂技艺术锲而不舍的追求和坚强不屈的艺术个性，常常令他叹服。他为拥有如此一个意志坚强的妻子而骄傲。每当去看望妻子，他总是为她鼓气，安慰她："素梅，我们来看你了，好好养身体，大家都在盼着你，早日回到赛场！"

病中的潘素梅，听到丈夫的声音，勉强睁开双眼，挣扎着、挣扎着想要坐起身。她感到自己有许多话要说，而最想说的一句话是："我还年轻，还想去摩纳哥，还想去参加比赛，夺取'金小丑'。"蒙眬间，她又说，"志远，我不行了。这回，真不行了，就要远行，到另外一个世界去了。"

不幸的一天终于来了。这天，徐志远和程海宝又来医院看望潘素梅。两人走到病房外，正说着话，有人从病房里跑了出来，慌慌张张地说："徐团长，素梅不行了！"

徐志远和程海宝立即按下话头，奔回病房，只见潘素梅奄奄一息，双眼半睁着，嘴巴微张着，似乎想要说什么。

徐志远将耳朵凑到潘素梅的嘴边，潘素梅费力地、一字一顿地说："十、字、跳……板。"

"十字跳板！"徐志远、程海宝等前来探视潘素梅病情的人，一听这话，难受极了，有的人忍不住哭了起来，素梅，你至死都在想着演出，想着《十字跳板》啊！

徐志远看着爱妻，点点头。他懂，他明白潘素梅心里想的是什么。这位杂技场上的硬汉潸然泪下了。

程海宝吩咐道："快，快用热水给潘素梅擦一把脸，将她的嘴合合拢。"众人七手八脚地给潘素梅擦了一把脸，紫黑色的血水从她的嘴里流了出来，医生看了看，叹息道："不行了，真不行了。"

程海宝转身离开医院，很快又转了回来，手里捧着一个脸盆。脸盆里装的是冰块，他小心地将脸盆放在潘素梅病床下，向着遗体鞠了一躬。忙完这一切，他怀着沉痛的心情离开了。

当天晚上，程海宝还有演出任务。当他离开潘素梅的病房，走向杂技舞台，脚步是沉重的。他面前的灯光，似乎有点朦胧，但是他，必须将悲痛化为力量。演出，还要继续。翘首以待的观众并不知道，就在这一天，中国杂坛一位优秀的女演员离开了他们，永远地离开了他们。

第五章

赛场风云

人生在世，要活得实实在在，活得有价值。从 1987 年到 1995 年，时间不到十年，由我领衔的《大跳板》连续三届荣获"金狮奖"，成为当时中国杂技界最有影响的品牌节目之一。殊不知，我们的成绩是以鲜血和汗水换来的。"空翻四周坐高椅""空翻两周五节人""双人双翻落四节人""720 度转体落四节人""单人底座五节人"等技巧，在接人的时候，上面的演员腿下来，打到耳朵，耳朵就要裂掉。不成功，我们决不放弃。

——程海宝

1987 年 1 月，《文汇报》发表专题文章说：上海杂技团坚持走改革之路，创下了全年演出场次、对外商业演出、全团和演职人员收入以及自给率全国杂技界第一的业绩。这得益于改革，是一份非常了不起的成绩。

自从实行承包责任制后，上海杂技团的演员们积极性高涨，频频增加演出场次。就在《文汇报》发表这篇专题文章之前，上海杂技团力推"思改革，谋新篇"之举，取得了社会效益和经济效益同步增长的效果。1983 年至 1985 年，这三年可以说是上海杂技团坚持走改革之路的三年，出现了自建团以来从未有过的兴旺景象，新创作、恢复性演出、移植和加工等，丰富了节目单，一批如《跳板蹬人》《大飞人》《大跳板》《顶碗》《驯虎》《驯狮》《驯滑稽狗》《驯熊猫：姣姣》《蹬板凳》和魔术《飞小提琴》《换衣术》等节目，深受观众欢迎。随着两个效益的逐步提高，优秀杂技人才也在不断地涌现，《上海文化艺术报》曾有过这样的报道：一位年仅 11 岁的学馆学员，在华东六省一市杂技会演中表演的《抬杠》，荣获了一等奖。

梦升起的地方

同年 2 月，经上海市文化局党委批准，上海杂技团新一届领导班子组成，团长为王峰；常务副团长为朱德康；副团长为徐志远、朱复正、王世良。团内日常工作，实行团长负责制。

王峰是一位资深老团长，在中国杂坛享有很高的声誉。对于这位老团长，程海宝一直非常敬重。自从 1960 年进馆学艺，老团长始终是他们走向杂技舞台的引路者。他是看着他们一步步成长，走向成熟的，为他们取得的成就而感到由衷高兴。

程海宝感佩王峰的敬业、竞业精神。他说，这位杰出的杂技艺术理论家，为了中国的杂技艺术事业，为了上海杂技团的发展，呕心沥血，做了大量卓有成效的工作。可以说，王峰的心，是伴随着中国杂技的脉搏而跳动的。

像王峰这样的一位老杂技人，怎么能不使程海宝心生敬畏和感佩之情呢？在几十年的杂技生涯中，他和王峰结下了深厚的友谊。尽管，作为一位团领导，王峰对他的要求非常严，有时候甚至严得近乎很不给面子。程海宝不是曾忍不住给了一个小演员"几下子"？王峰知道后，不但严厉地批评了他，还毫不留情地罚了他！但是，程海宝心服口服，"老团长一点不错啊，我程海宝接受批评，认罚！"

王峰是一位力促上海杂技艺术发展的团领导，也是一位力主中国现代杂技教育的热心人。1987 年 3 月 8 日，《文汇报》发表《培养文艺人才将有新摇篮》一文说，上海市文化局正在计划筹建上海马戏学校，这是中国第一所杂技专业的中等职业学校。

筹建中国第一所马戏职业学校，这也正是王峰一直在思考的一件大事。从酝酿到规划落地，他为之付出了很多精力。听说上海马戏学校就要开始兴建，程海宝的第一反应是：中国杂技艺术振兴有望了。他越发对王峰充满敬意，"老团长真是功不可没啊！"他不会想到，若干年后，他将从王峰手中接过接力棒，奉调上海马戏学校担任校长。这时候的他，正在为赛事忙碌着哩。

时间，回溯到三年之前。

西北高坡上的明珠——兰州，群山环抱，黄河从城里穿越而过。1984 年 8 月，"金狮奖"第一届全国杂技比赛在这里举行。

"金狮奖"全国杂技比赛是中国杂坛最高级别的比赛。这项赛事，由中华人民共和国文化部主办，创办于 1984 年。

上海杂技团选派两个节目前往参加比赛：李丽、韩伟领衔表演的《大飞人》，张训导、谭代清等人表演的《大跳板》。前者，有创意，有难度，有高度，节目中的"吊子过""三周跟头飞过"，以及由女演员表演的"吊子过"中的"转体 720 度倒挂接脚"，都是在国际杂坛上罕见的技巧。后者，"跟头落五节人"在国际杂坛绝无仅有，"单人底座扛五节人"，超越了国际上的"双底座两人扛五节人"。

不过，"金狮奖"全国第一届杂技比赛的赛场上高手如林，真要拿下"金狮"，还真的不那么容易呢！而且，上海杂技团选派参赛的《大跳板》，也并非绝无仅有，在各地杂技团选派参赛的节目中，也有《大跳板》，而且技巧难度也很高，比如武汉杂技团《大跳板》的"跟头落四节人""后踢两周三节站头"，不仅新奇、绝美，而且还很见功力。又如安徽杂技团的《大跳板》，表演者全部是清一色的青少年，在年龄上就占尽了优势，更不要说他们那些险、难、绝、美、艳的"踩高跷三周跟头落三节人""空翻三周跟头落三节人""空翻两周跟头落肚竿上五节人"等技巧动作了。

赛场，风云突变。上海杂技团由著名演员张训导、谭代清领衔表演的《大跳板》，虽经拼搏，奋力"绝杀"，却仍然没有突出各地名家的"重围"，与"金狮奖"擦肩而过。这个参赛节目与李丽、韩伟等演员表演的《大飞人》，双双捧回的，是"银狮奖"。

第一届全国杂技大赛，上海团离"金狮奖"仅"一步之遥"！

程海宝为之扼腕。他是个不服输的人，可叹惜之余，也为没能参加这一届比赛而深感遗憾："我相信，我们的《大跳板》仍然是中国杂坛一流的！来日方长，以后拿下'金狮'，应该是没有什么问题的。"

程海宝为什么没能去兰州参加"金狮奖"全国第一届杂技比赛？

说来事出有因。

蒙特卡洛第十届国际马戏节开赛在即，他要和《跳板蹬人》节目组加紧备战。可没想到，蒙特卡洛之行，他留下的同样也是遗憾。

对于这两件遗憾之事，程海宝一直耿耿于怀。

大赛，就在"家门口"

1987 年 4 月 3 日至 11 日，第二届全国杂技比赛在上海举行。对于程海宝来说，这是一场在"家门口"的全国杂技大赛。几年前落下的遗憾，他一直没有忘记。这一次，无论如何，他是再也不能坐失良机，说什么也要带领《大跳板》节目组力擒中国杂坛的"金狮"了！

练功房，练功房！他在心里不止一次地呼喊。

练功房无疑就是"诺曼底登陆"之前的一块训练地。这里，是程海宝少年时代就开始放飞梦想的地方，也是他后来寄托青春梦想、逐鹿国内国际赛场的预演之地。

4 月 3 日，"金狮奖"第二届全国杂技比赛在万众瞩目中于上海杂技场徐徐拉开了帷幕。

第二届全国杂技比赛开幕式

　　上海市委领导、中国文化部副部长英若诚、中国杂技家协会主席夏菊花等出席了开幕式。

　　上海市副市长钱学中在开幕式上致词，代表上海市委、上海市政府欢迎来自各地的杂技演员，预祝选手们"在比赛中充分发挥各自的才能，取得好成绩"。钱学中说，演员们"精彩的、超世界水平的表演，一定会使1200万上海人民得到美的享受，成为上海艺术史上重要的一页"。

　　中国杂技，向以"险、难、美、奇"著称于世。上海千百万观众，或在比赛现场，或通过电视、电台，关注着这一场中国国内最高水平的杂技大赛。"狼烟"还没有升起，人们想要知道的是，经过数千年发展的中国杂技，其现状如何了？"家门口"的这场赛事，岂不是一扇窗口，足可让人远望历史，近观今天的中国杂技？

　　已然远去的历史，也在关注着这一届杂技大赛的阵容：来自全国各地的杂技团队有32支，参加比赛的演员有575位，参与比赛的节目有杂技64个、魔术8个、滑稽2个。比赛，分在多个场地举行——上海美琪大戏院、上海云峰剧场、上海杂技场、上海艺术剧场。

　　上海杂技团选派的参赛节目有《大跳板》《牌技》《驯小狗》《抬杠》《驯猩猩》

《头顶技巧》《驯熊猫》等。其中的《大跳板》，再次成为各地杂技艺术家们聚焦的节目。

"金狮奖"全国杂技比赛，每三年举办一届。三年的时间不长，却足以令各省、市、自治区杂技团队的实力发生惊人的变化，不少杂技团调动各种艺术手段，节目编排出新，技巧动作从难。与第一届杂技比赛相比，无论节目，无论技巧，全国第二届杂技大赛都是有过之而无不及的。因此，围绕这一届"金狮奖"的争夺之战，必然是激烈的。

中国的改革开放，催生了百业繁荣。蓬勃发展的中国杂技，出现了"三多"现象：一是杂技团体多，据不完全统计，截至20世纪80年代中后期，全国各地涌现了100多个杂技团体，其中还不包括从事业余表演的杂技团队；二是杂技演员多，仅专业演员就有近万名；三是荣获的奖项多，1982年到1987年的五年间，仅荣获的各类国际大奖就有22项。这样的成就，是任何一个国家都无法企及的。

这些年来，程海宝带领《大跳板》节目组，日夜攻关，苦练不止，创造性地练成了"空翻四周坐高椅""空翻两周五节人"和"单底座"等技巧。在节目的编排上，也刻意求新、求变，甚至连服装、灯光、音响也也颇费心思地加以了改进和提高。那么，这样是不是就可以稳操胜券，摘得中国杂坛的最高奖——"金狮奖"了？

下这般结论，为时尚早。别的不说，就说安徽杂技团，他们选派参赛的《大跳板》，实力并不在上海杂技团之下，这一对形似孪生的"兄弟"，必然会有一番激烈"厮杀"。

《大跳板》的前世今生

1998年7月28日，王峰在上海市杂技艺术家协会第二届理事会上作题为"繁荣上海杂技艺术　迎接21世纪"的工作报告。这位名满上海杂技界的老团长充满感情地说："90年代，对于上海杂技团来说，是一个机遇与挑战并存的年代。一方面，我们在一些比赛中，取得了不凡的成绩，如1991年第三届全国杂技比赛，以程海宝领先的《大跳板》跃上了一个新的台阶，'直体后空翻三周落三节'等动作，令人瞠目结舌。之后又在四届大赛上推出了《十字跳板》'1080度旋翻落三节'等新动作，再创新高，至少在今天的国内外杂技舞台上，还没出现过第二份。"王峰在工作报告中，高度评价了由程海宝领衔的《大跳板》。

《大跳板》，"优美与惊险的平衡，柔韧与力量的碰撞"，翻、滚、砸、接，异常惊险，气势不凡！

打开上海杂技团的艺术档案，可以发现有这样的一段文字记载：《大跳板》一般由 9 至 14 人表演。它的每一个动作都是跳、砸、翻、接的高度和谐与有机结合，是一个配合默契、集体性很强的节目，正因为人多势众、全神贯注，所以演员在表演时往往连喊带翻，气势磅礴。在国际杂技对抗中，《大跳板》与《大飞吊子》并驾齐驱，是富有代表性的比赛项目。而评定《大跳板》水平的高低，主要是从动力性（筋斗）的难度和平衡性（立柱）的负荷量两个方面来衡量；其次是编排、花样、节奏、比例和演员情绪等。

中国的传统杂技节目，蕴含有太多太多的绝招，如《大飞吊子》，即《空中飞人》，它是将两根绳子或铁索悬挂在高空的梁柱上，下端系于一条横杠，演员在"吊子"上前后晃荡，好像荡秋千一般，每每做出"双足倒钩""凌空旋转"等高难度动作，观众惊呼不已，将悬着的一颗心吊起在嗓子眼上。《大飞吊子》有很多令人叹为一绝的技巧动作，如"空中座椅""头顶吊子"等，也有悬挂两副以上"吊子"的，由两个演员同时表演，借助摆动之力而凌空飞旋，跃至另一"吊子"，或由另一演员接住，给人以十分惊心动魄的感觉。

《大跳板》的惊险程度，堪与《大飞吊子》比美，只不过两者的表演形式不一样而已。它的道具简单得只有一块跳板，演员借助它做出了各种翻、砸等技巧动作，强悍有力。当一名或多名演员用力在一端砸下，另一端的演员便恍如炮弹般快速腾身而起，猛地射向高空，接着转体一周、两周、三周，尔后"呼"地落下，稳稳地踩在其他演员的肩上。

当年，天升马戏团的李殿起、李殿彦、张立永等演员，加盟上海人民杂技团后，最擅长的节目就是《大跳板》。其后，王玉振、刘君山、邱涌泉、张凤池、张洪海、张铁山等人也加入上海人民杂技团，他们和李殿起、李殿彦、张立永等人成为上海团《大跳板》的"中流砥柱"。

后来，在名师精心指导和培养下，朱复正、顾顺庆、乔金兰、郑建清、程海宝、詹为民、贡迅东、孙海林、黄翠萍、达亮、谭代清、张训导、罗盘、陈建华、朱来娣、张杰、潘沛明、顾建明等青年演员脱颖而出，成为《大跳板》第二、第三、第四代传人。1956 届的朱复正、顾顺庆，以及由红色杂技团调入上海团的詹为民，1960 届学员程海宝、谭代清、张训导，1972 届以及随团学员朱来娣、潘沛明、陈建华、孙鑫国、罗盘、贡迅东、黄翠萍，1983 届学员壮健、张莺、李瑾等，都是《大跳板》的传承人，表演时担任主角，可以说是这个节目的灵魂。

20 世纪 30 年代，由李殿起、李殿彦、张立永领衔表演的《大跳板》，一度风靡上海滩，赢得圈内圈外人士的一致好评，李殿起"单人砸张立永转体 360 度落三节"，也成为"里程碑"式的"时代象征"。名师出高徒，20 世纪中叶，程海宝等人创造的"'二节人'接720度转体成'三节人'""'三节人'接转体360度成'四节人'",吴慧珍和朱复正的"双翻"等,刷新了《大跳板》难度,让万千观众为之"眼睛一亮",在1981年华东六省一市优秀杂技节目汇演中荣获一等奖。

绵延的历史,如大江东去,一时间,有多少英雄豪杰脱颖而出!新人辈出,名角儿不断涌现,代代相传的《大跳板》,几十年来在中国杂坛上俨然"底气十足"。

程海宝从学馆毕业后,渐渐被广大杂技观众所熟悉,他选择《大跳板》为主攻方向,就他个人而言,是长达50多年的杂技生涯中一次非常重要的转向。他不甘平庸,喜欢挑战,他知道《大跳板》的分量,也知道选择《大跳板》作为自己主攻方向究竟意味着什么。但他心甘情愿,并决心为之付出自己的一切。担任演出二队队长以后,他更是一心一意地带领队员们练起了《大跳板》。

> 上海杂技团有一个"狂人",名叫程海宝。很多人称他集三"狂"于一身,听来似乎十分可怕,但若是知道这是哪三"狂"后,就会明白这样称呼他是出于一种由衷的尊敬和钦佩。程海宝可以说是目前(1996年)上海杂技舞台上最老的演员了。46岁的人再进行超负荷的杂技表演确实是十分艰难的,可程海宝还在台上台下拼命地干,所以有人叫他"事业狂"。有人还叫他"练功狂"。自从担任了队长之后,平时挺和气的他一进练功房就成了凶神恶煞,在他的"逼迫"下,没人敢有一刻松懈。可没人不会不服气,因为他是和大家同甘共苦的,身上一压就是十个人,一天压下来,甚至会觉得自己的个头矮了几分,肩上的皮肤也都发黑了。从1987年起,程海宝带队参加了三届全国比赛,三次得金奖,因此他又赢得了"比赛狂"的称号。
>
> ——陈竹:《为艺术而狂——访上海杂技团程海宝》

"人生在世,要活得实实在在,活得有价值。"这是程海宝用来激励自己的座右铭。

绝技惊四座

程海宝专攻《大跳板》,已经有很长时间了。从20世纪70年代初,到"金狮奖"第二届全国杂技比赛,十多年来,他从未停止过训练。他坚信,"台上一分钟,台下十年功"。有关训练之苦,他在接受安徽电视台"天下安徽人"节目组采访时,与节目主持人有过这样一段对话(原话,括号中的文字系本书作者所加):

程海宝：那时候练跳板是蛮苦的。因为，在接人的时候，有时耳朵要裂掉。（上面的演员）腿下来，打到耳朵，耳朵就要裂掉。有时候，肩像少将一样（佩戴肩章），都是黑的。这样接人，他的腿岔开了，就踩到肩，（偏一点）就是脑袋。噼啪下来，所以跳板是很苦的。

主持人（旁白）：《大跳板》是一项传统的杂技节目，以翻腾和对接的技巧为主，传统的《大跳板》，一般只垒到三四个人，翻腾也基本以360度转体为主。当时练《大跳板》时，程海宝定位于队形的第二层（二节人），每天周而复始的动作，让程海宝感到了枯燥，他考虑能否在动作与技巧上来个变化。

程海宝：杂技要在技巧上有含金量。那时候就觉得要技巧高，比赛，你技巧高才会拿奖。你技巧不高谁承认你？所以那时候（拿奖）的概念一直遗（保）留到现在。

主持人（旁白）：于是，他和同伴们商量，打算对传统套路进行突破。

程海宝：不过，人垒落到最高"五节人"，五个人垒落，不系保险，然后跟头要"直体翻三周"，要接住。

主持人（旁白）：连着五个人通过跳板，垒加到一个人的身上，还要做"直体翻三周"的动作。这个说起来容易，做起来那可是相当的难啊。那么程海宝他们能够顺利地完成动作吗？传统的表现艺术《大跳板》能够在他们的手上发扬光大吗？他被杂技同仁称为狂人，背后有多少伤痛和失败，传统杂技被他发扬光大，其中又有多少艰辛和付出？这其中又有着怎样的故事？

《大跳板》训练之苦，无须多说。倒是程海宝所说的"技巧上有含金量"，引起了众多杂技迷的浓厚兴趣。还有，电视节目主持人所说的艰辛和付出的背后，究竟有着怎样的故事，这倒是一个悬念。

长期的训练和演出，使程海宝发现，传统杂技，即便如《大跳板》这样的节目，动作、技巧几十年不变，要不要改变节目的"单一性"？他和节目组反复论证，认为完全可以改进创新。这个过程是渐进的，先是探索将三四个人的叠加转变为五个人叠加，接着又将翻转的"度数"改进为720度，这些改进看似不大，训练和演出可就大大增加难度了。为了完成五个人叠加的720度直体空翻，程海宝和同伴们开始了拼命练习。原来设想得好好的动作，训练时竟然会接二连三地出现失败。

程海宝告诉记者："我们有个同事，头都被砸得发紫。上面人的腿劈下来，他要接住，但劈头劈脑的，每天要接几十次、几百次，脑袋震得很痛的。"

记者问："危险和困难会随时出现吗？"

程海宝是怎样回答的？他说："（上面演员）翻跟头，有时候接住了（他的）腿，有时候过了，屁股就砸到我的脑袋（上）。砸到脑袋就昏过去了。所以，我的颈椎病就是那样（被）砸出来的。我们叫它（是在）剃头。（底座子肩上）要压十个人，第五个人上去（后），（再）一个人一个人（上去），如果到了第五个人以后，第六个（人）感觉（自己）在往下移。第六个、第七个、第八个、第九个、第十个（人）上去，我觉得一天下来，人要缩短，人好像要矮一点。练《大跳板》，集体主义思想是很强的，现在练功都系保险，（那时）不系保险，靠人保（护）。五层楼、三层楼掉下来，要靠大家把他笼住，所以要靠集体主义。"

失败和伤痛，时不时出现，程海宝和同伴们坚持不懈，经过千百次练习，终于练成了《大跳板》的改进版，接连创造了"双人双翻落四节人""720度转体落四节人""单人底座五节人""空翻两周落五节人""空翻四周坐高椅""双跳板"，演出可谓气势磅礴，给观众制造了一次又一次感官上的刺激和心灵上的震撼。

就在这一次比赛中，他们创造的全新技巧登台亮相。观众还以为，上海杂技团的《大跳板》已经是老套路了，孰料，出乎观众意料的一幕出现了。

小演员黄飚从跳板腾身跃起，如一颗重磅炮弹出膛，直射高空！

哇，举座皆惊！

转眼间，黄飚又如鸟儿展翅，"飞"了下来，稳稳地落在了"五节人"女演员黄翠萍的双肩上。程海宝、詹为民、黄翠萍、黄飚等六名演员搭成的"人梯"，恍若生了根似的，直立在场上。这是他们创下的又一个奇迹："单人底座六节人"。

美国玲玲马戏团经理提姆看了演出后，连连惊呼："不可思议，太不可思议了！"

"单人底座六节人"，在国内外杂坛绝无仅有，只有45秒。为了这短短的45秒钟，程海宝没有少流汗，演员们没有少流汗。失败了，从头再来；"人梯"散架了，重重地摔倒了，大家一个翻身，迅疾从地上爬起，顽强地又"搭建"起了"人梯"！

谢幕时，黄翠萍感到腹部的疼痛一阵阵袭来，她咬着牙，坚持着。很难想象，这位年轻的女演员是怎样熬过比赛的？詹为民发现，衣衫上洇出的鲜血黏糊糊的，这才感到隐痛。原来，他的双肩受伤了，被上面的演员踩得血肉模糊一片。很难想象，詹为民这位"底座子"是如何挺过来的啊！

"六节人"是怎样"炼"成的？

与苏联的《十字跳板》和朝鲜的《跳板》相比，上海团的《大跳板》，就其表演形式，抑或艺术处理，似乎并没有什么特色，然而，这个节目却屡屡在国内外大赛中力克群雄，拔得头筹，这是为什么？答案只有一个：力与美的完美结合，以及高难度的技巧动作。比如孙海林的"四周坐高椅"，势如破竹；黄翠萍的"开场白"，以一个漂亮的快速直体两周腾空而起，纹丝不动，后来又如飞天仙女，优美轻盈地落在了"六节人"中的"五节人"位置上，而六个演员搭起的"人梯"，又恰似一架"天梯"，直立而起，托住了高高在上的"尖"！这样的技巧，这样的造型，这样的一气呵成，如何不让人叫绝，如何不让国际杂坛同类节目自叹弗如！

那么，"单人底座六节人"是怎样"炼"成的呢？

这，还得从程海宝1986年6月访美演出说起。那年，程海宝目睹了国际杂坛的盛况，为素有"杂技王国"之称的中国杂坛而深感不安：中国杂技有着几千年历史，是传统民族文化的结晶，但为什么国际上流行的滑稽、马戏、魔术、高空节目，却是我们的弱项？从国外引进的《大跳板》，经过一代又一代演员的艰辛努力，编排形式、技巧难度都有了提高，但与国际同行相比，依然够不上是中国的一个"强项"，这是为什么？好强的他，萌生了一个大胆想法：在国际杂坛流行了几个世纪的《大跳板》，并没有什么"单人底座六节人"，即使有的国家表演了好多年"五节人"，也并非"单人底座"，而是"双人底座"甚至"三人底座"，那么，我们能不能搞个"单人底座六节人"的"造型"，以此挑战人体的极限，叫响国际杂坛，为古老的中国杂技增色呢？

大胆，太大胆了！

有人说："单人底座六节人"？听也没有听说过，程海宝简直是在异想天开！人们的担心不无理由，从"五节人"到"六节人"，而且是"单人底座"，看似增加了一个人，但远不能以简单的加减法加以衡量。

程海宝的设想，真的是"太大胆"了吗？"单人底座六节人"真的不能从想象变成现实吗？

王峰说："海宝，可以大胆一试。"

老团长的鼓励，无疑为程海宝输送了精神动力，他更是按捺不住创造和创新的欲望，跃跃欲试，渴望梦想成真。

这年年底，上海杂技团完成了访美演出。回国以后，在团部支持下，一个16人小组成立了。

程海宝是16人小组的领头人。他提出了一个更加大胆的设想：年底投入训练，两个月后出成果，如果再加上一个月的巩固和提高，到1987年3月底，参加全国比赛。

程海宝简直是在"异想天开"啊！

然而，和程海宝一样大胆、一样"异想天开"的，却大有人在。达亮就是其中的一个。只见他将手一挥，表态说："行！我们都是一条船上的，怕什么风狂浪急，豁出命来干，要不，何必吃杂技这碗饭！"

黄翠萍年方23岁，艺龄却已有14年。一听说要练"六节人"，黄翠萍也表了态："功夫是练出来的，下死劲儿练，我们还怕练不成？干吧！"

程海宝的眼眶湿了。他想说，多好的同事们啊，多坚强的新一代杂技艺人！但他什么也没有说，只是许下了一个心愿：练成"单人底座六节人"，冲击世界杂坛，争取夺标！

上海杂技团团部当机立断：发挥整体优势，将演出一队、二队合并演练，练成"单人底座六节人"，参加全国比赛。

从1987年1月27日开始，冲击"单人底座六节人"的小组成员分别被"关"进了上海杂技场、上海体育学院，进行兵营式集训。运动量之大，远远超过了平时的训练量。

《大跳板》训练分一日三班，每班八到九个小时，翻、跳、砸、接，枯燥乏味的动作，重复了一遍又一遍，教员、编导浑如一体，从严要求，所有的人，心中只有一个目标：为了比赛，为了夺标；练不出"六节人"，就不参加全国大赛！

练功房内，运动量加大，再加大；每个演员的心里，只有一个想法，苦练，再苦练。担任砸板的演员，每天要砸多少次跳板？至少400下！双腿砸得发胀了，不管，继续，砸！一会，双腿肿了，还是一句话：不管，继续，狠狠砸！

跳台离跳板有四米高，砸板演员潘沛明每天要爬上爬下几百次，但见，他发一声喊，眨眼就从高处跳下！集训期间，为了练就"单人底座六节人"，光潘沛明的砸板，就砸了一万多次，连脚掌都砸得发肿了。

小伙子黄飚是"六节人"，别看他高高在上，落点真要又准又稳，从十多米高空翻滚而下，落到"五节人"黄翠萍的双肩，谈何容易。黄飚不知翻滚而下了多少次，也不知失败了多少次：

> 他从十多米的上空翻滚下来，不是把人梯撞翻，就是把演员们砸得鼻青眼肿。他简直成了从天而降的凶神恶煞，叫你无处躲闪，只好任他冲撞伤害。黄飚也受罪不轻，每天都有好多次落了空，直往地板上砸，半空中突然又被保险绳拽住，在空中打起旋来。这滋味活像拦腰挨了一棍子，要多难受有多难受。
>
> 李楚城：《王冠上的一颗宝石——记上海杂技团的〈大跳板〉》

"底座子"詹为民是个矮个子，身高不足1.7米，体重也只有70千克，但是，他肩上的"二节儿""三节儿"，全都是"大模子"（上海话，意思是"大个子"），总重350多千克，本已压得他够呛，"单底座六节人"要求"底座子"要稳，要不，

"人梯"就会摇晃，甚至会发生倒塌。詹为民为了保稳，双肩要压"九节人"，重达千斤！以他的个子，要承受如此巨量，简直难以想象！练着练着，詹为民就被压得灵魂出了窍，浑身大汗淋漓。

他是如何表现的呢？

> 詹为民双手叉腰挺立着，演员们从他身后的直梯爬上去，在他肩上叠起罗汉来。人梯一节一节升高，六节人、七节人，加到八节人。老詹的脸涨成紫色，额上暴出了青筋。他的双肩麻木了，仿佛听到全身的关节在咯咯作响。等到演员们下到地面，他也周身无力地坐到地上。
>
> 刚才踩在詹为民肩上的程海宝突然发现自己的鞋湿了，一看，鞋帮上都是鲜血。再一看，老詹的肩上也是一片鲜红，他的双肩承受不了一千多斤的重压，皮肉绽裂了。程海宝感到一阵揪心，不知该说什么好，只会连声轻叫："老詹，老詹！"老詹却若无其事："这又不是第一次，有什么大惊小怪的？我能挑起千斤重担，心里正高兴着哩。"
>
> 黄翠萍悉心地在他伤口上垫了厚厚一叠药棉，大家喘口气，又继续踩在他肩上压八节人。
>
> 李楚城：《王冠上的一颗宝石——记上海杂技团的〈大跳板〉》

"太苦了！""真的太苦了！"

"难以想象，简直难以想象啊！"

面对人们的惊呼声，程海宝笑而作答："练杂技不苦，那就不叫杂技了。但是，痛，并快乐着。这就是我们的感觉。要说苦，的确苦，因为要接人，有时候连耳朵都有可能被撕裂掉，上面的演员飞身而下，速度很快，要是脚蹬到耳朵，耳朵能不被撕裂？他的腿必须岔开呀，要不，怎么能踩到下面演员的双肩？老詹特别苦，为了分担他的练功量，有时候我们轮番做'底座子'，一天练下来，我的肩，其他人的肩，都被蹬得又黑又肿，嘿，就像五星上将，人人都戴了一副肩章。"

百炼成钢，滴水石穿，久而久之，全体演员硬是凭着一股子拼劲，练成了"单底座六节人"。

2月27日，团部做出了一个令人意想不到的决定：当天晚上的节目演出，将新练成的"单底座六节人"推上场。从开练到2月27日，"单底座六节人"刚好"满月"。这，行吗？

程海宝说："团部已经决定，检验我们的时候到了！"

众志成城，背水一战。想不到，就在当晚的演出舞台上，"单底座六节人"成

第二届全国杂技比赛上海团参赛节目《大跳板》

"1080 三节人"

"单底坐六节人"

"双翻四节人"

功了，观众为眼前高高竖立的"人梯"惊呆了。

掌声四起，在程海宝带领下，演员们眼含热泪，一次次向观众鞠躬，表示感谢。

刚从舞台上下来的程海宝，抑制不住内心喜悦，掏出票夹，往桌上猛地一摔，对节目组的演员们大声说道："走，今晚我请客，咱们一醉方休！"

离第二届全国杂技比赛的日子越来越近了。集训场上的喊声还在继续，"单底座六节人"的翻、滚、砸、压还在继续，一个新颖的、足可与国际杂坛叫板，并且领先于国内外同类节目的"单底座六节人"，如同一颗耀眼的星星，正在升起。

全国第二届杂技比赛如期举行。

程海宝和《大跳板》组不负众望，以良好的竞技状态、最高难度的"单底座六节人"拔得杂技类节目的头筹。这届比赛，共有 5 个节目荣获金狮奖，它们是上海杂技团的《大跳板》、武汉杂技团的《排椅造型》、广州军区战士杂技团的《地圈》、上海杂技团的魔术《牌技》、上海杂技团的马戏《驯小狗》；河北省杂技团的《狮子舞》、上海杂技团的《抬杠》、上海杂技团的马戏《驯猩猩》等 12 个节目荣获银狮奖；上海杂技团《头顶技巧》等 22 个节目荣获铜狮奖。

第二届"百戏奖"得主

1987 年 4 月 11 日，全国第二届杂技节闭幕式在上海杂技场隆重举行。

上海市委副书记曾庆红、上海市副市长刘振元出席闭幕仪式，代表上海市委、市政府对杂技节的成功举办表示祝贺。

中华人民共和国文化部副部长、第二届全国杂技节组委会主任英若诚在闭幕式上说："举办这样的比赛，充分说明了党和国家对杂技艺术发展的重视。我们举行比赛的目的，就是为了通过彼此间的竞技、交流、学习，以促进中国杂技艺术的发展和繁荣，满足人民群众对杂技艺术的观赏需要和对外文化交流的需要。"

一个月后，上海文化局召开庆功大会，表彰在第二届全国杂技节获得优异成绩的杂技演员。

程海宝代表上海杂技团《大跳板》节目组上台发言（原文摘要）：

> 我们《大跳板》组，在全国第二届杂技比赛中获得金奖第一名，全组同志都非常激动，十分高兴。我们的金奖得来是不容易的，所以能取得好成绩，是党的教导培养和市领导、部领导、局领导，全组同志刻苦训练拼搏的结果。

1984年第一届全国杂技比赛，当时《大跳板》临场比赛中有几个动作失误，只得了银奖。通过上次比赛，大家总结了失误教训，不怨天，不尤人，只怪功夫不到家。在这次集训中，全组同志一致表示决心，一定要拿金牌，争金牌第一名，为上海人民争口气，为上海杂技团荣誉奋斗。但现在已不是1984年水平了，各省市的杂技参赛节目，都增加了高难度技巧，我们如果仍是老的动作，是争不到金牌的。人家搞尖端，我们要练出目前世界和国内没有的"番子"。好几个兄弟省市团体都派出了有水平的《大跳板》参加比赛，都是抱着夺金牌的雄心来的，所以如果没有新"番子"，绝超不过人家。

大家齐心协力探索创造出"单人底座六节人""空翻四周坐高椅"和"空翻两周五节人"等高难度动作方案。但要练成，可没那么容易，在整个训练过程中，大家发扬"一不怕苦，二不怕死"的硬骨头精神，特别在春节期间，得到市、部、局领导百般关心鼓励，我们团长王峰抱病亲临练功房，使我们增长了信心和决心。

大幅度高难度训练，难免伤筋损骨、砸伤、出血。这些都是普通不足为奇的事了。为了早日练出六节人来，底座詹为民同志，每天要压九节人，其高度几乎碰到了练功房顶端，踩得他双肩皮开肉绽，鲜血殷红，渗透双肩衣衫。詹为民一声不吭，咬紧牙关挺住了。类似此类例子还有很多，不再一一列举了。

在每天六小时大运动量训练中，每个同志都不畏艰险，团结一致，齐心协力攻难关，终于练成六节人等高难度动作，没有辜负领导和同志们的期望，取得了优异成绩。我们虽然取得好成绩，但也有不足的地方，全组同志决不躺在功劳簿上，更不能有到点歇口气的思想。比赛的胜利，只能证明过去，不等于将来。从现在起，我们一切从零开始，要创造更难更尖端的新动作来，争取在今后的杂技比赛中，再一次取得好成绩。

程海宝的发言不长，但非常朴实，完全是一种"真情告白"式的内心话，当他汇报到"为了早日练出六节人来，底座詹为民同志，每天要压九节人，其高度几乎碰到了练功房顶端，踩得他双肩皮开肉绽，鲜血殷红，渗透双肩衣衫"的时候，语调突然高亢起来，显得十分动情，深深地感染了与会者。庆功会上，面对与会者，他又一次许下宏愿：从零开始，创造更难更尖端的新动作，再一次争取好成绩。

几年过去了，1991年11月23日，上海杂技团在上海文艺活动中心召开建团40周年庆典大会。

著名电影表演艺术家、上海市政协副主席张瑞芳，上海市人民政府副秘书长卢莹辉，市委副秘书长刘文庆，市委宣传部副部长徐俊西，上海市文化局党委书记周渝生、副局长肖炎，上海市文联副主席孟波以及上海市文化局老局长、上海杂技团老团长王峰等出席庆祝大会。

两年前，经上海市委宣传部批转市文化局，调整了上海杂技团的领导班子，由徐彭庆出任团长，殷秀明、朱德康、徐志远任副团长，王峰因年龄关系，改任杂技团名誉团长。

在40周年团庆会上，作为在中国杂技界"身经百战"的上海杂技团的老团长，王峰可以说是"烈士暮年，壮心不已"，他深情地回顾了上海杂技团40年来取得的成果，对上海杂技的未来充满信心，他说："海派杂技艺术的发展，得益于改革开放。也正是改革开放，上海杂技团才得以振兴，焕发青春活力，显示了勃发生机。"

40年，上海团新人辈出，屡创佳绩。截至1991年40周年团庆这天，杂技团一共培养了四批学员，其中不乏佼佼者，如蒋正平、朱复正、张训导、程海宝、周良铁、李月云、俞月红等，他们是上海杂技界在不同时期的杰出代表人物，是活跃在上海杂坛的"台柱子"。锲而不舍，刻意求新求变，这些年来，程海宝带领《大跳板》组，向着高难度、高水平不断冲击，为上海杂技赢得了良好的声誉，除了自身努力，同样与老一代杂技艺术家的言传身教分不开。

这一年，程海宝的杂技生涯进入"而立之年"了。30年，人生能有几个30年啊！

可萦绕在程海宝心中的情结仍然是《大跳板》。蝉联两届全国杂技节"金狮奖"，代表的只是过去。而过去，已经远去了，《大跳板》还要不要出新、出奇？《大跳板》，还有没有发展的空间？他说："艺术是没有止境的，我的追求也是不会停止的。"四年后，在强手如林的杂技赛场，程海宝带领上海团《大跳板》组又一次捧回了"金狮奖"。

1991年8月，中宣部正式批准中国杂技家协会设立"百戏奖"，这是中国杂技界级别最高的一项荣誉奖，是用来表彰为中国杂技艺术做出重大贡献的杂技艺术家，以及从事杂技理论研究卓有成果的杂技人。它的设立，对促进中国杂技走向更高层次起到了重要的推动作用。

　　"百戏奖"作为中国杂技家协会最高荣誉奖，她应中国杂技的繁荣和人才辈出而诞生，为弘扬杂技界的奉献精神而相传，并将和杂技队伍中佼佼者的英名一道著称于世。

　　杂技作为迄今最古老、保存最完好又不断出新的艺术品种，从汉代到清代曾被历代称作"鱼龙百戏""散乐百戏""把戏",选择"百戏"为杂技界的大奖命名,更能展示其历史之厚重、生命力之顽强、舞台之异彩纷呈、人才继往开来等多重寓意。

——夏菊花:《在第二届百戏奖颁奖仪式上的讲话》

经严格评选,周云鹏、王俊武、金业勤、邓宝金、张英杰等九人荣获第一届"百戏奖"。上海除了著名杂技艺术家潘素梅,还有著名口技表演艺术家孙泰,上海杂技团名誉团长、上海马戏学校名誉校长、杂技理论家王峰获得此项殊荣。

1992年9月12日,第一届"百戏奖"颁奖仪式在武汉举行。之后,三年多过去,中国杂技艺术无论技巧难度、表演手法,还是节目创新,乃至音乐、服装、灯光等,都有了很大发展,文艺百花园里的这朵鲜花,绽放得更加美丽了。

为了充分体现改革开放以来中国杂技艺术家们取得的成就,特别是十一届三中全会以来中国杂技的飞速发展,第二届"百戏奖"的评选范围更广,声势更大,奖项主要面向演员主体,同时还将表彰一批为杂技艺术事业做出突出贡献的杂技工作者。

1994年底,第二届"百戏奖"评选开始启动。这一届"百戏奖"的评委会组成人员有夏菊花、王松声、王峰、郑德兴、张英杰、宁根福、金业勤、邓启元、李木善等。各省、市、自治区杂技家协会经过初选,最后酝酿、推举的杂技艺术家一共有56名,人选超过了第一届,显示了中国杂技艺术的蓬勃发展。

1995年4月20日,"百戏奖"评委会在北京召开第一次会议,夏菊花等九位具有权威性的评委全部到会,对56位"入围者"的艺术成就逐个进行讨论,通过无记名投票方式,确定了其中的11人为提名人选。在此基础上,中国杂技家协会再次向各省、市、自治区杂技家协会发出通知,提请对11位提名人选进行评议。10月底,评委会收到了28个省、市、自治区杂技家协会的反馈意见。12月6日,评委会召开第二次会议,以无记名方式表决,最终产生了七名获奖者,他们是国家一级演员、战士杂技团团长宁根福,国家一级演员、重庆杂技艺术团副团长何天宠,国家一级演员、中国杂技团著名驯兽师陈立本,国家一级演员、多次被评为天津市劳动模范和三八红旗手的国庆丽,齐齐哈尔马戏团著名马戏艺术家赵凤岐,国家一级演员、上海杂技团连续三届全国杂技比赛"金狮奖"获得者程海宝,国家一级编导、中国杂技家协会副主席蓝天。中国杂技界有不少老艺术家,身体力行,积极贡献,对促进中国杂技艺术发展起到了重要作用,经中国杂协主席团同意,在评选条例中增设了"百戏奖荣誉奖",评委会据此评选出了三名"百戏奖荣誉奖"获得者,他们是中国杂技家协会第一二届副主席、第三届主席团顾问阿良、王松声和从事"达瓦孜"(杂技节目《高空走绳》)艺术70多年的新疆著名杂技艺术家司迪克·阿

第二届中国杂技"百戏奖"颁奖典礼

西木。会议高度赞扬长期担任杂技团领导的王峰、蓝天、阿良、王松声等四人在杂技艺术理论研究、节目编导和团体组织工作中所做的贡献。

1996 年 5 月 22 日，上海静安体育馆。春天的上海，百花盛开，气象万千。体育馆内，欢声笑语，一派喜庆气氛，来自全国各地的杂技艺术家们，济济一堂。

象征杂技演员顶天立地艺术形象的十座银色"百戏奖"奖杯，在主席台上闪闪发光。程海宝等十位获奖者或获奖者代表（王松声和迪克·阿西木因健康原因未能躬逢其盛、亲临颁奖会），在欢呼声中走上领奖台，从杂技女演员手中接过鲜花。文化部副部长艾青春、军委总政治部文化部长刘晓江、中国杂技家协会主席夏菊花、中国文联副秘书长，以及上海市文化局、上海市文联、东方电视台的领导人为十名获奖者颁发奖杯、奖牌，全场再次爆发出热烈掌声。

截至这一年，程海宝从事杂技艺术已经有 35 个年头了。35 年来，他不断登攀杂技艺术高峰，创新发展了《大跳板》，带领团队创造了一批具有世界水平的高难度技巧动作，为我国杂技艺术事业发展做出了卓越贡献。

再搏"金狮奖"

第二届全国杂技比赛结束后，以程海宝、谭代清、沈为民、潘沛明、张莹、李瑾为代表的上海杂技团《大跳板》节目在中国杂坛声名鹊起，一个严峻的课题非常现实地摆在了程海宝的面前：他和节目组的演员们创下了同类杂技节目的最高难度和水平，然而，这个节目还要不要发展？还要不要创造更高难度、更加新颖的表现形式？1990 年初，因演员新老交替，上海杂技团的人员结构发生了变化，原《大跳板》的"底座子"和"尖"相继退出，新兵能不能成为他们的继承者，挑起大梁？再说，节目组剩下的演员，也已经过了而立之年，带领这样一支队伍，节目究竟能练到怎样的火候？谁的心里都没有底。《大跳板》节目组又一次面临人员结构上的"困境"，程海宝敢不敢接受新的挑战，再度搏击"金狮奖"？

是知难而进，还是急流勇退，见好就收？

两者必居其一，程海宝必须作出回答。

全国第三届杂技比赛的日子越来越近了。《大跳板》要参加吗？如果要参加，还是带着以前的技巧和难度上场？

程海宝思忖开了。

他想，《大跳板》是几代演员的心血结晶，团内的后来者，应该是有能力，也有实力创造新成绩，取得新的突破的。关键是，必须振奋精神，坚决克服畏难情绪。他不愿多说，也不想多说。他始终坚信：行动是最好的语言。

程海宝带领节目组去了西郊的练功基地。这些硬汉，又一次心甘情愿地"自我封闭"，谢绝你来我往，开始了兵营式的关门集训。程海宝知道，自己的一言一行，将会影响到组内每一个演员的情绪，他以满腔的热情和顽强的毅力影响着每一个人。他说："让我们同甘共苦，团结在一起，拼搏在一起，为了上海杂技团的荣誉，为了祖国的杂技事业。"

《大跳板》的16个演员，做好了准备：人生能有几回搏？华山一条道上，险象环生，我们只有前进，不能后退。

后退，意味什么？毫无疑问，意味的是沉沦，是死亡！

没有一个人愿意沉沦，也没有一个人愿意让几代人的努力成果"死亡"在自己的手里。

沈为民的妻子病了，动了手术。为了将《大跳板》推向新的技巧高度，沈为民说："我将妻子托付给我的家人了，请他们好好照顾她。妻子理解我，理解我的事业。我愧对妻子了啊。"达亮、潘沛明、陈建华等演员，或家里有急事，或妻子生孩子，也都是毅然"舍"小家而顾大家，16个人团结得像是一个人，在练功房内呐喊着，将跳板砸得震天响！

要演好《大跳板》，没有扎扎实实的基本功不行。但光有基本功，还不行，要不怕吃苦，吃得起苦中苦。整个集训期间，程海宝和节目组的演员们承受的几乎是魔鬼营式的训练：跟头演员，已经根本不记得自己究竟翻了多少个跟头，砸板演员也已经完全不记得自己究竟将砸板砸了多少回，"底座子"演员呢，也不记得究竟接了多少次从高空飞身而下的演员。程海宝的"三狂劲儿"表现得尤其淋漓尽致，他不光自己疯狂地练，而且决不容许别人后退一步！练功房里，除了大跳板发出的翻、砸声音，还有他那略带嘶哑的喊叫声！

1991年5月4日，程海宝和他的节目组迎来了"金狮奖"全国第三届杂技节。

全国28个省、市、自治区的33个代表队、800多名选手云集江汉三镇，参加中国杂坛盛会。这一届杂技节，共设立了11个"金狮奖"、16个"银狮奖"和20个"铜狮奖"。一年前，六大赛区进行了预选赛，在各地报送的240个节目中，遴选了77个节目，包括杂技、魔术、滑稽、驯兽、高空等全部节目类型，与前两届相比，本次大赛公认有四个显著特点：节目数量多，品种全，水平高，内容新，节目的高、难、新、美，都有很大的突破。其中的技巧出新，是一大亮点，最为人瞩目，如前进杂技团的《钻台圈》、江西省杂技团的《转动地圈》、重庆市杂技团的《轻蹬技》、银川市杂技团的《倒立技巧》、安庆市杂技团的《椅子顶》、上海杂技团和成都市杂技团的《大跳板》、大连市杂技团的《滑稽晃板》、濮阳市杂技团的《晃梯》等。

为了获奖，更为了荣誉，各个参赛团都将比赛的起点定得很高很高，每个人的潜意识里，都埋下了强烈的竞争意识。去年，大区预选赛后，很多团暗暗地较起了劲，有的团甚至还开了小灶，苦练绝技绝招。很多国外杂技团应文化部艺术局、外联局、中国对外演出公司邀请，也来"赶场子"，他们中有朝鲜的《空中飞人》、法国的《车技》和《空中秋千》、苏联的《秋千》。更加让人关注的是，世界各大赛场的经纪人、演出商，纷纷赶来，都想在最优秀的节目上做文章。八十高龄的隆布罗索先生是法国一家演出公司的经理，几十年来致力于中法两国的友好和文化交流，在剧场通道上，老人走路已显力不从心，脸上却流露出不虚此行的满足。

上海杂技团的《大跳板》节目进入了决赛圈，成都杂技团的《大跳板》也进入了决赛圈。

> 从宏观上看，技巧出新最为醒目，很多高难度令人吃惊。如前进团的《钻台圈》、江西团的《转动地圈》、重庆团的《轻蹬技》、银川团的《倒立技巧》、安庆团的《椅子顶》、上海团和成都团的《大跳板》、大连团的《滑稽晃板》、濮阳的《晃梯》等。6个《顶碗》、4个《转碟》的技巧更是各有千秋。其次，节目的整体构思有很大突破，诗情画意尽在不言中。
>
> ——谢桂华：《杂技史将书上武汉大赛这一页》

江汉三镇，杂技英豪比试高下。洪山体育馆、琴台文化宫、武汉剧院、黄埔路礼堂，都为中华杂技英豪摆下了擂台，就看谁拈弓搭箭，射落"金狮"了。

鏖战进行了整整九天。

程海宝带领《大跳板》节目组，再次捧回了"金狮奖"。

中国杂坛"三冠王"

1993年2月16日，上海杂技团举行团长招聘答辩会。经过长达四个多小时的激烈答辩，45岁的上海市文化局党委办公室主任王建华以1482分的最高分获胜，竞选中标上海杂技团团长。次月，新任团长王建华走马上任，正式开始带领上海杂技界的一支劲旅征战国内、国际杂坛。

这位正当壮实之年的新团长，推出了他的治团理念，核心是"一个中心"（以艺术生产为中心）、"两个目标"（把艺术搞上去，让职工富起来）、"三个手段"（向改革要活力，向三产要财力，向管理要效益）。同年7月，上海市文化局副局长肖炎在上海市马戏学校全体职工会议上宣读上海市文化局任命书，上海市杂技团团长王建华兼任上海马戏学校校长。

两副担子一肩挑，上海杂技团、上海马戏学校在原来的基础上开始比翼齐飞。

1995 年 9 月，"金狮奖"全国第四届杂技大赛在东北第一大城市沈阳举行。赛场上，各路杂技高手献技献艺，围绕"金狮奖"的争夺，异常激烈。

程海宝再度饮誉而归，捧回了"金狮奖"。这一年，他已经 45 岁了。以这样的年龄，拼搏杂坛，剑挑"金狮"，令人顿时心生敬意。

有关程海宝带领年轻演员在这一届大赛上的精彩表演，杂技团团长王建华在一篇文章中写道：

> 随着明快的旋律，上海杂技团的《十字跳板》在赛场上亮相了。一组小伙子的"团团转砸翻"，热烈欢快，先声夺人，一组姑娘的"对砸空翻"，如四朵金花，绽开在空中：苏颖的"三周上高椅"刚引起一阵热烈的掌声，薛颖婕的"1080 旋上三节"又使观众屏息静气。第一次没有成功，场子里的空气凝固了。场上指挥，跳板的核心人物程海宝，和"1080 旋"的表演者薛颖婕、接翻的闻培德的目光自然地交接在一起，这是短暂的一瞬，却闪烁着勇气和必胜的火花。薛颖婕又起翻了，像轻捷的雏燕，在空中利索地完成了"转体三周"，紧接着一个后提，迅速撒腿，准确、紧凑，无懈可击，闻培德顺着薛颖婕下落的位置，准确地接住了小薛。
>
> 主持人的声音也显得有些激动："刚才表演的是世界级的高难度动作'1080 旋上三节'。"观众席上顿时爆发出如潮的掌声。
>
> ——王建华：《〈十字跳板〉夺金纪事》

在全国杂技大赛中连续两届夺冠的程海宝，宝刀不老，他的心永远是年轻的。跳板，是上海杂技团的看家节目，他仍然在想着要将跳板砸出新的高度。这个节目，是几代人的心血结晶，需要继续传承下去。但是，他要面对的是，《大跳板》的根基虽然难以撼动，观众对它的印象也一直不错，但它毕竟是一个经年有加的老节目了。如果不改变"老面孔"，焉能赢得更多人的欢心，保持它在中国杂坛的"王者之相"？

程海宝思绪滚滚，想得更多、更远。是的，是到了应该出新、出奇招的时候了。他和同伴们商量，大家提出了一个方案：改"单跳板"为"十字跳板"，练"1080 旋"，重树"六节人"，一定要让这个节目焕发青春朝气，威震杂坛。

有了方案，马上行动。一班人马每天清早从家里出发，赶往西郊，在上海马戏学校练功房苦战，失败了，摔倒了，爬起来，继续！大家咬定了一个目标，不成功，决不罢休。

王建华在《〈十字跳板〉夺金纪事》一文中提到的苏颖,那年还只有 20 岁。八年前,她在上海市体工队参加训练。上海杂技团跳板组缺少尖子演员,程海宝到市体工队去挖人才,一走进练功房,他发现有个女孩的跟头翻得特别棒,前扑、小翻、360 转体,灵巧自如,更难得的是,小女孩的脸,自信、不服输,一脸阳光。

"是块好料啊!"程海宝满心高兴,一眼相中。

苏颖来到了杂技团,从练习"直两周"开始。杂技跳板的跟头与体操跟头,在外行人眼里,看上去差不多,但圈内人明白,两者相去甚远:跳板跟头要落肩,体操跟头要落地,一字之差,体操与杂技的区别泾渭分明。它与体操落地跟头不一样的是:落肩的跟头要求落点准,落肩的力量要轻,落肩时的姿势要直。在空中转体的时间要控制得好,上身复原要快。

苏颖必须尽快适应这些新变化。

程海宝要求,每天练 100 次。开始,由于并不适应落肩要求,动作不规范,苏颖的小腿敲得又红又肿,脚一落地,像针刺一样,疼痛难忍。她表现出了超乎寻常的坚强,每天比别人早到练功房,晚上比别人晚离开,别人练一遍,她比别人多练一遍、两遍、三遍。由市体工队转而进入杂技团,小小年龄的苏颖,没有后悔,心里想的是:"进杂技团这扇门,就是准备来吃苦的,就是为了练出真本事来的。"

一年后,苏颖走上了杂技舞台,参加"金狮奖"全国第三届杂技大赛,取得了优异成绩,广受杂坛刮目。之后,又跟随潘素梅练成了《跳板蹬人》。

程海宝带领《十字跳板》组,将训练升格为"白热化":苏颖为"单底座六节人"中的"第四节"。这个角色实在是不好担当啊,按照要求,她不仅要落肩,而且还要接"二节人",既要练接人的技巧,也要练压人的技巧,毋庸置疑,压力如山!她扛着肩上的男演员,转圈、转圈、再转圈,每天不知道要练习多少遍。

腰酸、背疼、颈痛,苏颖有时练得实在吃不消了,脸扭曲着,露出了痛苦之色,别人劝她休息,都被她拒绝了。

程海宝担当"单底座六节人"中的"第五节",每天在练功房和大家一样练素质。苏颖的个子不高,只有 1.6 米,160 斤重的男演员踩在她的肩上,上下晃动,踩得她肩上的皮都破了,结出了茧子。在练习接翻的时候,她的头颈扭了一下,但听得"咯吱"一声,不好,头颈歪了,不听使唤了。苏颖咬着牙,没有吭声。直到练功结束,她才去了医院。一检查,颈椎脱位!

苏颖躺倒了,戴了皮帽,戴了颈托,不得不接受牵引手术。可半个月以后,她又跨进了练功房。

此时,离开赛不到一个月了。万般无奈,程海宝只得千方百计地想办法,临阵换将。

第四届全国杂技比赛开幕的前一周，上海杂技团来到了沈阳，进行适应性训练。真是好事多磨。节骨眼上，偏偏表演"三周上高椅"的男演员壮健在适应性训练时骨折，从脚背一直肿到了小腿。再想让他参加比赛，已经完全没有可能了。

程海宝心急火燎，突然想起了苏颖："救场，能不能让苏颖上？"

苏颖曾经练习过"二周上低椅"，能不能"三周上高椅"？这可有点冒险啊！

程海宝将自己的想法一说，苏颖立刻点头："我上！"第二天，戴了保险，热完身，苏颖就开始了"三周上高椅"。不料，到了半空，由于没有掌握好节奏，腿部打开太慢，她的腿敲到椅子把手上了，落地时一瘸一拐地，大家一看，她的腿又肿了。

程海宝问："苏颖，怎样了？"

"没问题。"苏颖咬着牙，点点头，"我行！"说着，这位坚强的女孩，流出了眼泪，嘴唇咬出了一道血痕。

苏颖没有退出练功房。眼看就要练成"三周上高椅"了，谁知道，开赛前一天又遇到了麻烦。一场连排，苏颖的腿又扭了一下，下场时又一瘸一拐了。

所有的人，紧张得将一颗心吊到了嗓子眼：明天，明天就要正式比赛了，苏颖还能上场吗？

苏颖也急了。当天晚上，她拼命地揉啊，捏啊，搓啊，恨不得将一条带伤的腿揉好，捏好，搓好，恢复得好好的，可是，这不可能啊！第二天，苏颖打了一针"封闭"，上了赛场。

"这姑娘，行不行啊？"程海宝紧张得连手掌心都攥出了汗。

上板、起板、团身、提转、撒腿、坐椅，啊，成功了，成功了！

苏颖的每个动作完成得干净利落，一气呵成。

下场以后，大家走进休息室，激动不已。

中国杂坛，"三冠王"诞生了。

从1987年到1995年，时间不到十年，程海宝领衔的《大跳板》，连续三届荣获"金狮奖"，以他为代表的跳板节目，成为当时中国杂技界最有影响的品牌节目之一。

第六章

校园新帅

全国有上百个杂技团，但就是没有一所正规的杂技学校，培养杂技演员采用传统的团带班方式，而团带班是没有毕业证书的。上海马戏学校的成立，得益于改革开放。我不论走到哪里，总是想赶紧回到学校，这里是一块坚实的土地，站在这里我心里踏实。创新教学手段，改变传统的"口传心授"教学模式。一个节目，几年、几十年不变，这是吃老本，最终必然山穷水尽。"马校"对孩子的教育培养，时间长达七年。到时候不能两手一甩，要不，这样的教育必然是目光短浅的。

——程海宝

1996 年，程海宝调任上海马戏学校校长。46 岁的他，从台前走到了幕后。这时候的他，心情是难于言表的。他热爱中国杂技，几十年来与杂技舞台不离不弃。可是，以他 46 岁的年龄，再要像十几二十岁时那样在舞台上翻、砸、滚、爬，确实是有点力不从心的了。但是，"老骥伏枥，志在千里；烈士暮年，壮心不已"，他的心不会离开杂技舞台，那里有他的梦想，有他的追求。从舞台到教育园地，只不过换了一个地方，换了一个角色。他的杂技生涯，是不会改变，也不可能改变的。

"站在这里，我心里踏实"

上海马戏学校的校史上有这样一段文字：学校地处上海西郊程家桥路 188 号，占地 15018 平方米，建筑面积近 6000 平方米，拥有适合杂技训练的大型练功厅一个、多功能小型练功厅四个、舞蹈练功厅一个；文化教室十个、13 座计算机教室一个、120 座多媒体语音教室一个、102 座多媒体阶梯教室一个；拥有图书室、篮球场、200 米环行跑道运动场、校园网等多项设施。

这是中国第一所从事杂技、马戏、魔术教学的艺术类中等专业学校。学校原来

"马校"清真食堂（陆林森摄）

"马校"道具箱（陆林森摄）

隶属上海市文化局、上海市教育局，文化体制改革后，2001年起隶属上海市文广集团、上海市教委。担任这所学校专业课程的教师，大多是当年在杂技舞台上卓有建树的明星级演员，他们有着相当扎实的艺术功底，有着丰富的舞台实践经验。建校十多年来，学校向上海和外省市输送了近200名合格的毕业生，就业率100%，有多人毕业时已成为国内外重大杂技比赛的获奖演员，其中有50多人次获得国内国际重大杂技比赛金奖。一批节目如《跳板》《兜杠》《单手顶》《空中飞人》《高空钢丝》等，技巧高难，风格独特，在国际顶级赛场摩纳哥蒙特卡洛国际杂技节和国内最高赛场全国杂技比赛中多次荣获金奖。

有关上海马戏学校的兴建过程，需要从20世纪60年代初说起。其时，上海出台了《1960年—1967年上海市文化艺术工作规划纲要》，该《纲要》说："根据国家经济建设需要，人们对文化生活需要的日益增长，可在杂技团基础上建立马戏院。"程家桥路62号原来是一块空地，上海杂技团租下后，造了简易动物饲养场，豢养一些小动物，以备节目之用。但是，发展马戏艺术，需要有一个大一点的饲养场，用来饲养一些体型较大的动物。

早些时候，上海杂技团草拟过一个扩建方案，打算扩建饲养场，走马戏发展道路。1961年10月，扩建方案落地了，驯兽场投入了扩建。恰好，上海杂技团从东北地区购买的虎、熊、马等动物，也已陆续运抵上海。1962年1月，驯兽场竣工，扩建后的驯兽场，新增了驯虎场、驯马场，以及虎房、熊房，配套设施一应俱全。1974年，为了适应上海杂技艺术事业发展，解决用房紧张困难，上海杂技团在兽房上又进行加层，盖建了一间练功房、一间锅炉房和十间演员宿舍。

兴建于20世纪60年代中期的上海杂技场，到这时已经使用了十多年，因整体建筑日趋老化，原来的设备也已渐显老旧，杂技团将改扩建上海杂技场也列入了方案。1980年，方案得到了上级部门批准，用来改建杂技场的资金，也由杂技团筹措到位，同年4月，改建工程正式开工。经一年多建设，第二年9月竣工。扩建后的上海杂技场，能基本满足彼时的文化市场需求，每逢杂技演出，观众纷至沓来，连演连满，座无虚席。设施上去了，人才要不要跟上？于是，建造上海马戏学校再次被提上了议事日程。王峰的着眼点是，要发展，要繁荣上海杂技艺术，必须大力培养杂技后备人才，拟议建造的上海马戏学校，可以为上海，乃至全国杂技事业培养人才，还可以使杂技艺术的传授走上正规化、科学化轨道，同时也将有助于杂技艺术研究。

"黄金十年"给上海杂技团带来了可观的经济效益，仅1982年到1984年，就从一个主要依靠国家补贴的文化事业单位，转变为自给率102%的创收单位，演出场次和演出收入屡创新高，成为文化部向全国推广的改革榜样。1985年，杂技团开始自筹资金，1986 年 10 月 22 日，上海马戏学校正式破土动工，上海市委副秘书长刘文庆、上海市委宣传部副部长丁锡满、上海市文化局副局长赵介纲等出席了当天的开工仪式。1988 年 3 月，上海马戏学校落成。1989 年 3 月，上海市人民政府教委办公室发文批准上海马戏学校成立。它的建成，在全国杂技界产生了很大影响，中国杂技界终于有了一所专业学校。

时光的磨盘，转了一圈又一圈。1996 年，程海宝走马上任，其时，上海马戏学校已经"八岁"了。而就在程海宝担任校长一职前的 1995 年 4 月，上海市马戏学校的首届学生，经过七年学习，迎来了他们的毕业庆典。这届学生，用以基本功训练的时间为两个学年，第三学年开始进行节目功训练，从 1988 年 3 月入学，到 1992 年，不过短短四年，他们的节目已经成型，先后出访日本、美国、印度尼西亚，以及中国台湾等国家和地区，充分反映了上海杂技界的办学成果。待到正式毕业，向上海杂技团输送了 47 名毕业生，造就了杂技团的一支新生力量。程海宝感慨地说："上海马戏学校成立之前，全国有上百个杂技团，但就是没有一所正规的杂技学校，培养杂技演员采用传统的团带班方式，而团带班是没有毕业证书的。学校的成立，得益于改革开放。因为改革开放使上海经济、文化等取得了突飞猛进的成就，我们的学校这才应运而生。""学校要求学生德智体全面发展，由市教委统一颁发中等职业毕业证书。团带班不可能做到。我们学校有十多个文化老师，五个生活老师，24 小时轮值。业务老师是专业的。"

上海马戏学校有两个主管单位，有人对此表示担心：是不是公公婆婆多了点？程海宝一听，哈哈大笑，"不，不多。我的看法是，你家有男孩，我家有女孩，双方的孩子结了婚，父母都健在，这不是很好的吗？我们学校，由文广管行政，教育管文化，这有什么不好呢？按我看，我们'马校'有两个爹、两个妈。一个是上海文广集团，还有一个是上海市教委，双重领导，我觉得这比什么都强啊。"

程海宝走马上任后，极少提及自己过去的辉煌，一心一意地将精力扑在杂技教育上。他思考的问题是，如何培养这些孩子，使他们快速、健康成长，他甚至将家也搬到了学校。他说："我不论走到哪里，总是想赶紧回到学校，这里是一块坚实的土地，站在这里我心里踏实，敢于梦想。"

不变的是追求

程海宝爱将"马校"的学生说成"孩子"，反映了他的心态：爱学生，如同爱自己的孩子。实际上，"马校"的学生，有的连十岁都不到，最大的，也不过十来岁，他们怎么不是孩子呢？在程海宝看来，孩子们远离自己的父母，需要得到如同

程海宝向上海市人大常委会主任刘云耕介绍"马校"办学成果

程海宝与"马校"师生合影

父母那样的呵护和爱，这是他和"马校"老师的责任。他说："我从前任校长手里接过接力棒，没有理由不将学校建设好，没有理由不将孩子们培养成才。"

深化教育改革，加强学科建设，完善硬件设施，提高师资素质，程海宝坚持以传承中国杂技为己任，不断探索出人出戏的办学思路，经过十多年不懈努力，走出了一条富有个性的杂技教育新路。2003年，经上海市教委、上海教育评估院评审，上海马戏学校被认定为"上海市百所中职校重点建设工程验收合格单位"，专业学科被认定为"上海市中职校重点专业"。2009年，"马校"又被上海市教委等授予"上海市教育系统先进集体"荣誉称号。在他带领下，教师们心系中国杂坛，融教学和比赛于一炉，培养出了一批优秀学生，亮相于一些重要的赛场，国际国内一些顶级赛场上不断传来好消息。第25届蒙特卡洛国际杂技比赛"金小丑"奖，第14届、16届、18届初登舞台国际杂技比赛"金K奖""亲王奖""摩纳哥城市奖"，第27届蒙特卡洛国际杂技比赛"银小丑"奖，第22届罗马金色马戏节"金奖""共和国总统奖"，第五届、第六届全国杂技比赛"金狮奖"，第四届全国青少年杂技比赛"金狮奖"……在学校的荣誉长廊上，"马校"的历届学生荣获的国际国内金奖、银奖以及单项奖多达50多个，受奖教师80多人次，受奖学生170多人次，他们的演出活动遍及美国、日本、意大利、澳大利亚等几十个国家和地区。

金狮奖第四届全国青少年杂技大赛

从舞台到教坛，角色变了，不变的是程海宝对于中国杂技之梦的追求，他说："上海马戏学校建校前，全国有 100 多个规模不等的杂技团，但没有一所从事杂技艺术教育的专业学校。对于杂技演员的培养，也非常传统，基本上是团带班。"所以，当"马校"建校的消息传出，中国杂坛和杂技人为之振奋，看好这所专业学校的前景。

"由于每个角色都有非常强的专业性，他们被招来后需由专门老师带教，经过三四年艰辛的培养和磨炼后方能上台，但多数杂技演员一过 20 岁又要被陆续淘汰。为保证原创剧目的数量，杂技团只能招收新学员再培养。"（上海杂技团团长俞亦纲语）可是，由于杂技是一门挑战人体生理极限的艺术，"入门既很难"，招生也不易。曾经，上海杂技团只要一发布招生信息，很多人就会带着孩子赶来，即便排队等候报考，也大多耐心十足，因为都是冲着要让孩子当一名杂技演员而来。20 世纪 70 年代初，上海杂技团招收了 60 个学员，一半男孩，一半女孩，全部是上海户籍，生源有保障，尽可从大量应考生中挑选。国家实施独生子女政策后，谁也不愿将孩子送去学杂技，没有了可以"优中选优"的生源，杂技教育面临着"无米之炊"的尴尬。即使有家长愿意自家的"独生子女"去学杂技，也要看身体条件符合不符合，对于杂技的特殊性和专业性，程海宝也很无奈："并不是人人都可以学杂技的。学杂技除了要求不怕吃苦，还要看身体条件是不是符合要求，有的人身体条件不行，即使吃得起苦，也不行。"

没有生源保证，就难于选拔优秀的人才。一个时期以来，不少专家对杂技艺术的"低龄化"深感忧虑，对于一所从事杂技教育的专业学校来说，生源是振兴发展中国杂技的血脉所系。

"马校"建校之初，只有十几个学生。十多年后，学生多了，教师多了，并且可以充分利用优质教育资源，扩大招生范围，开设新疆班、青海班，支援西部地区的文化建设，为边远地区和少数民族地区培养、输送优秀的杂技演员。

程海宝去"马校"当校长之际，正值中国杂技界转型，没有现成的教学版本，教学方法单一，该如何顺应改革，导入新颖的教学方法，改变甚至颠覆旧有的教学模式？这是程海宝面对的挑战。诚然，世上本无所谓路，走的人多了，也就成了路。但关键是，以怎样的方式走出一条新路，这是程海宝面对的又一挑战。

"新官上任三把火"，程海宝以何应对？

"马校"的教职员工、上海杂技界乃至中国杂坛，都在等待他交出一份满意的答卷。

"录老师"来了

　　"录老师"是何许人？是出身名门的一位老师吗？不是。答案居然是一盘"录像带"！

　　为什么一盘"录像带"成了"录老师"？

　　程海宝说，时代不一样了，杂技艺术的表现手法，包括用来烘托杂技演出气氛的舞美艺术，都发生了变化，如果仍然照搬照抄原来的教学模式，很难有所突破。那么，究竟选择什么为突破口呢？程海宝陷入了思考。他想，人们不是常常在说，民族的，也是世界的吗？既然这样，中国杂技就必须将它的根深深地扎入民族的土壤，同时也要兼收并蓄，利用现代科技手段去创新教学，改变那种传统的"口传心授"教学模式。当他了解到有些学校在推行电化教学，不由来了灵感，"录像带"不正是电化教学的一种手段，何不将"录像带"引进学校，请它当老师，让学生在音响和画面的体验中寻找杂技艺术的感觉呢？这样一想，他决定一试："我们的老师，都是学有专长的，但是，他们并不是全才啊！'录老师'是经验的总结，可以起到很好的教学辅助作用。"记载有国内外艺术的"录像带"就这样走进了上海马戏学校的课堂，它们具有可看性、趣味性和资料的相对完整性，教师们的思路一下被打开了。很快，其他门类的艺术元素也被引入了杂技教育。荣获摩纳哥第18届初登舞台国际马戏节"金K奖"、第22届意大利金色马戏节"集体金奖"、第十届意大利拉蒂那国际杂技节"金奖"的《单人艺术造型》，就是一个成功的典范。

　　一说起《单人艺术造型》，程海宝显得很兴奋："'单人'绝不是'单个'，它应该是综合的，体育竞技中的叠罗汉、翻跟头，和我们杂技节目是触类旁通的，两者相辅相成，如果互为借鉴，我相信，这个节目就会更好看，更有艺术性。"

　　借鉴，不是简单地去模仿别人，而是站在其他艺术匠人的肩膀上，拓宽自己的视野。在"录老师"的启发下，融合了多种艺术元素的杂技节目《单人技巧》具有很高的艺术观赏性，在比赛中获得大奖。有人感到好奇，为什么上海马戏学校的杂技节目技巧好，艺术性强？可以说，"录老师"所起的作用不容小觑。《单人技巧》，只不过是一个例子罢了。

　　程海宝的教育目标十分明确：作为上海杂技的一所专业学校，它的立足点应该是上海，但是，光这样还不够，应该立足上海，服务全国，走向世界。他的心里，始终活跃着一个挥之不去的情结：冲出国内赛场，到国际赛场去！如何打造具有上海马戏学校特色的品牌杂技节目？这位"三狂"杂技艺术家说得也很明确："中国是世界第一杂技大国，源远流长的杂技艺术经久不衰，探其奥秘，品牌的塑造、坚

"马校"校长程海宝、党支部书记施燕萍向毕业生颁发毕业证书、赠送纪念品

守和创新是中国杂技艺术不朽的灵魂，历经千锤百炼的品牌杂技节目应该是杂技艺术发展的理想境界。"

改革开放以来，文化市场发生了质的变化，传统的中国杂技，无论在内涵上，还是在表现样式上，都在不断经受挑战，如何面对当下的经济文化发展水平和市场需求，在国内教育的存量体制中培养具备特殊技能的专门人才？

这就不是"录老师"所能解决的问题了。对于程海宝来说，这是一条必须跨越的坎。

"美国的土地能种庄稼，中国的土地也能种庄稼，关键是如何种。租给别人种是一种方法，自己种也是一种方法。老大自居，种不好庄稼，而是要以平常心，一锄头一锄头地去种。"这是程海宝走马上任伊始的理性思考。

寻找最短的路径

中国杂技，经历了一段辉煌时期以后，从 20 世纪 90 年代开始渐渐滑向低谷，对此程海宝有切肤之痛。他认为，杂技滑坡的原因可以列出好几条，而其中最重要的一条，就是人才断档。他不止一次地呼吁，要振兴杂技，首先要从杂技教育抓起。

上海马戏学校成立之初定下了一个目标："培养有文化、有技术、有艺术表演能力的新型人才。"若干年后，这样的目标已经显得有点平常了，但程海宝却是用别一种眼光对待历史。他认为，这个目标在当时有着非同寻常的意义。杂技演员不仅要在技巧难度上下功夫，更应该加强自身的文化素养，要文化与技巧比翼齐飞。定位，必须是高标准的，一流的，无论技巧性、艺术性、欣赏性，都力争要达到高层次意义上的统一，以整体美的效果去赢得中外观众。他在上海文联组织举办的第二届现代杂技教育国际论坛上提出，手把手进行现代杂技教育，当然也可以，但是没有一流的现代杂技教育理念，中国杂技很难跨越新的高度。

他抓住教与学这对矛盾，祭出了两个法宝：其一，"立足上海，走向世界；以赛促教，全面发展"，紧紧抓住艺术生产这个中心不放。他说："一个节目，几年、几十年不变，这是吃老本，最终必然山穷水尽。"他要叫板杂技表演的单调、刻板和雷同化，探索适应当代人的审美情趣，提高杂技综合艺术水平的高品位的和新的表现形式，他为之进行了有益的、大胆的、多方位的尝试。"'马校'对孩子的教育培养，时间长达七年。到时候不能两手一甩，要不，这样的教育必然是目光短浅的。我的要求是，解决就业第一。大杂技不是单一的，教育之路要越走越宽。接受和培养人才要敞开大门，造就和输送人才也要敞开大门。孩子要成为专门人才，如果都去当官、当工程师，社会就缺乏技能型人才了。"

其二，为现代杂技教育增加新鲜血液。有人说，隔行如隔山，杂技演员没有文化不要紧。他听了，愀然作色："如果说50年代出生的杂技演员，没文化，因为没有条件上学，情有可原。那么，50年代以后出生的杂技演员呢？国家给了你机会，你也有这个条件去读书了，那你为什么不去读书？有的演员，年纪轻轻的，没有大专文凭，只有中级职称、初级职称。难道，这也是时代造成的吗？学习有两种，一种是自学，一种是用业余时间学习。关键是看你要不要学，要不要读书。"由杂技演员"变身"为杂技教师，如果不提高自身素养，不读点现代教育学，可不行。他以自己的学历作比方，语重心长地告诫年轻人："文化程度高了，学校品质也高了。学生要出类拔萃，培养学生的人也要出类拔萃，名师出高徒。时代不一样了，我们是一路走过来的。挖井是费力的，要越挖越深，越挖越用力。小拇指翻过来就是老大，大拇指翻过去就成了小拇指。不要老大自居。"

为了打造一支学习型、文化型、技能型的教师队伍，程海宝鼓励教师们外出深造，读大专，读本科，学费自负一半，"马校"报一半。为什么不能全部由"马校"

演出前的排练

"马校"学员练习"单手顶"

负担？他直言不讳："'马校'不是私人办的，它是姓公的。"

上海马戏学校的学生，从六岁到十多岁，有自愿来学杂技的，也有父母送来学习的，还有是老师在全国各地寻找到的有培养前途的，但首要的条件是，无论男孩还是女孩，都必须形象好，骨骼健壮结实，手脚平直。程海宝怎么说？他扳着指头算了一笔账："学生的学费、宿舍费，一年要 6000 元左右。父母双双下岗的孩子，学费超过一年收入的农户家孩子，到我们这里来学杂技，很不容易啊！""不说教，不打骂，家长如何对孩子，我们做教师、做校长的，也应该如何对孩子。时代在变，以前没吃少穿，学杂技是为了饭碗。现在呢，有吃有喝，为了出成绩、出人才来学杂技。有人说我，培养边远地区的孩子，这是在将老白蚤放在身上。我认为，不能这样说，眼光不能这样狭隘。因为，我们'马校'是国字头的。"

孩子学杂技，运动量大，消耗多，营养要跟上，可很长一个时期以来，每天 20 元的津贴一成不变，物价上去了，消费指数提高了，这 20 元津贴始终没动。这个问题成了程海宝的心病，必须寻求一种恰当的方式解决。后经努力，最后由行政拨款，每天 20 元津贴改成了 50 元。孩子的伙食标准提高了，营养问题解决了，连喝水的问题也解决了，每层楼安装上了"开能牌"节水器、储水器、水箱，全都是不锈钢的。那么，教师呢？教师的职称问题呢？长期不解决，也不行。上级领导到"马校"来视察了，程海宝抓住有利时机，向领导陈情，反映情况，他提出的第一个问题就是：我们的教师队伍，能不能走教育系统的路线？领导问，杂技艺术是一个特殊行业，评审达不到文化要求，职称多年没有解决，是否可以走技术路线？有关部门最后拍板：你们职业中专学校是双师，属技术型、文化型，改为演员系列也是可以的。就这样，符合条件的教师解决了职称，五个中级，三个二级，还有一个一级。程海宝这才感到欣慰："要留住教师，如果职称解决不了，积极性受挫，还谈得上留住教师人才？"

"马校"有个女教师，原先是安徽杂技团演员，其丈夫在上海工作。为了解决这对夫妻两地分居的困难，经有关部门努力，将她从安徽调来了上海，安排在"马校"工作。在教学实践中，她身体力行，作出了成绩。临退休前，她要求将职称由三级转评为二级。这位女教师早于程海宝调到"马校"，有点工作年份了，提出这样的要求，应该说也是合情合理的。无奈，有关她的职称问题，却一直没有得到解决。程海宝想，解决一个人的职称问题，带动的是一片，对于这样的问题，必须妥善解决。经过了解，女教师调来上海前，职称已经是二级了。程海宝心里有了底。他在校领导班子说了这件事情，经过集体讨论，大家认为，女教师的职称问题长期没有得到解决，那是因为对她的关心不够，必须尽快解决。终于，难事不难，因为程海宝做了有心人，校领导班子做了有心人。这一解决，不仅使她的职称"复位"

比赛前，程海宝检查"地根"安装

学员排练《跳绳》

了，而且还解决了她退休以后的待遇问题。

教师教的积极性提高了，学生学的积极性也提高了，出了人才，出了尖子，文化学习上去了，比赛成绩也上去了，难怪有人戏称："上海马戏学校是一家金子铺，程海宝是金子铺老板。以赛促教，全面发展，得了这么多奖，马戏学校大有存在的价值。"

在"马校"，程海宝始终在探寻着一条最短的教育路径，谈起教与学的关系，他是这样说的："老师与学生的关系是双向的。老师要参加管理，学生也要参加管理，管理好了，就会出成绩。"程家桥路和上海外滩之间有一段比较长的距离，他打了个比方，"从学校到外滩，有许多条路可走。绕道南京路，或者绕道北京路，都可以。事实证明，延安路最近，这是一条捷径。捷径是科学，而不是投机。"

第七章

栽桃种李

上海马戏学校的校园里有一块峭立的巨石。石之美，美在外形；人之美，却是美在内心啊。"马校"学生应该像这块巨石，根扎在大地，狂风吹不倒，骤雨浇不败。一个"人"字，看上去很简单，只有两个笔画，可要写好这个字，不容易啊。"以赛促教，全面发展"，旨在提高学生素质和技艺。但是，新生的教育理念，需要接受实践的检验，这是一个漫长的过程，必然也是一个痛苦的过程。如果只重专业课，偏废文化课，结果会怎样？一条腿长，一条腿短！这样的孩子，岂不成了跛足的孩子？

——程海宝

程海宝的教学观念是现代的，但也是传统的。他扎根于现实的土壤，而在他的文化基因里，流动最多的，莫过于中国悠久的传统历史文化血液。他最看重学生的行为规范，要求他们"坐有坐相，吃有吃相"，吃饭就是吃饭，必须用双手端碗。他觉得，一个"坐无坐相，吃无吃相"的学生，举止是不文明，行为是不规范的，必须纠正过来。

学校里的"家"

跨进程家桥路上的上海马戏学校，劈面就是一块峭立的巨石。那石的形状，像是连绵起伏的山峦，傲骨尖峰，指向蓝天；弯曲如低谷，如锋似镝，傲首苍穹。说起这块巨石，程海宝不无骄傲。原来，这巨石并非寻常之物，而是一块灵璧石。前些年，他去安徽考察，听说当地盛产灵璧石，心想，石头是冰冷的，却是睿智的，而人在少年时代，热情如火，要走向成熟，尚需磨砺。灵璧石，经大自然神奇之手雕琢，变得铮铮铁骨，不同凡响。石之美，美在外形；人之美，却是美在内心啊。也巧，当地文化部门有意为上海马戏学校寻觅一块象形石，几经寻找，这块巨石辗转来到上海，在"马校"校门内扎下了根。

有人不屑一顾，瞧，不就是一块石头吗？

程海宝淡然一笑。他的心里很清楚，一所有筋骨有内涵的学校，不能没有"校训"，它可以是文字的，也可以是具象的。那么，"马校"的校训是什么？还是让巨石作答吧。

清晨，第一缕曙光洒在校园里，周围静悄悄的。程海宝走出"家"门，深情地望着校园。他的"家"，就在上海马戏学校内。和他一起住在"家"里的还有他的妻子和儿子。

奇怪，程海宝为什么要住在学校，难道他没有自己的家？不，程海宝有家，是三房一厅，很大，很宽敞，但是离学校太远，上班下班，耗时费力。左思右想，他一咬牙，算了，还是"放弃"三房一厅，上班在学校，下班也在学校吧！有人不理解：程海宝犯傻了，好好的三室一厅不住，图的是什么呢？于是就有人咕哝开了，程海宝难道将三室一厅租掉了？

要不要声明？程海宝笑了笑，摇摇头，反问自己："有什么好声明的，谁爱说，就让谁说去。谁爱嚼舌，也让谁去嚼舌，好好的三室一厅，我为什么要租掉？空关就让它空关好了。反正，这回我是打定主意要住到学校里来的。"

要说没有人理解程海宝，也并不尽然。至少，他妻子理解他，他儿子也理解他，愿意跟着他挤在学校的一间陋室里。为了什么？唉，妻子叹了口气，你们要问，就去问程海宝，还不是为了图方便。

有一天，上级有位领导到"马校"来开会，会议结束后对程海宝说："海宝，走，我顺便想去看看你在学校里的'家'！"

程海宝说："不要去了吧，家里很乱的。"但是，拗不过领导，程海宝还是带着他去了"家"。领导推开门，愣住了：屋子里放着一只三尺小床，还有一只简陋书橱。他沉默了一会，说："海宝，难为你了，真是难为你了。"

程海宝的"家"，哪像一个家啊？

上海有位媒体记者，听说程海宝荣获了全国杂技"百戏奖"，特地前去祝贺，一走进他这"家"，也不由吃了一惊。后来，他写了一篇文章，发表在报上，里面有一段文字是这样的：

> 他的家中到处乱糟糟，孩子的玩具，未洗的衣服，吃剩的食物，塞满每一个角落。这位结结实实的壮汉脸上挂着歉意的笑，说："昨天刚从新加坡演出回来，还没来得及收拾呢。"记者后来才知道，他的家中经常是这样的，有时还要杂乱无章，因为他和妻子张秀红都是杂技团的演员，平

时天天练功、演出，实在太忙了。

——陈竹：《为艺术而狂》

新的一天开始了。

初升的太阳，照在身上，程海宝感到暖洋洋的。巨大的灵璧石，直立着，他想到了一个词：中流砥柱。他心头一动，想起了学校，想起了被他视若孩子的那些学生。是啊，上海马戏学校不就担负着一个使命，一个要将这些孩子培养成杂技舞台上的中流砥柱的使命吗？想到这里，他释然了。他坚信，从这里走出去的孩子，将会是优秀的，就像眼前的这块巨石，根扎大地，狂风吹不倒，骤雨浇不败。他越发觉得，自己肩上的担子不轻，为了杂技教育事业，他必须加倍工作，像一只陀螺，转动不息。

几年过去了，"马校"拿到的大奖、小奖有一大堆，程海宝将它们收藏在学校的资料室里，堆满了几个橱柜。有的学生成了杂技舞台上的明星，可他，还是坚守在"家"里，与他心目中的孩子们共同品尝着杂技教育的苦和乐。

"马校"一景："中流砥柱"
（陆林森摄）

都是一些寻常事

程海宝一直将学生们的行为规范收入自己的视线，有的新疆籍孩子，生活习性、行为方式与汉族孩子大不一样，但无论汉族孩子，还是新疆籍孩子，看见程海宝，都是很有礼貌地鞠个躬，说一声好。有一年春节，程海宝到学校去值班，刚走到校门口，几个新疆籍孩子远远地冲着他喊："校长，新年好！"有个年龄很小的孩子，甚至还冲着程海宝拜了个年，大声说道："校长爷爷，新年好！"喊得程海宝的心里涌起了一股暖流，"马校"的孩子，将成为有文化、有技艺、有礼仪的新一代杂技人，这正是他所希望、所期待的。他常说："人要是从小不学文化，不学技能，长大后不会优秀到哪里去。一个'人'字，看起来很简单，只有两个笔画，要写好这个字，不容易啊。写得歪歪扭扭的，看上去也像个'人'字，却是立脚不稳，根子不正。做人的道理，不也一样吗？"他走上前，鼓励孩子们，好好学文化，学技能："孩子们，你们的父母不容易啊，为了送你们来学杂技，有的将牛羊都卖了，给你们作为路费，这是为什么？父母望子成龙、盼女成凤啊！记住，你们的父母很不容易啊。"一番话，说得孩子们连连点头。

"马校"有一条规定：学生不准讲脏话。还有一条规定，上课一定要讲普通话，讲得不好也得讲，包括新疆籍、青海籍学生在内，学生在练功房练功的时候，也不得说方言，要讲普通话。他甚至还规定，学生写检查，也必须用规范的汉语写。对于学生写检查这件事，他对自己也有个"规矩"：学生犯错，要写检查，不写不行，这是为了帮助他们提高认识，改正错误。不过，毕业后一律不给学生拖尾巴，检查不塞档案，全部在学校里销毁。

"马校"的学生，不准戴耳环、戴项链，不准染发、留长指甲、涂指甲油。用手机行吗？也不行。那么，要和家里联系怎么办？程海宝回答得相当干脆：学校的每个楼层都装了电话，不收费用，尽可与家里联系，问候亲人。程海宝是这样说的："如果楼层里没有电话，那是我这个当校长的没有尽到责任，没有为孩子们创造条件。但是，有了电话，仍然要用手机，我就不能不管了。如今，网络这样发达，好比敞开了窗户，方便吗？当然方便，获得的信息也多。不过，如果连苍蝇蚊子都飞了进来，我能不闻不问吗？学生，不好好做人，不好好学习，打扮得不伦不类，像什么话？整天迷恋手机、网络，耽误了今天，将来怎么办？"他对教师们说，"家长将孩子交给学校，做校长的，做教师的，要像严父慈母看护好、教育好、培养好，他们的吃喝拉撒睡，都要关心，都要管。这是对孩子负责，对家长负责，对国家负责。他们交给学校的是一张白纸，将来学校交还给他们的，应该是一张画有最新最美图案的彩色纸才对。"

从"马校"的这些"规定"和规矩中，不难看出程海宝的硬脾气。他给予学生的是呵护，是家长般的慈爱，要求学生的是，不准沾染坏习气。对于家庭教育，也一样。

程海宝有过一段很不愉快的婚姻，只是，他不愿意提起这桩婚姻。他的情感世界曾经受过伤，他不愿触碰伤口。他说，过去了，一切都已经过去了。凡是过去了的，就让它们过去吧。他现在的妻子叫张秀红，1972年进上海杂技团训练班学艺。六年后毕业，也进了上海杂技团工作，是一位优秀的车技演员。

张秀红演过高台停车等车技，后来成为一名驯兽演员，在比赛中多次获奖。1990年，程海宝和张秀红走到了一起，组织了家庭。他们的婚事办得非常简朴。一说起这事，程海宝爽朗地笑了："我们不举行婚礼。张秀红是奉贤人。结婚那天，我和她特地去了奉贤，在乡下吃了一顿好饭好菜，这就是我们的婚礼酒宴了。"

张秀红是一位善解人意的女性，为人处世十分低调。程海宝有家归不得，张秀红非但没有埋怨，反而支持他。她理解程海宝，一个大男人，总归是事业要紧呀。有时候，程海宝为了急于去外地演出，刚一回家，椅子还没有坐热，就催着收拾收拾，说是"我马上就走"，转眼，人就不见了。有时，为了迎接比赛，天天在练功房练功，他哪有什么时间在家里闲着啊！

程海宝是演出队队长，张秀红是演员，两个人都在同一个杂技团，有的人说，程海宝大小也是个"官"呀，或许多少要对自己的妻子有点关照吧？程海宝一听，笑了，说："我哪是什么官啊，不过是个演出队的队长罢了。即使真当了官，我也不可能关照张秀红的，一个演员，不练功，没有过硬的本事，光靠关照不关照的，能行吗？再说，我天天忙于演出，忙于比赛，家里的事情，不管大小，全都扔给张秀红了。要是没有她的理解和支持，我能做到一心一意吗？她的心态平和，但有时候也会和我唱反调。我们对有些事情有不同看法，我觉得这是很正常的。她和我唱反调，是表示不同的看法，让我考虑问题要考虑得全面一些，周到一些。"

程海宝和张秀红的儿子叫程俊彦，小名羊羊，他是在传统教育的家庭背景下长大的。很小的时候，羊羊就被送进了宋庆龄幼儿园。那时，程海宝走南闯北，演出不断、比赛不断。张秀红呢，也很忙，要训练，要演出，也很少有时间照顾家，照顾孩子。羊羊从小班到中班，从中班到大班，一直全托。他在幼儿园接受了良好的学前教育，健康发展，这让程海宝、张秀红夫妇放心不少，安心训练和比赛。程海宝在"马校"担任校长期间，张秀红和羊羊跟着到了"马校"，吃住就在"马校"的那间陋室。

程海宝对儿子也有规定，其中一条是：不准到学生宿舍去，不准干扰"马校"

中国杂技好男儿 艺术传评

147

与狮子跳舞

张秀红与熊猫娇娇

熊猫娇娇表演《滑梯》

学生的生活，即使和他们聊天，也不行。真是父命难违啊，羊羊在心里画了一条界线："家"就是"家"，学校就是学校！

羊羊初中毕业了，按照中国的传统观念，孩子中学毕业后，大多家长的心愿是让孩子考大学，程海宝与张秀红也为孩子究竟要不要读高中考大学商量了很久。按照程海宝的想法，根据羊羊的成绩，如果让他读高中，问题是并不大的。不过，如今的大学生一大堆，说现实些，这么多大学生，一窝蜂就业，想找到工作有不少困难，就技能而言，甚至还不如职业学校的毕业生！这样一想，程海宝当机立断，决定先让孩子找一份工作，也就是让他先端饭碗，后读书。有了饭碗，还怕没有书读？

张秀红完全赞同程海宝的想法。在他和张秀红的支持下，羊羊放弃了考高中，而是选择了一所信息技术学校，专门攻读国际物流专业。四年后，羊羊毕业了，在一家物流公司找了一份工作。搞业务，人际往来，免不了吃吃喝喝，程海宝很不放心，在他的鼓动下，羊羊另外找了一份工作。

程海宝对"马校"的学生灌输传统教育，对自己的孩子也一样。他带着"马校"的孩子走红色路线，重温革命历史，也带着羊羊走井冈山之路。那里有座读书堂，读书堂里有块大石头，据传，那是毛泽东曾经坐过的地方。他要羊羊也去坐一坐，感受一下历史。有时去外地演出，只要有可能，他也总是带上羊羊，在开封参观包公祠，在安徽亳州看一下曹操的运兵道。羊羊的体重200斤出头，明显"超标"了。他要求孩子坚持锻炼，一定要将体重减下来。在他的严格要求下，羊羊天天坚持锻炼，终于将体重减了下来，成功"达标"。

这都是一些琐碎事，在程海宝眼里，却比什么都重要。他说："人的成长，需要从一点一滴抓起，一个良好的外部环境，有助于孩子的成长。我希望自己的孩子健康成长，我也希望'马校'的学生如此。"

飞跃，从感性到理性

由感性到理性，由浅水到深水，程海宝一步一个脚印，如同行走在杂技教育领域的一个盗火者，不断地探索。在杂技教育实践活动中，他也在不断地思考：创新是杂技艺术的灵魂。但是，在现代社会，在传统的杂技文化基础上，"马校"又该如何突破？突破口在哪里？

中国杂坛远非死水一潭，而是在不断地求新求变，大连杂技团与法国巴黎沙特莱歌剧院联手合作推出的现代杂技歌剧《猴·西游记》，是中国杂技艺术创新的一个范例。这部作品的表现形式非常独特，大量融入和运用现代科技手段制作的动画、杂技、京剧和武术等表演元素，全剧贯穿用普通话演唱的歌剧咏叹调和现代摇滚乐，以西洋古典弦乐、管乐、现代电子打击乐与中国民乐全新组合为伴奏，引起了观众的好奇，一睹为快。2007年英国曼彻斯特艺术节上，《猴·西游记》首演20场，场场爆满。2008年，大连杂技团又推出了中国杂技版童话剧《胡桃夹子》，集杂技、音乐、魔术、芭蕾、视频和哑剧等多种艺术形式于一体，又一次得到了国际杂技同行的高度评价。这些颠覆性的创新，对于有志于中国杂技教育的杂技人，难道不是一种有益的启示？

受杂技创新成功范例启发，程海宝从思考走向实践，他向全校教职员工明确提出："以赛促教，全面发展"，这应该是上海马戏学校的教育方向。这是一种完全开放的、旨在提高学生素质和技艺的教学理念，这是一个漫长的过程，必然也是一个痛苦的过程。他坚信，"以赛促教，全面发展"是符合"马校"个性的，必须借助一切力量，调动一切手段，发展品牌节目，通过品牌节目的创新，带动品牌学校的形成。经过深思熟虑，他选择了两条教学路径。一是对国内外杂技界的最新动态进行适时跟踪，从中获取宝贵的信息，分析研究论证，举办相关论坛、座谈等学术活动。举措有好多条，比如建立艺术档案、专人负责搜集国内外杂技比赛的音像资料、订阅各类优秀期刊、组建专业教研室、定期举行专业研讨等。他说："这条路径是学校得以稳定、传承和发展的基础。"第二条路径是，对内，建立演出实习基地；对外，开拓比赛市场。传承，是中国杂技的命脉，当年的学馆生活使他认识到，再优秀的国粹，再厚重的文化积累，如果少了传承这一环，都将会自然消亡，埋没于岁月的尘埃。他为之疾呼，让学生走出校园。举措也有好几条，比如寻求和建立实践基地，为上海APEC会议演出，为申办世博会、庆祝香港回归和三下乡义演等。他要求教师们独具慧眼，从演出实践活动中发现教学的不足。对于教案，老师写一份，他写一份，再经老师讨论，修改完善。边教边学边练边演，再回到教学，在深化教学中提高。《跳板蹬人》《兜杠》《双人倒立技巧》《大飞人》《单人艺术造型》，都是一些屡获国内外比赛大奖的节目，它们的脱颖而出，都经历了无数次的演出实践，由"雏形"到成熟。

"以赛促教，全面发展"，双轮驱动，将"马校"推上了杂技艺术发展的快车道。程海宝说："特殊技能的培训需要有合适的身体条件和心理条件，需要有一个长期的养成过程。"为了使"以赛促教，全面发展"比翼齐飞，他不容许偏废文化课，"只重专业课，偏废文化课，结果会怎样？一条腿长，一条腿短！这样的孩子，岂不成了跛足的孩子？"

上海马戏学校"七年一贯制"，按学生入学时不同的知识文化水平，学校将他们编入不同年级，开设不同的文化课。教师按不同的要求编排教学计划，制定教学

第14届摩纳哥初登舞台国际杂技艺术节，上海马戏学校《兜杠》组与俄罗斯等国参赛演员合影

第14届摩纳哥初登舞台国际杂技艺术节，上海马戏学校《兜杠》演员与艺术节组织者、参赛演员合影

第 14 届摩纳哥初登舞台国际杂技艺术节
"城市奖"奖杯

方案，一如普通中学进行期中、期末考试，考试成绩直接与奖学金挂钩。学校教务科还规定，如果文化课成绩不达要求，将取消学生接受专业训练的资格。

人生，像双面胶

　　教学大楼底楼的练功房，是程海宝去得最多的地方。从三楼的校长办公室往下看，也可以看到练功房。他要不就是去练功房看孩子们如何练功，大着喉咙喊："身体不要冲，不要往前冲！"或者站在跳板上，给孩子们做个示范动作，"自然一点，放松一点！"要不就是在办公室俯瞰练功房内的孩子，看他们功夫究竟练得怎样了。他不会容忍马虎，不会容忍随随便便，练功就要一丝不苟，就要练出个样子来。程海宝被誉为中国杂技界的"拼命三郎"，面对赞誉，他心静如水，要求师生们在练功的时候也要有一股"拼命"的劲头。师生们倘若在教学的时候不到位，他会非常生气，毫不留情地批评："我们得了奖，那是过去！过去已经过去了。可现在，我从你们身上，并没有感觉到拼命练功的劲头，也没有感觉到你们想要参赛，想要在赛场和高手一比高下的情绪！"

在上海马戏学校的档案室里，有一张碟片，里面有上海马戏学校师生当年备战全国比赛的一个"镜头"：练功房里，师生们的情绪十分高涨，谁也不敢迷迷糊糊。可练着练着，动作怎么也不到位。这下，程海宝火了，将教师叫到会议室，问："怎么回事？"教师急忙分辩。他依然不依不饶，火爆脾气上来了，咆哮道："一个是学生演员，一个是主教练老师。如果这个节目掉在你们手里，我跟你们讲，这一辈子，你们会被别人指着脊梁骨骂的。"说到这，他转了一下身子，倏地将脸转向身边的一位老师，继续说，"我跟你讲，这是罪过。对于事业，大家可不要开玩笑啊！"

程海宝说完了，会议室出现了短暂的冷静。在场的一位女教师，感到很委屈，流泪了，但被程海宝"骂"得心服口服。她一边擦眼泪，一边说："校长安排我们去广州参加比赛，这个动作么，就是'三撂顶'，没有完成。校长批评，学校有制度，动作完不成，业务计划完不成，要罚。"

有人说，人生是一块"双面胶"，这话不错。多元的生活，塑造了人的性格的多重性。这在程海宝身上，表现得尤为突出。他既有脾气火爆的一面，难以容忍别人在练功的时候偷懒；也有温情的一面，对于学生既像一位严父，要求他们做人、学本领，又像一位"慈母"，关怀备至，呵护有加。他对教师们说："如果这些孩子是你生的，你会怎样？你或许会觉得，自己也很辛苦，将本领传授给了他们，这已经很好了。是的，这的确很好了。但是，如果你将自己看作是他们的父亲或者母亲，你又会怎样？他们远离父母，远离家，难道我们就不觉得自己担当着他们父母的角色，不应该给予他们足够多的父母之爱吗？""以前是没有吃，为了饭碗学杂技。现在有吃有喝，为了出成绩。杂技的教育方式要变，以前靠打骂，靠罚，现在如果要打骂，要罚，决不容许。"有时候，他也会搞点儿"绥靖政策"，"小孩子么，还是要哄的，但决不能骗，而是要苦口婆心，教育他们要勤学苦练。"

上海马戏学校是一所比较特殊的专业学校，半军事化管理。程海宝也知道，孩子的天性好动、好玩，他要让孩子们释放与生俱来的"野性"，每年春游、秋游，带他们去欢乐谷，去植物园，亲近大自然。孩子们喜欢吃肯德基，那就带他们去吃，品尝一下"洋快餐"，这有什么不好？学校负责生活的教师有五个，规定轮流值班，学生如果不舒服，生病了，24 小时全天候服务。当看到学生的手脚伤了，屁股又红又肿，程海宝的眼睛红了："他们的表现，都很不错。可他们，毕竟还都是孩子啊！"有一天，他去练功房遇上了一件事。一个新疆籍小女孩在哭。他感到奇怪："怎么啦？哭什么哭！"小女孩说："程校长，不是我不勇敢，也不是我不用功。我手上长了冻疮。"

程海宝看了看她的手，一句话不说，掉头离开了练功房。一会，他拿了一盒澳大利亚绵羊油，走到这个学生面前："怎么不早说？快，涂上，涂上！"学生看着面前的这位严厉校长，不知说什么好。程海宝和颜悦色地勉励她，"练好功夫，学好本领，保护好自己。生了冻疮，一定要对老师说。"

"马校"的那些孩子

上海马戏学校的那些孩子，都是经过严格挑选入学的。说起来，程海宝的挑选标准也很有个性，他不搞烦琐哲学，喜欢"直奔主题"，他对负责招生的教师说："孩子的形象和可不可以塑造，这些当然都是很要紧的。但是，究竟怎么挑，按什么标准挑，依我的看法是，就按照我们这些人当初是如何挑选自己爱人的眼光去挑选，你找爱人，总不见得找一个你不喜欢，不理想的人吧。"谁都知道，演员的形象，实际上就是舞台的形象，但这只是一个方面，更要紧的是，还必须强调孩子的先天条件。在"马校"学杂技的那些孩子，年龄有大有小，一般都是几岁、十几岁。这个年龄段，最适宜学杂技。这个年龄段，也正是"嫩竹乘为马，新蒲折作鞭"撒野撒欢的时候，能不能"吃得苦中苦，方为杂技人"呢？他们面对近乎"残酷"的训练，又是如何表现的呢？

著名杂技艺术表演家潘素梅的父亲，对女儿非常疼爱，但对传授技艺却是十分严格的。小时候，潘素梅跟随父亲练《大跳板》，有一次失手摔了下来，父亲没有从地上抱起她，而是要她快站起来。潘素梅抱着父亲的腿，一点一点爬了起来，发现已经摔断了腿。倔强的潘素梅，对父亲没有丝毫埋怨，而是擦干了眼泪，将腿医好了以后，继续跟随父亲学艺。"钢丝上前翻"这个技巧动作很难很难，潘素梅练这个动作的时候，一不留神，"骑马"了。"骑马"是杂技界的行话，意思是"失手"了。潘素梅这一"骑马"，造成的后果非常严重，钢丝绳割断了她下体的血管，大量失血，时间紧迫，连麻药都来不及注射就上了手术台。缝合手术进行了整整七个小时，她咬着一块毛巾，没有哼一声，将毛巾都咬出了一个个牙齿印，为她做手术的医生和护士都被她的顽强劲儿感动了。几天后，潘素梅的病情稍有好转，又站在钢丝绳上练了起来。去摩纳哥参加比赛前，潘素梅参加《跳板蹬人》训练，脚踝骨断裂，右手小拇指骨折，为了不影响比赛，坚持不上石膏，将铝片固定在脚背和手指上，比赛中用双脚将两个演员准确地蹬到半空。这时候的她，用双手紧紧地抓住椅背，以便固定自己，待到比赛结束回到上海，她的手指和脚踝骨已经没法医治了。

程海宝从事杂技艺术几十年，也有过七次受伤、七次被救护车送往医院救治的记录。有一次练习"转体540度"，因为速度太快，没有掌握好重心，一下摔了下来，后脑着地，昏了过去。醒转后，他回到练功房，依然坚持练功。以前，演员们练《大跳板》，有保险绳系着，所以保险系数很高。后来，为了营造紧张、好看的气氛，演员们甩掉了保险绳，要求技艺过硬，从半空中摔下来是经常发生的事。几十年的杂技生涯，程海宝带领《大跳板》组，屡屡创造佳绩，除了荣誉，还有就是身上的伤痕，颈椎不行了，脑供血不足了，连手指也无法伸直了，这都是一些"职业病"，但他从容以对，淡笑自如，仍然将杂技艺术视如自己的生命。

什么是杂技人的性格？潘素梅、程海宝，还有许多为了杂技艺术而献出青春的杂技艺术家，他们的经历，他们身上的伤，他们对杂技艺术无怨无悔的追求，诠释了一切。正是他们的性格，在潜移默化中影响着、教育着、熏陶着"马校"的每一个孩子。

郑建清是"马校"杂技专业的高级讲师和学科带头人。她从严执教，成绩显著。由她主教的杂技《跳板蹬人》节目，花了一年不到的时间，就成为"马校"的一个品牌。"第五届全国杂技比赛""第25届蒙特卡洛国际马戏节比赛"等国际国内重大比赛，郑建清受命备战，为了进一步提高《跳板蹬人》的艺术质量和技巧难度，带领孩子们苦练不止，取得了重大突破，"360度蹬两周接直体立脚""团身云里翻三周""双翻"等高难度动作，在国内外同类节目中独树一帜。一说起《跳板蹬人》训练，这位女教师不由感慨万分："《跳板蹬人》节目组的同学们在取得成绩的一路上，就是在艰苦的训练中，经受着汗水与血水的洗礼，交织着坚持与动摇的冲撞，一天又一天，一年又一年，他们相互鼓励着，手拉着手共同闯过了最艰难的过程。"

还是从邓粤飞的故事说起吧。

一脸稚气的邓粤飞，只有11岁，经过两年基本功训练，开始练习节目。这是两个不一样的练功阶段，邓粤飞必须从零开始，跟头要有起、有翻、有落，要连贯，一气呵成。他要在小女孩陈晓琳的双脚上完成跟头动作。开始，邓粤飞掌握不了平衡点，每天要进行几十、几百次蹬翻，训练量非常大，直练得他的大腿内侧和背部的皮破了，露出了鲜红的肉。经消毒、上药膏、包扎后，第二天他又回到了练功房，一蹬一翻，疼痛钻心。等到再次换药，医生发现，纱布都已嵌进肉里，粘连在一起了。医生小心地，将纱布一点一点地往外拽，撕心裂肺般的痛啊，邓粤飞不哭，也不喊，可眼泪、鼻涕一股劲地流了出来！夜深了，邓粤飞痛得无法入睡，咬着被子，想减轻一点痛，辗转反侧，痛不欲生。痛苦持续了一个月，这个坚强的孩子挺了过来。问他一个月来有什么感受，他说："我好几次觉得受不了，想放弃杂技，但终于熬过来了。"

丁玉磊，先天性心脏发育滞后，他不知道。陈晓琳，感冒引发急性心肌炎，她也不知道。这两个孩子都感到胸闷、呕吐、喘气困难，对于每天的大运动量训练，都很焦急，认为几乎不可能完成了。教师们安慰他们，鼓励他们，要他们调整好情绪。后经诊断，学校为他们安排了治疗和休息。恢复健康后，丁玉磊和陈晓琳又一头扎进了练功房，陈晓琳完成了全部蹬、接动作，丁玉磊完成了"团身三周"高难度动作。

　　最典型的是一个叫程希的小女孩，她在练习"双人翻腾二周"的时候，动作出现了一些偏差，不慎砸在了椅子的扶手上，震得子宫壁都破裂了，顿时流血不止。住院治疗期间，家长不希望孩子继续学杂技，教师们也深为担忧，想不到，这个好强的孩子，病情好转后，返身又进了练功房！

第八章

眼光向外

"一对一"模式，是在基本功扎实的基础上，充分挖掘学生的专业能力，学生完成基本功训练并达到节目的教学大纲要求，指导老师根据学生特点，为其"度身定制"一个主节目。《单人艺术造型》就是"一对一"教学的典型例子。它以编排新颖、技巧高难、技艺出众的绝对优势，荣获第18届摩纳哥"初登舞台"国际杂技节比赛大奖"金K奖"和"特别奖"。

——程海宝

程海宝带领上海马戏学校的教学团队，以传承、弘扬优秀的民族文化为己任，结合上海市委宣传部提出的发展"精品节目、新品节目、优品节目"，在登攀杂技艺术高峰的山路上，不断探索出人出戏出成果的杂技教育路径，他的视线始终没有离开过国际赛场。多少年来，那些大大小小的赛场，总是会不期然地出现在他的思维荧屏上，只要一看见它们，一想起它们，他就会兴奋不已，耳边仿佛又传来了赛场上的呐喊声，还有摩纳哥人用来表达兴奋、激动之情的跺脚声！

上海马戏学校不会是封闭的。

程海宝的心，以及他的目光，被国际赛场的风云牵系着。

太阳升起了，新的一天又开始了。

拒绝"拔苗助长"

这是一个耳熟能详的故事：宋朝有个人为了使田里的禾苗长得快，将禾苗往上拔，结果禾苗反而快速地枯萎了。

上海马戏学校的学制长达七年，如何分配七年的教学时间？是遵循教学规律，渐进式教学，还是"满堂灌"，甚至像那个"纯真"得天真可爱的宋人"助苗长"而"揠之"？

程海宝在他的《中国杂技发展之我见》一文中是这样写的："传统的杂技教育普遍采用功利主义为指导的教学观，力求在最短的时间内出节目，从而产生经济效益。"在分析了这种急功近利的教学观的利弊得失后，他将笔锋一转，继续写道，"实行急功近利的产出模式，以教师为中心，通过教师的主导作用，让学生在短时间内成长进步，这种教育观念或许可以在短期内取得出色的业绩，但从长远看，对整个杂技事业的发展有害无益。"

这是为什么？

程海宝自有见解。对于那种拔苗助长的杂技教学，他很有点不以为然，甚至表现得有点痛心疾首，他说："在讲成绩、求效益思想指导下，有些团体为了降低经营成本，对学生的基本功训练不重视，直接开节目，抑制了学生多元发展的可能。有些团体采取边学边演的方法，人为缩短节目成型时间，一旦学生由于种种原因不能再登台表演，将面临严峻的再就业危机。有些团体不重视对学生思想品德、文化知识的培养，给人留下杂技人'没素质'的印象，给整个行业形象带来很大的负面影响。"

痛定思痛，程海宝要以创新反叛那些陈旧的、落后的杂技教育思想和教学观，他期望中的目标是："既有体育的体魄、力量，又有舞蹈的身段、姿态，兼及杂技的胆大、毅力。"他要变革，要冲出传统杂技教学的"围城"，改一味苛求技巧为追求艺术审美，改培养演员为培育人才，改培养"仓库性"人才为"创造性"人才。他的终极目标，仍然是国际杂坛。当今国际杂坛，杂技早就"离经叛道"，越来越向艺术化、情趣化、审美化发展了。

拒绝拔苗助长，程海宝需要时间，他不愿尾随，不愿亦步亦趋，也不愿"一哄而上"，争排节目，跻身急功近利的杂技市场。一个优秀的拳击手，必须经得起12回合的击打！少一回合都不行，除非将对手击倒在地，提前结束比赛！

"七年制"被分拆了。学生在校七年，都必须经过这么三个阶段：基本功训练、节目训练、实习演出。这三个学艺阶段，与程海宝当年在杂技团学馆学艺时的时间分配，几无二致。历史的教科书，已经默认了这样的实践拆分：三个教学阶段，环环相扣，前后衔接，缺一不可。

"一校之长"的程海宝，鼓励教师在教学方式上创新，独辟蹊径，走出一条既符合学生个性，又不拔苗助长的新颖的教学之路。

创新的土壤上，结出了丰硕的果子："一对一"教学模式。

什么是"一对一"教学模式？

程海宝是这样解释的：上海马戏学校所说的"全面发展"，是指致力于提高学生的综合素质，增强他们的就业能力。"一对一"，是在基本功扎实的基础上，充分挖掘学生的专业能力。当学生完成基本功训练并达到节目的教学大纲要求，指导老师根据学生特点，为其"度身定制"一个主节目，同时根据实际情况，量力而行，发展多个节目，这就是"马校"的"一对一"教学模式。"马校"鼓励专业教师大胆创新。学校既有普及型的基本功教学，也有尊重个性发展的节目教学；既有"一对一"的个别教学，也有"点对面"的班级教学；既有短期培训，也有长期委培。学校为青海代培19名学员，毕业公演时，上演了12个节目，人人都是多面手，撑起了整台晚会。节目最多的一个学员，同时承担五个节目演出。19名学员2010年从学校毕业至今，一直活跃在青海省的杂技舞台，成为深受欢迎的复合型人才。他们的基本功扎实，一专多能。

《单人艺术造型》是"一对一"教学的一个典型例子。按照节目要求和表演者的身体素质条件，指导老师专门打造了一套训练计划，其中既有动作技巧训练的内容，也有增强艺术表现力的舞蹈课程。严谨的教学计划，辅之以科学的时间安排，以及指导老师"一对一"式的"盯人"教学。2006年，节目参加第22届意大利罗马金色马戏节获得金奖，参加第18届"初登舞台"国际马戏节获"金K奖"。赛后，应邀赴美，与美方合作演出九个月，回国后根据赛场、市场反馈的信息，学校斥资对节目进行二度创作，继续冲击国内外赛场，出了成果，也出了人才：2008年，节目参加"金菊奖"第二届全国杂技比赛获金奖，参加俄罗斯"晓梦犸"第二届国际青少年杂技比赛获金奖，参加第十届意大利拉蒂纳国际马戏节获金奖。节目表演者蔡勇也成长为新一代杂技人才的优秀代表，毕业后一直活跃在杂技舞台，成为上海杂技团的骨干演员，在《时空之旅》《镜界》等海派剧目中担任主要角色。

拓荒者的勇气

牵牛，要牵牛鼻子，其意不言自明。程海宝攥紧了手里的教育缰绳，力主"抓节目，冲赛场，走市场"，强调在专业教学中尤其要抓好基本功训练，为学生全面的技能发展奠定基础。他强调基础性、渐进性并举，向基本功领域延伸，在为期两个学年的基本功训练中，强化对腰、腿、顶、跟头、舞蹈等基本功训练，即使进入节目训练和实习演出阶段，仍然要求学生每天必须保持一定量的基本功训练，使基本功训练真正成为"马校""七年一贯制"的教学内容。同时，要有合理的时间比例，保证基本功训练的课时量，将基本功教学作为教学评估的主要内容，每年进行四次考试。在杂技教学的原野上，他成了一个掘井者，深知掘得清冽之水的不易，但他不能放弃，他的面前，时时有中国杂技的光环在滚动，不断幻化成一面面锦旗，他要做的，只能是为它增色。他觉得，"马校"的学生，正在成长，"一对一"

教学模式，要根据学生的先天条件，度身定制，既要有动作训练，也要有增强艺术表现力的舞蹈训练，甚至还要有合理的饮食结构，因为一个出类拔萃的杂技演员，具有扎实的基本功和过人的技能固然重要，但他的身材，也必须是百里挑一、让观众眼睛一亮的。

大专业，小综合，这是"马校"拓展学生专业技能发展空间的一条重要教学路径。乍一看，舞蹈动作似乎与杂技技巧相去甚远，程海宝是怎么想的？他在2011年第二届上海国际杂技教育论坛上的发言稿中写道："技能训练的多元性，如开设比重较高的舞蹈课，帮助学生增强肢体语言的表现力。"

程海宝所指的多元性训练还表现在为了增强学生的素质而开设辅助训练课，比如让学生接受蹦床训练，使之强化记忆空中跟头的概念，要不就绑上沙袋，以增强爆发力，这些措施能够帮助学生"条件反射"般地做到"团身紧"，"伸腿的角度正"。

程海宝的这些教学思路的形成，多半也是因了他的精品节目意识、优秀节目意识。

潘素梅创编的《跳板蹬人》，具有浓郁的海派风格，在国内外杂技舞台上常演不衰，红火了很多年。程海宝、朱复正、俞月红、黄翠萍等，都和潘素梅同台演出过。要不要继承、出新？

程海宝选择这个节目进行二度创作，在增加跳板动作难度的同时，开发"直体二周""团身三周""360度旋"等一系列高难度技巧，他以拓荒者的勇气，披荆斩棘，闯出了一条前人没有走过的路。在冲击赛场前，先将节目推向市场，包括在社区演出、政府机构安排的文艺演出活动、去国外商业演出，在演出实践活动中检验教学成果，再回到教学实践，进一步提高完善。日臻完美的这个节目，在2000年参加"金狮奖"第五届全国杂技比赛时，荣获了"金狮奖"。比赛结束，《跳板蹬人》还多次应邀参与上海市重大文艺演出活动，国外演出商的邀请函件不断飞来，希望"马校"师生携《跳板蹬人》出访。2001年，《跳板蹬人》参加第25届蒙特卡洛国际马戏节，一举获得包括"金小丑"在内的三个奖项，成为上海马戏学校乃至上海杂技界最具代表性的品牌节目之一。

"太阳马戏"颠覆了传统杂技

在长达50多年的杂技生涯中，程海宝接受过很多次媒体采访。记者对于这位杂技界的"拼命三郎"留下了极为深刻的印象。采访中，程海宝快人快语，谈自己的成长，谈中国杂技的演变和发展路径，当然，他也谈国外的马戏杂技，引起他关

在"马校"培训的澳大利亚昆士兰
摇滚马戏团参加实习演出

联合国教科文组织官员考察"马校",向校长程海宝赠送礼品

中杂协党组副书记李木善陪同美国天才公司总裁莫里罗访问"马校"

注的"太阳马戏",就是一个话题。

有关程海宝所说的"太阳马戏",需要从加拿大魁北克省一个名叫圣保罗的小镇开始说起。

圣保罗位于圣劳伦斯河畔,这是一个风光旖旎、景色秀丽的小镇,也是画家写生和游客休闲度假的好地方。许多年来,圣劳伦斯河默默地流淌着,给这个小镇平添了一份难得的北美风情。忽然有一天,圣保罗变得异乎寻常地热闹起来,一群衣着奇特、行为古怪的卖艺人,聚集在街头,表演踩高跷等各种杂耍,引得路人纷纷驻足观看。谁也没有料到,这群街头艺人的表演竟然会使原本名不见经传的圣保罗一举成名,日后成为一处饮誉全球的马戏团的滥觞之地。

雅克·卡尔迪是第一个发现魁北克的欧洲人。1984年,魁北克省打算举办雅克·卡尔迪登陆加拿大450周年纪念活动,这群街头艺人便有了一显身手的好机会。合同签订后,他们组织了一个草台班子,为它起了个很好听的名字,叫做太阳马戏团。为什么以太阳命名马戏团?领头人吉·拉里贝蒂解释说:"太阳是万物之主,它给了我很多灵感,使我们创作了很多节目。所以,我喜欢它,喜欢阳光。"

吉·拉里贝蒂说得很实在,但他怎么也没有想到,他的这一番诗情画意的描述,日后竟然造就了一个举世闻名的马戏团,乃至使它的形象飞越圣劳伦斯河,走向世界。

卡尔迪登陆加拿大450周年纪念活动结束后,吉·拉里贝蒂也结束了他的街头演出生涯，开始了职业演出。他们建造了一个拥有 800 个座位的演出大篷。观众席不多，设施也不如现在豪华，甚至连服饰也由演员自己解决，但从此掀开了人类杂技史上新的一页。

太阳马戏团得到了当地政府的大力支持，就在它诞生后不久，政府特地放了第一笔贷款，使之迅速发展。吉·拉里贝蒂带着演出班子开始在加拿大境内巡回演出，从渥太华、安大略、蒙特利尔一路演到温哥华。

三年后，吉·拉里贝蒂率领太阳马戏团走出国门。广袤的美国国土上，第一次出现了吉·拉里贝蒂的演出大篷。又一个三年过去，吉·拉里贝蒂带领太阳马戏团第一次进入欧洲大陆，在伦敦和巴黎演出，赢得欧洲人一片叫好。吉·拉里贝蒂并没有停止扩张，又开始从北美到欧洲，从欧洲到亚洲巡回演出，他们拉着马戏大篷，走得越来越远了。

1992 年，太阳马戏团到达日本，在日本国旗——太阳旗下，上演了别具一格的太阳马戏，一个是以太阳为象征之物的日本国旗，一个是以太阳命名的马戏团名称，在同一颗太阳下，两者重叠在亚欧大陆东端的这个岛国。日本民众表现出了少有的热情，争相观赏太阳马戏团的精彩演出。

1995 年，吉·拉里贝蒂在欧洲正式开辟"第二市场"；1996 年，太阳马戏团进入香港地区，中国民众第一次见识了他们的黄蓝相间的演出大篷；1998 年，美国迪士尼乐园与太阳马戏团签订定点演出协议。太阳马戏团，像阳光那样，辐射了全世界。一个当年的街头杂耍艺人，经过十多年市场运作，将马戏节目演绎得如此美轮美奂，在世界杂坛也许是并不多见的。

世界马戏业并不景气，连老牌的美国玲玲马戏团也因演出市场萎缩而不得不裁减演员。究竟是什么令太阳马戏团闻名世界？炫目绝伦的节目背后，太阳马戏团又有着怎样独到的文化运营理念？

太阳马戏团的运营模式，引起了程海宝的浓厚兴趣。他想，太阳马戏，没有"马戏"，也没有"动物表演"，但它别开生面，颠覆了传统的杂技马戏，拓出了一条杂技演出的新路。目前，太阳马戏每年经常巡演的有 11 个节目，在三大洲的表演高达 3000 场次以上，上座率 95%。成立至今，太阳马戏团一共制作了 13 个原创节目，20 种以上视听产品，11 张 CD，在全球发售了 4000 多万张。这在当今世界，如此业绩着实令人咋舌。直到今天，似乎也没有人能够超越吉·拉里贝蒂的成功，以及他对于马戏杂技的深刻理解。

2007 年，盛夏季节。太阳马戏团在上海公演《神秘人》，轰动一时，中国杂技观众对传统马戏的认识开始摇摇欲坠，在上海掀起了一股太阳马戏旋风，推动正在这时候上演的《时空之旅》，上座率因此同比增加三成，票房收入更是同比上升五成多。一时间，东西方文化交融，"太阳马戏"和"时空之旅"交相辉映，成为上海杂坛的一则佳话。

善于捕捉热点新闻的媒体，纷纷跟踪报道。应东方电视台人文频道"品·味"节目组邀请，程海宝和复旦大学管理学院教授苏勇联袂做客电视台，畅谈太阳马戏团的成功之道，为观众打开了一扇了解太阳马戏的窗户。（下文括号中的文字为本书作者所加）

司雯嘉（主持人）：程老师，你第一次看太阳马戏是怎样的情形？当你看完又是怎样的感觉？

程海宝：我是（20世纪）90年代在美国演出的时候看他们演出的。当时，他们起步不久。

司雯嘉：当时的情景还记得吗？

程海宝：他们主要演出的是《龙狮》吧，是与中国合作的一个节目，正在美国各地巡回演出。我当时的感觉是，你说它是杂技吗，好像是，但技巧不高；你说它像舞蹈吧，好像也是，但又比不过人家的舞蹈，感觉有点不伦不类。我们那时还是比较传统的，一个节目、一个节目地表演，主要以技巧为主。但是，我看到坐在我身边的美国人使劲鼓掌、叫好，这就给了我一个疑问：为什么我觉得不伦不类的，人家觉得好。后来，我的疑问解开了。

司雯嘉：苏教授呢？

苏勇：我大概是在2001年以后，（听）朋友介绍说有这样一个节目，然后我通过视频（收看），当时给我非常强的震撼。我没有想到这个杂技（节目）这么炫，这么好看。后来，我也一直关注它的运作，有意识地去接触，去了解。

司雯嘉：所以，震撼是"太阳马戏"给苏教授留下的第一印象。不过，我听说"太阳马戏"其实与我们中国的马戏也有着不解之缘。

程海宝：对啊，因为太阳马戏团起初在（20世纪）80年代的时候，他们很简单，是在大篷，人员也很少，演出很简单的，就是这样开始的。中国是杂技大国，太阳马戏团邀请我们中国杂技家协会副主席，我们前任上海杂技团团长王峰去加拿大给他们会会诊。所以，应该说，（太阳马戏）借鉴了很多中国杂技元素，才发展到了现在。

司雯嘉：太阳马戏到底是以什么吸引观众的？它又有哪些自己的特色？

苏勇：太阳马戏改变了我们以往的杂技表演，比如说，靠报幕员，（报幕）说下一个节目是《空中飞人》，它没有情节，没有一以贯之的一条线索，用一个情节，一个故事情节或者是一个主题从头到尾地（将整台演出）贯穿起来。

程海宝：传统的杂技给人的感觉是单个的，以技巧为主。太阳马戏在技巧里融入了其他艺术成分，所以更好看了。

苏勇：它整合了各种各样的艺术元素，歌舞、戏剧，（连）人物造型也很夸张，在化妆上也很有自己的特点，再加上现代高科技的声光画面，将它们很好地整合在一起，捏成了这么一个东西，呈现给观众的是一种立体化的表现。所以，有人说（太阳马戏）是一种"四不像"，我觉得可以用我们现在比较时髦的一个词来说，就是所谓的跨界，你说它是杂技吧，好像也是杂技，但是跟我们传统认知上的杂技是完全不一样的。它把我们传统的杂技提升了很多的档次，或者说上升到了一个很高的层面。

司雯嘉：使马戏变得更高雅了？

苏勇：对。

司雯嘉：求新求变是太阳马戏的精神内核。虽然，它的节目一直在变化，但是它那个蓝黄相间的大帐篷是一直都不变的。

苏勇：我觉得太阳马戏团它那个帐篷有两个作用。第一个作用，成为一个标志，一种象征物。这个是有传统的，传统的马戏是在大帐篷里演的，不是在剧场里演的。第二个作用，它的这个帐篷里面是大有玄机的，太阳马戏不是简单的演员来演演而已，它整合了很多高科技，技术、技术工具在大篷里有很多。我们通俗一点讲，机关在里面。所以，它一定要用它那种特制的帐篷，（用）固定的设施来确保演出质量，乃至演出的安全性。

程海宝：虽然是大篷，但它里面的设施还是很现代的。（按照大篷里的）区域划分，有表演区，喝咖啡的区（域），买饮料的（区域），买各种各样纪念品的（区域），很丰富的。

苏勇：它的功能是齐全的，什么都有。这也是它的商机呀。我还注意到了一点，（是一种）非常有趣的现象。太阳马戏团到世界各地去演出，主要厨师都是带去的，随团还有教师，为演员子女上文化课。这在西方的企业一般是比较少（见）的。我研究后，觉得它有一个非常深刻的道理，一台演出能不能成功，最主要是演员，怎么保证演员全身心投入，这涉及保障措施。

程海宝：太阳马戏融入了其他艺术元素，变得更加好看了。

苏勇：所以我说，它将传统杂技提升了档次。

"得奖专业户"

程海宝从 1996 年 3 月跨进上海马戏学校，到退休卸去上海马戏学校校长一职，从事杂技教育的时间长达 16 年。这 16 年，是他对传统的中国杂技加深理解的 16 年，也是他在杂技教育领域辛勤耕耘的 16 年，他深有感触地说："我接任上海马戏学校校长一职，是为了传承，为了发展，为了将杂技这份事业做好。""国家花了这么多财力，老团长为了筹建这所学校，花费了不少心血和精力，我责无旁贷，必须将这份工作做好。这不是为了个人，而是为了杂技教育事业，我要让大家承认，这所学校是国家的，是一所姓'公'的杂技专业学校。"

当初的"马校"，赛事少，获奖也不多，在武汉举办的比赛中，《顶碗》获得了少儿组铜奖。程海宝具有强烈的忧患意识和责任意识，他感到自己肩上的责任很重，需要以百倍的勇气担当，他抓杂技教育，抓人才建设，抓品牌节目，多管齐下，驱动"马校"这辆杂技之车。

1997年11月1日，由河北省人民政府、中国文化部外联局、中国杂技艺术家协会、中央电视台、中国对外演出公司、广东健力宝集团有限公司联合主办的第六届中国吴桥国际杂技艺术节开幕。

这届比赛，为期七天。俄罗斯国家马戏公司、朝鲜牡丹峰杂技团、加拿大国立马戏学校、加拿大斯特娱乐公司、乌克兰国家马戏公司、蒙古国家马戏团、匈牙利国家马戏团、捷克国家马戏团、德国代表队、哈萨克斯坦国家马戏院、奥地利代表队、比利时布鲁塞尔杂技学校、波兰代表队、瑞典路德维卡迷你马戏团、英国代表队、斯洛伐克代表队，以及国内表演团体中国台北代表队、香港魔术协会、河北省杂技团、吴桥杂技学校、中国杂技团、郑州杂技团、内蒙古自治区杂技团、广州战士杂技团等17个国家和地区的24个杂技艺术表演团体参加盛会。

评奖委员会主席由中国杂技家协会副主席蓝天担任。来自法国、摩纳哥、匈牙利、俄罗斯、朝鲜、美国、加拿大、中国的九位评委，都是国际杂技界公认的知名人士。

国内外全部33个节目，分两台演出。

上海马戏学校的《跳板蹬人》应邀参加比赛。程海宝大胆启用了一批名不见经传的学生，演员有14岁的女孩陈晓琳、12岁的男孩邓粤飞和12岁的男孩丁玉磊。担任节目主教的是郑建清。作为主教老师，郑建清大胆创新，带领这些孩子在赛前进行了紧张的排练。虽然团队初建，孩子们又是初登舞台，郑建清并没有降低标准，而是反复要求孩子们自励，将平时的所学所练转化为成果，以一流的技巧带给观众一个惊喜。整整一个星期，师生们没有休息，精益求精，苦练再苦练。邓粤飞练"连翻"，屁股被蹬得血肉模糊，郑建清心痛极了，可这个孩子没有后退一步，也没有叫一声苦，而是咬着牙，坚持排练。"三周上"是一个高难度动作，丁玉磊在双脚上绑了沙袋，有十多斤重，为的是要进行比赛前的适应性训练。苦干加巧干，突破加创新，郑建清带领孩子们上了赛场。

陈晓琳是《跳板蹬人》的"底座子"，有软硬兼施的功夫；邓粤飞跟头基础好，爆发力特别强；丁玉磊的"三周上"，也在比赛中得到了完美体现。以往历届比赛，像《跳板蹬人》中的"连翻"动作，一般只有十个，邓粤飞一气呵成，连翻了15个，惊得观众连连惊叹："这个孩子，腰上简直像装了一根发条，翻起跟头来，没个完。"

《跳板蹬人》确定参加吴桥国际杂技艺术节比赛，"马校"开始初排，导演杨令德巧妙构思，为五个小演员设计的服装洁白无瑕，又为八个伴舞少女精心设计了白底红花的小裙，通过道具跳板和技巧动作蹬人，给人以人体翻腾和飞翔的感觉，寓意"腾飞"，将现实主义和象征主义巧妙地嫁接在了一起。

> 节目初始，一片温馨的红光中，一组凌空舒臂、振翅向上的造型，揭示了腾飞的主旨。然后，雏鹰开始了搏击的征程，时而穿梭、大跳于伴舞少女之间，少女犹如波涛汹涌的海浪；时而翻腾于伴舞少女之上，少女就成了宁静的天空。雏鹰在大自然中增长了才干，寻找到了生命的新的起点。这也许不失为观众们看完这个节目后感叹说好看的一个重要因素。
>
> ——王建华：《放飞的雏鹰》

紧张激烈的比赛结束后，经评委评定，共有四个节目获"金狮奖"，六个获"银狮奖"。上海马戏学校将"银狮奖"捧回了学校。

"一领蓑衣"不寻常。当年，程海宝上任伊始，默许下了一个心愿："我要打破上海马戏学校只有一块铜奖的纪录。"十多年来，他的探索和实践，实现了他的心愿：上海马戏学校50多次登上了国内外赛场领奖台；2001年，《跳板蹬人》获第25届蒙特卡洛国际杂技比赛"金小丑"奖、公主杯奖和特别奖；同年，《跳板蹬人》获朝鲜第19届"四月之春"国际艺术节最高奖"金奖"、《兜杠》获银奖；2002年，《兜杠》获第14届"初登舞台"国际杂技比赛最高奖"金K奖"、特别奖；2003年，《兜杠》获第27届蒙特卡洛国际杂技比赛"银小丑"奖、特别奖；2004年，《倒立技巧》获第16届"初登舞台"国际杂技比赛最高奖"金K奖"、公主杯奖。

奖项之多，真是不胜枚举。在"马校"的资料室，凝集着全体师生员工与程海宝心力和才智的一块块奖牌、一枚枚奖章和一座座奖杯，光彩四射。

以下摘录的是媒体的报道，虽然一鳞半爪，却足以让人理解，由程海宝领衔的上海马戏学校，为什么会被人赞誉为"得奖专业户"。

> 今年马戏学校共组织学员参加国际舞台比赛和演出八批、80人次，包括与美国同行的合作演出、应肯尼亚政府文化部邀请指导当地杂技教学的

在中国台湾著名魔术师罗非雄陪同下参观当地艺校

参观法国卢浮宫

获奖归来，在上海新客站合影

交流、赴哈萨克斯坦参加阿拉木图市举办的"上海文化周"文化交流演出、应邀组团赴日本大阪枚方公园"中国文化物产展"交流演出、赴菲律宾参加"东方妙韵·椰岛情"文化交流演出等。目前，尚有两批、30多名师生正在美国作九个月和一年期的演出，并积极准备《单人倒立技巧》等六个参赛节目和《男女对手》等两个展演节目，赴意大利参加2005年12月19日至2006年1月10日的"金色马戏节"比赛和展演活动。

近年来，马戏学校在国内外重要赛场先后获得24个奖项。积极的对外文化交流，有效地促进了学员的快速健康成长，推动了学校艺术创新的发展和教学质量的不断提高。在此基础上，马戏学校将进一步强化品牌意识，发展特色教育，创新培养高素质人才的实践性教学模式，发挥特色办学优势，努力打造国际品牌。

——《文广影视》2005年12月12日

意大利罗马传来消息，上海市马戏学校的五个节目《跳板蹬人》《双人倒立技巧》《双人蹦绳》《双爬杆》和《单人艺术造型》在意大利第22届"金色马戏"国际艺术节比赛中，经过1月6日、7日、8日三天三轮激烈的角逐，从来自意大利、俄罗斯、匈牙利、法国等国家和地区的21个参赛节目中脱颖而出，获得"金色马戏"集体金奖和"意大利共和国总统奖"集体奖两项大奖以及四项特别奖。中国驻意大利大使童津义出席了颁奖仪式。

1月10日上午，文广集团和文广演艺中心领导李保顺、郭大康、刘文国、朱光到浦东国际机场迎接载誉归来的马戏学校师生，上海各大媒体记者纷纷到场采访报道。据了解，这次国际艺术节是特地为上海市马戏学校首次设立"集体金奖"，并将"意大利共和国总统奖"首次破例颁给了一个集体。

——上海电台"990新闻"2006年1月10日14点44分

1月31日至2月5日举办的第18届摩纳哥"初登舞台"国际杂技节比赛上又传喜讯：上海马戏学校参赛的《空中大飞人》和《单人艺术造型》两个节目，以编排新颖、技巧高难、艺技出众的绝对优势，从法国、美国、俄罗斯、瑞士、乌克兰、蒙古、阿根廷等十多个国家代表团带来的顶级节目中脱颖而出，在激烈的角逐中以绝对优势双双获得这一赛事的最高桂冠"金K奖"。

大型高空节目《空中大飞人》因为改变了朝鲜过去在这个领域拥有的

不可动摇的优势地位，还获得了"亲王奖"和"摩纳哥城市奖"。《单人艺术造型》则获得"特别奖"。

据了解，这是上海马戏学校继 2001 年《跳板蹬人》节目获得第 25 届蒙特卡洛国际杂技比赛"金小丑"奖之后连续第 6 次在国际重大比赛中夺冠；也是继 2002 年、2004 年后第三次夺得摩纳哥"金奖"。这充分显示了上海杂技近年来不断开拓、锐意创新所取得的成就。

—— 端木复：《上海马戏学校摩洛哥喜获金 K 奖》

（《解放日报》2006 年 2 月 7 日）

第九章

重返福地

第25届蒙特卡洛国际杂技节比赛，我希望得奖，而且希望得大奖，但我不能给参加比赛的师生们以压力。梦圆时分，遥望东方，我对孩子们说："快给家里打个电话，向家人祝贺新年，也给亲人们报个信，说我们得了大奖，抱回了'金小丑'，这是上海杂技界的第一块'金小丑'奖。"

——程海宝

16年前，《跳板蹬人》在蒙特卡洛第十届国际杂技节赛场上没有发挥出正常的水平，与"金小丑"失之交臂，这件事一直萦绕在程海宝的心头，成为他挥之不去

蒙特卡洛国际杂技节评委阿兰·菲乐尔（左二）访问"马校"

的赛场情节。16 年以后，他带领上海马戏学校的学生们重返摩纳哥，参加第 25 届蒙特卡洛国际杂技节比赛，当他再次来到地中海边，不由思绪万千，感从中来。这时的他，最想说的一句话就是："摩纳哥，我又来了。"但是，好事多磨，有谁知道呢，为了这次比赛，程海宝和师生们差点儿不能成行。说起这件事，程海宝连连感叹。

飞行在云端

飞机穿过云层的时候，颠簸了一会，很快，机头就又被拉起，平稳地飞行在蔚蓝色的长空了。

机窗外，格外的亮堂，真是无边无际的瀚海啊，程海宝心潮起伏，16 年前的一幕浮现在了眼前。

那年，差不多也是在这样的时候，飞机也是以这样的航速飞行着，机舱外也是一眼望不到边的浩海，这世界似乎什么都没有变。"天上一日，人间百年"，人生易老天难老，这天上地下，差别原来竟如此之大啊。

16 年来，由台前而幕后，由演员而校长，程海宝的人生变化，还不算大吗？今次，飞机又飞行在云端了，不变的是一条漫漫天路。俯瞰人间，暖寒更替，春夏反复，人生之河跌宕起伏。16 年过去了，他的角色变了，对"金小丑"的渴求之情反而越来越强烈了。今天，飞机上坐着他，坐着前往摩纳哥参加第 25 届蒙特卡洛国际杂技节的"马校"孩子们，他心里想的，也还是 16 年前旁落他人之手的"金小丑"奖。

机窗外，天空一碧如洗。透过机窗，可以看见飞机下方的云絮，一团团、一堆堆地在往后飘移。

这时，程海宝想起了地中海，他真想插上翅膀，立刻就飞到蒙特卡洛，飞到地中海边，喊一声："摩纳哥，你好吗？"

程海宝在 16 年前许下的宏愿，这一次能不能如愿以偿呢？

一片淡淡的云絮，透明得可以使视线穿越其间，正轻盈地从机窗外飘逸而过。飞机发出了轻微的轰鸣声，程海宝想起了蒙特卡洛比赛场内的喧嚣声，想起了《跳板蹬人》的砸板声。16 年前，去摩纳哥参加比赛的，除了他，还有潘素梅、黄翠萍、俞月红。可是现在，潘素梅不在了，走了。人的一生，竟然如此短暂啊，就像一颗流星，从天幕上划过，留下了一条明亮的、燃烧过后的痕迹，但却永远、永远地消失了。他轻轻地叹息着，望着机窗外无边无际的蓝天，心情十分复杂，往事如烟，此刻说什么才能表达自己对往事的追忆呢？

是啊，还是让思绪追随机窗外的那片云絮而去吧。今天的程海宝，是以一个"教头"的身份，率领节目组前往摩纳哥，比起 16 年前，参加这一次比赛的，是"马校"的"娃娃兵团"，他们像振翅飞翔在蓝天的雏鹰，他为之感到欣慰，从这些娃娃的身上，他看到了中国杂技的希望。

这次前往摩纳哥，程海宝是带着良好愿望的。临行前，他特地去看望了王峰。王峰正患着重病，在家里静养。他要将祝福送给他心目中最值得尊敬的老团长，对他说："老团长，你好好养病，我带着'马校'的师生们远征蒙特卡洛赛场，请等着我们的好消息，等我们带着胜果归来吧。"

程海宝和王峰同住云阳路 34 号。云阳路 34 号，人称文艺大院，住有很多文艺界人士，不少都是知名的社会公众人物，如马莉莉、陈燮阳、马博敏等。早些时候，云阳路 34 号是上海民族乐团的团址，20 世纪 80 年代，上海杂技团为了改善办公条件和解决职工的住房困难，兴起了一轮基本建设高潮：1979 年，耗资 12 万元，在原食堂的西面造了一幢三层楼房，作为新食堂和集体宿舍之用。1980 年，拆除旧食堂、旧锅炉房，自筹资金造了四层、二层楼各一幢，作为录像、舞美、服装设计制作和仓库、电工用房。1986 年，在新食堂和集体宿舍上加层，作为男女浴室之用。上海民族乐团腾笼换鸟，搬离了云阳路 34 号，这里便成了上海杂技团的职工住房用地。新建的职工住房，一共有六幢，程海宝住云阳路 34 号四楼，王峰住三楼。他们在单位是同事，在云阳路 34 号又成了邻居，结下了深厚的同事情、邻居情。与其说王峰是上海杂技团的一位领导，更不如说是程海宝敬重的一位师长，这位中国杂技界的代表性人物，长期从事杂技艺术管理、研究工作，不知疲倦地耕耘在中国的杂技艺术园地。

早在 20 世纪 60 年代初，他发现中国的杂技虽然具有悠久的历史传统和独特的表演特色，但是却存在品种不够丰富、表演形式老套、缺乏创新等问题，已越来越不能吸引观众。他认为，杂技和马戏有许多共同的特点，应当相互借鉴、互相结合。于是，他带领演员到哈尔滨拜师，建立了马戏队，并在演出传统节目的同时，推出了《驯虎》《驯狮》《驯大象》《驯熊》《驯狗》《马术》等全新的马戏节目。1963 年，王峰带着新节目到北京连续演出了四个月，场场爆满。后来，他又带领青年演员创作了新型节目《寻熊猫》，在国内外演出，倾倒了千百万观众。

——《中国杂技老艺术家传略》上卷（中国杂技家协会编）

作为中国杂技家协会的一位副主席，当年，接到第十届蒙特卡洛马戏杂技节组委会的邀请函，王峰原来打算要率团前往的，不巧的是，每年例行体检，他被检查出肝硬化，必须进行治疗。程海宝得到消息，十分惋惜，他觉得，王峰是一位举足轻重的领导，如果有他在比赛现场"压阵"，他的心里会感到踏实很多。

然而，程海宝必须接受事实：王峰住进了二军大病房。给他进行手术治疗的，是名闻海内外的肝胆外科专家吴孟超。手术进行得很成功，术后十多年，王峰的病情一直很稳定。有时候，王峰也会自我宽慰："我这病，并无大碍，我一顿能吃三两饭，有什么要紧的。"自那以后，每逢王峰生日，程海宝都会去为他祝寿，吴孟超教授有时也会过来凑一份热闹，问一下他的病情。王峰性格开朗，是个乐天派，生日那天，他一边扳着手指，一边对大家又开起了玩笑："看，我又大一岁啦！吴教授医术高超，延长了我的生命！"

王峰果然恢复得很快，不久又能参加一些社会活动了。有一年，华北杂技预赛在山西太原举行，王峰以中国杂技家协会副主席的身份率队前往太原。预赛结束后，王峰兴致勃勃地说："王家大院离太原不远，既然到了我的'老祖宗家'，岂有过门不入的道理！来，来，来，我和大家一起去看一看。"稍前，程海宝和王峰一起赴台湾地区参加海峡两岸杂技交流活动，王峰也是饶有兴趣地饱览了当地的一些著名景点，不同的是，去台湾时，王峰的身体不错，这次到太原出席华北地区杂技预赛，他却是大病刚愈，这多少让程海宝有点儿为老团长的身体状况担心。随同王峰出席华北杂技预赛的，除了程海宝，还有好几个上海杂技团的演员，见王峰谈笑风生，好像根本就不是一个病人，都说："老王的'家'到了，我们一起去看看。"

从太原到王家大院，有两个多小时路程。到了王家大院，王峰余兴未减，说说笑笑地参观游览。他不信佛，也不烧香，这回却破例了。回到太原，大家各自进房休息。第二天，大家起了个早，打点打点，准备回上海，却迟迟不见王峰从房里出来。起先，程海宝还以为王峰这几天太累，爬不起身，还在睡觉，可等呀等，一直等到太阳都升起老高老高了，仍然不见他出来。心想，老团长一向很守时，今天怎么啦，还不出来？他请服务员去看一下。一会，服务员回话说，王峰还躺着，好像是身体不太舒服。

程海宝一听，和几个同事一起来到了王峰的房间。果不其然，王峰病了，发热，连小便都失禁了！

程海宝大吃一惊："这是怎么啦？"大家赶紧将王峰送往医院，吊盐水，服药，看来，当天是走不了了。不料，第二天王峰却起了个早，催促大家上路："走，我们回上海。"

毕竟，王峰是拖着病躯呀！大家还是很不放心，所以一到上海，就将他直送瑞金医院。经诊断，王峰的病来得突然，很凶险。医生说，他得的是胰腺癌！

真是晴天霹雳啊!

医生还说,几天后有位著名的肝胆外科专家要到瑞金医院来。一问,原来是"中国肝胆外科之父"、中国科学院院士、一级教授吴孟超医生!

王峰高兴极了:"是吴教授?太好了!我认识吴教授,他是我的主刀医生,给我动过手术的!"几天后,吴孟超真的来到了瑞金医院,听说王峰正在接受治疗,来到病房,关心地说:"老王,好好养病。出院后,你如果想要到我这里来,我再给你检查一下。"

不久,王峰出院了。

在程海宝陪同下,王峰前往二军大。经检查,吴孟超心里明白了。他将程海宝叫到一边,对他说:"老王这病,不简单啊!"

王峰又一次被推进了手术间。

手术结束了。

吴孟超走出手术间,神情有点凝重,对守候在手术间外面的人说:"老王的时间,恐怕不多了。"

程海宝的心,一下揪紧了。

王峰之殇

2000年12月的一天,程海宝和郑建清到二军大去看望王峰。几天后,他们就要前往摩纳哥。程海宝想告诉王峰,第25届蒙特卡洛国际杂技节开幕在即,他要带领"马校"的师生们去参加比赛,希望老团长安心养病。

王峰挣扎着坐起身,费力地说:"去摩纳哥,赢得'金小丑',这是我们上海几代杂技人的心愿。海宝,你要带领师生们好好干啊!"重病缠身的他,心中仍然牵挂着杂技。

程海宝突然有了一种不祥的预感,心情沉重起来,安慰王峰:"你好好养病,我们都盼着你早日康复呢。"

王峰说:"去参加比赛,不要有什么负担,拿到'金小丑'是好事,拿不到'金小丑'也不要紧。参与了,这比什么都要紧。'金小丑'拿不到,那就拿'银小丑',这也是好的。"

2000年12月21日,农历冬至的前一夜。

程海宝又去了二军大,只见病床上的王峰,紧闭着双眼,好像睡熟了一般。程海宝在病房里待了好长时间,临走,吩咐保姆,好生看护王峰,如果有什么紧急情况,就立刻打电话给他。他想,中国人有个传统说法,冬至大如年,病人要是捱过了冬至，也许就不会有什么大问题，至少还可以捱过下一个年头。

从长海医院回到家，已经是深夜 12 点多了。忙活了一天，程海宝感到有点儿累，正想好好睡上一觉，电话骤然响了。他抓起电话，还没开口，电话那头就传来了保姆的声音："王伯伯快不行了，你们快来呀！"

扔下电话，程海宝急忙又往二军大赶去。一跨进病房，发现王峰的病床旁已经围了一圈人，上海杂技团领导俞亦纲来了，导演杨令德来了，叶祖珏等人也赶来了。

这时的王峰，双目紧闭，已经与世长辞了。

病房，静悄悄的。谁都没有一句话。

一行人在王峰的遗体前肃立着，心里有说不出的难过。

程海宝的心情特别沉重，今天下午王峰还好好躺着的呢，怎么一下子说走就走了呢？

一会，王峰的遗体要被推走了。"等等，等等！"程海宝拦住了殡仪工人。他知道，王峰生前爱整洁。这会儿，他要让他穿戴整齐，最好能穿上一套洁白的西服，就像当年南下，到了上海不久时的模样。那套洁白的西服，是他最喜欢的。可是，时间太晚了，去他家拿？不行！到医院附近去找？也不行。他想了想，说："你们等一下，让我给老团长擦一把脸再走！"

王峰仍然像是在熟睡，他的脸，在灯光照射下，枯黄，瘦削。

窗外，起风了。树，在风中摇晃。那些残存的树叶，在枝头上挂着，风一吹，发出了扑索索的声音，传到窗户里，格外地清晰。

程海宝不由感伤起来：那一片片树叶，从爆芽、新生，到长成油绿色，又从油绿色，走向枯黄，这样的生命周期，是多么的短促啊！

王峰的遗体要被送往医院太平间了，程海宝转身说："让我们一起送送老团长吧。"大家跟着他，簇拥着王峰的遗体，一步、一步，慢慢地向前走去。

程海宝手扶担架床，默默地在心里说："天堂有路，老团长，一路走好啊！"

第二天下午，程海宝与上海杂技团人事干部朱建武又来到了二军大。一会，殡仪馆的车来了，王峰的遗体被抬上了车。

王峰就这样走了，永远走了。

上海文化局党委书记郭开荣心情沉重地对王峰的亲人说："王峰同志高风亮节，为杂技事业做出了卓越贡献。你们一定要好好写一份悼词，纪念纪念他啊。"

对于领导的关怀，王峰的两个儿子深表感谢。他们说："父亲为人低调，生前常说，'我没有做出什么很大的成绩，只是围绕杂技做了一点事。'那我们就遵照他的遗愿，搞一个追思会吧。"

那天，苍松翠柏，哀乐低回，气氛肃穆。前来为王峰作最后送别的人挤满了整个大厅，每个人的心都是沉甸甸的。

穿着一身洁白西服的王峰，安卧在鲜花丛中。程海宝看着相处了几十年的老团长，伤感极了，他慢慢地弯下腰，对着王峰的遗体鞠了一躬，又鞠了一躬，三个躬鞠罢，脚步有点儿踉跄了。

王峰的遗体火化后，程海宝心情沉痛地帮着收殓，他捡起了王峰的一块骸骨，刚要装进陶瓮，突然发现骸骨的颜色绿莹莹的，不由长叹了一声："老团长啊，你生前服药太多了啊！"

几十年来，程海宝与王峰结下了深厚的情谊，王峰患病期间，他为之操了不少心。王峰的妻子是心脏衰竭先于王峰去世的。那天，程海光突然感到自家地板好像有什么声响，仔细一听，原来是王峰家在敲他们家的地板。程海光想，自己家与王峰家楼上楼下，他家也许有什么事要找他吧。去了王家，程海光这才知道，王峰的妻子快不行了，两兄弟赶紧将王峰的妻子急送医院。遗憾的是，王峰的妻子沉疴已久，医生已是回天乏术。不久，她就去世了。

妻子故世后，王峰忙不过来，找程海宝商量她的后事。程海宝提了个建议，说："中国人有个习惯，夫妻生不能同日，百年后最好能够同穴。"王峰感到他说得有道理，采纳了他的建议。在奉贤滨海古园，他们找了一块墓地，将王峰的妻子安葬了。同时，在她的旁边也预留了一个穴位，那是为王峰准备的。现在，夫妇俩躺在了同一块墓地。

这以后，每到清明前几天，程海宝总是要去奉贤滨海古园。在王峰墓前，他也总是要默默地站上一会。他知道，老团长生前爱花，所以，每一回去扫墓，他也总是要带上一束鲜花，买点儿祭品，将它们放在王峰夫妇的遗像前。

芳草萋萋，清风徐来。王峰夫妇合葬的墓前，有鲜花的幽香，有一炷香烟环绕，程海宝寄托着自己的哀思，那是为了一位优秀的中国杂技人，为了相处了几十年的一位老团长。

"来，我们打牌吧！"

来自世界各国的杂技高手，又一次聚集在摩纳哥，为夺取第25届蒙特卡洛国际杂技节比赛大奖"金小丑"而战。

第25届蒙特卡洛国际杂技节开幕前，上海马戏学校受中国对外演出公司派遣，正在瑞士访问演出。瑞士和摩纳哥，两地相距不远，"马校"师生打算演出结束后直接前往摩纳哥，这样，在时间上、经济上都比较划算。谁知道，天不遂人愿，去办理签证时遇到了麻烦。摩纳哥方面告诉他们，根据摩方的有关规定，不接受第三国签证。"马校"师生如要前往摩纳哥，必须回到中国办理相关签证。此时，已是临近2000年年底了。第25届蒙特卡洛杂技节的开幕之日是2001年1月18日，时间只剩下了半个多月。从瑞士返回中国，办完签证，再从中国前往摩纳哥，这一来一去，半个多月的时间肯定是不够的。

程海宝得到消息，立刻向上海市文化广播影视管理局局长、党委副书记叶志康汇报："从摩纳哥返回上海，再在上海办理签证，光这两件事，时间就很长，更别说办完签证去摩纳哥。干脆，我们就不参加这一届比赛了。"

叶志康认为程海宝说得有道理，时间确实非常紧张，看来，这届蒙特卡洛大赛是无法参加的了。但他转念一想，不行呀，如此重要的国际比赛，怎么能放弃？于是，他婉转地说："海宝，我们不能放弃比赛。你再想想，还有没有其他的变通办法？"

程海宝一想，对呀，如此重要的国际比赛，我们岂能打退堂鼓？必须抓紧分分秒秒，赶紧前往磋商。事不宜迟，征得领导同意，他立刻买了机票，直飞瑞士。

说来，也真是无巧不成书。程海宝到了瑞士以后，前往中国驻瑞士大使馆寻求帮助。吃饭的时候，他无意中说起，王峰有个孩子在中国外交部工作。工作人员一听，熟悉呀，我们熟悉他！

程海宝将前来大使馆的原因一五一十地说了。

原来是这样啊，大使馆工作人员也急了，连连说："比赛，不能放弃。你们代表的是祖国，是为了祖国的荣誉而参加比赛。关于签证，我们马上就去协商。"

在中国驻瑞士大使馆斡旋下，事情有了转机。2001年1月5日，摩纳哥方面终于答应"急事急办"，为参赛的师生们办妥了签证。

悬在程海宝心头的一块石头落下了。

不料，欣喜之余，程海宝又遇到了一件麻烦事。在瑞士演出时，丁一磊的脚受伤了。带教老师说，丁一磊是"双翻"的参与者之一，脚受了伤，不能演了，还是取消"番子"（即"双翻"）算了。

取消"双翻"？那哪行？程海宝说什么也不答应。他说："'双翻'是《跳板蹬人》的一大亮点，我们拼就拼在这个'番子'上。如果取消，就不足以体现高难度，节目就会变得平淡无奇，流于一般化了。"

已经到了"火烧眉毛"的时候，怎么办呢？在这节骨眼上，所有人将目光齐刷刷地落到了丁一磊身上。按照要求，在《跳板蹬人》中担当"尖"的丁一磊和程希，要同时腾身而起，在空中翻滚一连串跟头，然后双双落在"底座子"孙琛的脚上，动作要一气呵成，不能出现偏差。丁一磊受伤了，程希成了"独脚蟹"，变成

"单翻"了，那怎么行呢？

程海宝要求，在不增加丁一磊伤病的前提下，继续练习，不到万不得已，决不放弃"双翻"！

签证办妥的那天，恰好是星期六，摩纳哥方面告知，他们那里，周末无人接待参赛人员。师生们只好按兵不动，在原地待命。程海宝想，这正是一边休整，一边进行练习的好时机。在当地一位朋友的帮助下，程海宝带领师生们去了一家体育馆，抓紧时间进行"战前"训练。两天后，参赛人员终于成行，直飞摩纳哥。这时，离开赛之日已经很近了。

程海宝当机立断，保持《跳板蹬人》的"原汁原味"，决不使表演留下遗憾。所幸，丁一磊的脚伤有了好转。这个小演员，表现得相当顽强，坚决要求上场，和程希、孙琛密切配合，完成"双翻"。

到了摩纳哥，程海宝又带领师生们投入训练。开赛前，演出大篷热闹非凡，参加比赛的各国选手，都想拽住比赛前的最后时光，将节目演练得好上加好。程海宝无奈地说："太挤了，已经没有了我们立足的地方。还是打擦边球吧，抢在别人之前，我们进场！"其他国家的参赛选手，每天早上8点钟进篷训练。程海宝反其道而行之，带领"马校"师生提前两个小时来到大篷。大篷外，有守门人值守，语言不通，他打着手势与守门人沟通，间或夹杂几句蹩脚的"洋泾浜"英语，并礼貌地递上一份小小的礼品，守门人十分高兴，一声"OK"，便挥手放行了。然而，对不起，大门尚未开启，你们还是从一个出气孔钻进去吧。

大篷内，地上到处是木屑，在这样的场地进行训练，显然不行。师生们立即动手拼接木板。七个小演员，每天两小时，整整训练了一个星期。

程海宝天天绷紧了心弦，他知道，越是临近比赛，就越是松弛不得，既要抓紧训练，还要安抚小演员们的心理，毕竟，他们是第一次参加如此重大的国际比赛啊。

从到达摩纳哥这一天开始，到18日杂技节开幕，一连十多天，程海宝几乎一天也没有空闲过，天天都在思考和布置比赛事项。他有一本工作手册，一直保存了几十年。工作手册中有几页记录着当时的情况，读着这些记录，遥想当年事，令人十分感慨：

1月6日

一早，到陈小姐找的地方练功，真的不错，总算有地方练功，老师学生都练得汗流。

1月8日

上午9：15，楼下集合，赴机场。11：50，到法国，一个小时。摩纳哥来车，接我们到驻地，安排在餐馆吃饭，因道具没有到，原地练素质。

1月12日

今天道具到，马上装好，就练功，九天没有练，学生总的可以，基础不错，加上近段素质练得厉害，只好抓紧时间练功，把失去的时间补回来。

1月15日

今天团队陆续到了，报到时间。晚上宓鲁到，碰了头，与组委、艺术总监谈皇家马戏团邀请《跳板蹬人》去演出，我请示文化局。

1月16日

为了练功，6点赴大篷练功，总算练了一个多小时。我们下午排练，第一台。

1月17日

上午6点去练功。今天是二台练功。其他时间，学生练《跳板蹬人》素质，基本功郑（指郑建清老师——作者注）抓得很紧。

1月18日

练功，排练。

记录到这里戛然而止，因为18日晚上，第25届蒙特卡洛国际杂技节就要正式开幕了。

白天，程海宝带领孩子们来到海边，他要让他们看看大海，听一听海涛，感受一下大海的气魄和胸襟。一行人来到海边，程海宝遥指东方，说道："看，那个方向就是我们的祖国。比赛就要开始了。我和你们一样，希望得奖。得了奖，光荣。但是，如果得不了奖呢，我觉得也没有什么，那是对我们的锻炼。我们尽力了，到位了。得不得奖，那是评委的事，不是你们的事。不得奖，你们也应该得到鼓励。因为，你们付出了。"他看着孩子们的脸，接着又说，"放开手脚，不要有顾虑。你们有足够的实力，我和老师都相信你们的实力。"一会，他转过身，对带教老师说，"万一，孩子们在台上失手，千万不要紧张。我们要脸带微笑，鼓励他们。要知道，我们的一举一动，都将直接影响到他们的情绪和演出。"

镇定自若的程海宝，看上去是一副大将风度，但其实，他的心里恰似海涛翻滚，大赛在即，"狼烟"四起，各国选手摩拳擦掌，他能不感到紧张吗？

按照排序，上海马戏学校的《跳板蹬人》第十个上场。程海宝算了一下时间，前面九个节目演完，大约是深夜11点。他看了看表，8点多，离上场还有三个小时左右。如何打发这三个小时呢？让孩子们干坐着等候？不行，这会越等越心焦。他想，赛场是战场，上了战场谁还顾得上什么？死活，随他便。可问题是，上战场前的一刻，那是最难熬的一刻啊！想啊想啊，他想出了一个办法：打牌！分散注意力，将孩子们的情绪稳定下来！

"打牌？程校长，你让我们打牌？"孩子们有点丈二和尚摸不着头脑，都什么时候了，程校长葫芦里卖的是什么药啊，再说，程校长不是不会打牌的吗？平时对我们管得又很严，为什么大赛临头，反倒要我们打牌了？

"对，打牌！"程海宝的口气不容置疑，"打牌，我和你们一起打牌，我会'捉乌龟'（扑克牌的一种玩法——作者注）。"

孩子们一下欢叫起来："噢，打牌喽，程校长和我们一起'捉乌龟'喽！"

为祖国喝彩

第25届蒙特卡洛国际杂技节开幕式，隆重、热烈。摩纳哥真是一个热爱杂技艺术的国家，摩纳哥大公和皇室成员亲临赛场出席开幕式，充分说明了这一点。开幕式结束后，评委们各就各位，准备对参赛节目逐一点评、打分。在国际杂坛，他们的评分标准享有绝对的权威性。

《跳板蹬人》节目组与杂技节艺术总监皮尔斯合影

蒙特卡洛国际杂技节评委阿兰·菲乐尔（后）与"马校"《兜杠》节目组演员合影

俄罗斯评委与《兜杠》节目组演员合影

海上谈艺录 ◆ 程海宝卷

"马校"学员荣获第 27 届蒙特卡洛国际杂技节"初登舞台"金 K 奖

"马校"学员演出剧照

荣获"金K奖"的"马校"学员与各国小演员

　　丁一磊的脚伤恢复得很快。比赛那天，在大家的期盼下，他坚持"带伤"上场。程海宝的心情是复杂的，多想亲自率领师生们上阵啊，就像当年自己做演员时那样，在比赛场上呵斥风云，勇夺大奖！可是，不能啊，大赛有规定，作为领队，他是不能上场的，只能以普通观众的身份在观众席上入座。他来到了观众席，等着他的"马家军团"上场。参赛节目次第登场，他一边观看，一边在心里为它们打分，这时的心情简直是难以言说的，他既希望排在前面的几个节目快点表演结束，又希望时间走得慢点，再慢点，好让师生们准备得充分一点，情绪调整得好一点，再好一点。刚才，他和他们一起打牌，玩得不亦乐乎，瞧他们个个兴高采烈的样子，好像并没有紧张和不安的感觉呀！但很快，他又开始担心起来：这些孩子，是不是会"临场慌"？丁一磊的"旧伤"是不是会发作？别看他们的训练十分认真，但万一发挥不正常，甚至失手，岂不前功尽弃？何况，赛场上高手云集，每个节目都有亮点，每个参赛选手都有绝招，鹿死谁手，还真不好说呢，什么结果都有可能发生的啊！

　　终于，紧张的一刻来到了。

　　在程海宝关注的目光中，中国上海马戏学校的参赛节目《跳板蹬人》上场了。他的心跳顿时加快，竭力想要安抚自己，可是，不能啊，这样的时刻，这样的大赛气氛，他难道能心如止水，他的情绪能稳定下来吗？这位不知道参加过多少回国内国际重要比赛的杂坛名将，从来也没有像今天这样的紧张和这样的不安！不错，他以前是一位演员，是一位身经百战的参赛者，可今天，他是一位校长，一位"马家军团"的主帅。这些年来，转战杂技教学领域，为了"立足上海，服务全国，走向国际"，为了冲击"金小丑"，他付出了多少心血，多少精力，多少努力，真是甘苦寸心知啊！场上一战，立见分晓。师生们这一战，能成功吗？他问自己。变数太大，谁能妄下定论？他摇摇头，捏紧双手，一会儿又攥着衣服，好像在和他的衣服较劲。

汗水，不断从程海宝的脸上流下来。他的耳朵，好像听见了什么声音。是的，那是什么声音？"咣、咣！"偌大的比赛场上，这声音虽然显得十分轻微，但在他听来，却是十分的清晰，他真是太熟悉，太熟悉这样的声音了，这不是砸跳板的声音吗？一声，又一声，犹如奔雷，又如重锤敲击，在他耳畔声声炸响！

程海宝睁大着眼睛，他要将师生们的每一个动作看仔细，甚而至于，他还想从那"咣、咣！"的砸板声中，辨别出是不是有什么异样，失败和成功，只有一步之遥啊。哪怕是一个小小的闪失，也将会"一失足成千古恨"；哪怕是一个毫不起眼的细节，也会决定：要么成功，要么失败！

程海宝一会紧握着双拳，一会又倏地将双手分开，他的额上，渗出了细珠般的汗水。他想冲上去，像训练时那样，大喊一声："加油！丁一磊、程希，还有孙琛，稳一点，再稳一点！"哦，想起来了，想起来了，自己现在的身份不再是什么领队，也不再是"马校"的校长，而是一名普普通通的观众，既然如此，怎么能冲上去，又怎么能大喊一声"加油，加油！"

很快，程海宝平静了下来。

掌声，突然如雷般响了起来。喊叫声、欢呼声、喝彩声，还有，已被程海宝熟悉了的跺脚声。

啊，成功了，成功了！孩子们的表演，太精彩，实在是太精彩了。如雷般的掌声竟然像刹不住似的，久久没有停息下来。

程海宝情不自禁地追随着掌声、跺脚声，他的眼眶渐渐濡湿了，他毫不吝惜自己的感情，他要为孩子们的出色表现喝彩，为上海马戏学校喝彩，为中国喝彩！

梦圆摩纳哥

比赛结束了。

程海宝还在思考：今天的比赛，并非一局定胜负，师生们的出色表现，最多只是反映可以出线了，如果要赢得最后胜利，夺取大奖，争夺必将更加激烈。一定要

《兜杠》（双翻）在比赛中

告诉孩子们，放下包袱，沉着应战，千万不能浮躁。回到下榻处，他立即召集了一个会议，说："我们今天的表现，可圈可点。现在，让我们回顾和总结一下，我们的参赛还有哪些细节问题需要注意，尽可能将问题想得多一点，将应对的措施考虑得周到一点。"说完，他好像突然想到了一个问题：必须让孩子们保持充沛的体力，于是又说，"噢，今天晚上没有什么活动，大家一定要抓紧时间休息，睡足，睡好，比赛还没有完，要打好最后一仗，争取完胜。"

21日是本届比赛的决赛场，十分关键，可以说，是决定成败的重要一战。下午3点，程海宝带领师生们又一次去了大篷，为晚上的"决一死战"作准备。昨天比赛前，他坐阵督战，指导节目训练，好处说好，坏处说坏，极为严苛地要求，《跳板蹬人》的每一个环节，不能有"瑕疵"，更不能出现败笔。带教老师郑建清，也是一位求精、求美的教师，为了孩子们在比赛中发挥出色，尽心竭力，付出了极大心血。训练中，从严要求，从难要求，始终紧咬一个"赢点"不放。

接下来的比赛，究竟会怎样呢？一想到胜负难卜，一想到赛场多"变数"，程海宝的心情就久久不能平静。

终于，决战的一刻来到了。

紧张、热烈，大战一触即发。

评委们按序入场，就座，只等鸣金开锣，好戏开场，颇有点"隔山观虎斗"的味道。

在程海宝期盼的目光中，上海马戏学校的《跳板蹬人》上场了。他的心跳越来越快，睁大了眼睛，全神贯注地看着，完全沉浸在大战的气氛中了。他一会儿紧握双手，屏息静听远处传来的砸板声，对于像他这样一位杂坛老将，这"咣咣"的砸板声，实在是太熟悉、太熟悉了。一会，他又松开双手，抹了一下脸，稳定一下自己的情绪，情不自禁地回想起了16年前的那一幕。啊，16年了，整整16年过去了，他一直在等待这一刻，一直在期盼这一刻：赢得冠军，怀抱"金小丑"，奏凯而归！他觉得，自己的背后，有许多双眼睛在看着他们。他又觉得，自己的耳朵里，好像传来了许多人的嘱托之声：沉着，冷静，不慌不忙，中国的杂技英豪，必定能力挫群芳，勇登世界杂坛的高峰！

啊，祖国！程海宝在心里默念着。

"咣咣"，"咣咣"，声起声落，孩子们或上或下，如春燕展翅，似雄鹰凌空，他们配合默契，动作流畅，尤其是一连串"双翻"技巧动作，又一次引起了全场的啧啧赞叹之声！正当节目表演即将进入"尾声"，程海宝差一点惊叫"糟糕"！原来，有个孩子"失托"了，要不是郑建清奋力"保托"，这第二回合的争夺战恐怕就要功亏一篑了。

观众席上的程海宝，真想冲上前去，挽狂澜于既倒，扶大厦之将倾。然而，场上仍然在爆发不息的掌声，他猛地意识到此时此刻自己的"身份"，慢慢地坐了下来。在竞技场，他是一个追求完美、追求胜利的"角斗士"，面对功败垂成的困境，他决不会后退一步！可现在，节骨眼上"失托"，幸亏郑建清"保托"有功，要不，辛苦一场，全白费了。突然间，一丝凄苦涌上心头，他想，此刻难道又要重演16年前的那一幕了？他竭力想将自己的情绪稳定下来，可越想稳定就越是不能稳定。他寻思着，竭力想要从纷乱的思绪中理出一个头绪来，但真的是剪不断，理也乱啊。

下场后，领队宓鲁脸带微笑地来到后台看望孩子们。对于刚才的"失托"，宓鲁没有责怪，安慰道："没有关系，总的来说，大家的表现都很不错。虽然我们的表演发生'失托'，但依我看，不会影响总成绩。"话虽然这么说，程海宝的心仍然不能平静下来，不是有句话叫做"一着不慎，满盘皆输"吗？评分还没有出来，一切还很难说。

第25届蒙特卡洛国际杂技节闭幕式定于当天晚上9点举行。大赛组委会专门设宴招待全体参赛人员。

紧邻程海宝这一桌的，就是南京杂技团。桌上，摆着酒杯、刀叉，也摆着一双双筷子，那是中国人习惯了的用具。可程海宝无心品尝眼前的美食，等会儿就要宣布得奖名单了。受命于身，保银争金，这是程海宝率队远征摩纳哥时许下的诺言。本来，胜负难有定数，不料想，师生们第二回合的表现，竟然让他如此失望，面前虽然有美食佳肴，他如何有心思动一动刀叉、筷子！

伴随掌声、跺脚声，邻桌的南京杂技团响起了欢呼声。原来，组委会宣布，南京团得了特别奖！

程海宝感到高兴，上海马戏学校和南京杂技团都肩负着祖国人民的重托，千里迢迢，跋山涉水，不就是为了祖国的荣誉而来？现在，南京杂技团得了特别奖，应该高兴啊，但同时，他又多少感到意外，这是为什么？原来，就在比赛当天，大公一早到大篷看各国选手练习，他没有来看"马校"的《跳板蹬人》，而是去了南京杂技团，饶有兴味地观看他们的训练。南京杂技团的参赛节目是《扯铃》，演员们的服饰引起了大公的兴趣。他们的服饰，确实与众不同，一身"金陵十二钗"，让大公感受到了中华民族优秀的服饰文化底蕴。看来，南京杂技团夺冠有望了。没想到，大公一语不发，不等看完训练就转身离开了。多好的机会，要是那次练习时演员们像比赛那样地精神抖擞，说不准大公会越看越感到兴奋呢，程海宝为之扼腕。

一条红红的地毯，铺向领奖台。南京杂技团的演员们踏着地毯在走向领奖台。程海宝的心里，五味杂陈，高兴、激动，抑或不安、失落，说实话，他也很难辨别。

特别奖颁发以后，接着宣布三等奖。《跳板蹬人》？不，不是。要宣布二等奖了，《跳板蹬人》？不，仍然不是。程海宝开始担心起来，剩下的，只有一等奖了，难道这一等奖，属于《跳板蹬人》？他不喜欢去作无端的猜测，而是静下心来，等候最后的"裁决"时刻。

程海宝不懂英语，正在他"迷糊"之际，一旁的宓鲁喊道："海宝，快，《跳板蹬人》得奖了，一等奖！"

什么？他一时没有反应过来，懵了。一等奖？真的？

"是啊！我们夺冠成功啦！"宓鲁兴奋得叫了起来。

《跳板蹬人》荣获一等奖，也就是程海宝渴望已久的"金小丑"奖，应该说，是实至名归的，在最后的冲刺中，虽然有过"失托"，但瑕不掩瑜，它的高难度得到了评委的认可，六个评委有四个打出了最高分——满分！

一双双热情的手，伸向程海宝，对他表示热情祝贺。这届大赛，不仅圆了他的"金小丑"之梦，还让他满载而归，抱回了好几个奖项：《空中大飞人》，荣获摩纳哥亲王特别奖、摩纳哥城市特别奖和小评委特别奖；《倒立技巧》，荣获特别奖。颁奖仪式上，摩纳哥公主亲自为他们颁发"公主杯"，摩纳哥国王亲手将"金小丑"递到了师生们的手上，称赞他们的技艺出众，"像天使一样可爱"。

16 年，整整 16 年了啊，姗姗来迟的"金小丑"终于来了，来到了中国，来到了上海，来到了上海马戏学校！虽然它迟到了 16 年，可毕竟，还是如程海宝所愿，来了！

晶莹的泪花，在眼眶里显得特别明亮。这一刻，程海宝和师生们，谁能抑制自己的情感呢？他想说："梦圆摩纳哥。为了这一刻，我整整等待了 16 年！"

遥远的东方，有火树银花在盛开，有爆竹在半空中炸响。这天晚上，正巧是中国人的传统佳节农历除夕。此时此刻，正是家家户户团聚一起，品尝美味佳肴，一边收看电视节目，一边共享"欢乐今宵"的时候。程海宝对孩子们说："快，快给家里打个电话，向家人祝贺新年，报个平安。顺便，也给亲人们报个信，说我们得了大奖，没有空手而回。我们，抱回了'金小丑'！"

第二天，程海宝带领师生们又来到了大海边。地中海，波澜不惊，一望无边，它那博大的胸怀和气势，让师生们深深地感到世界之广大，是啊，比起眼前的这一切，个人的成败、得失、荣辱，又算得上什么呢？他指着海水说："看啊，大海是多么的辽阔。一滴水，放进大海，不会使大海增高，大海是靠积累的。同学们，我

摩纳哥王国公主向《跳板蹬人》组颁发奖杯

程海宝接受中央电视台《曲苑杂坛》主持人汪文华现场采访

汪文华现场采访阿兰

荣获"金小丑"奖的《跳板蹬人》节目组，右二为汪文华

荣获"金K奖"的《倒立》节目组

第25届蒙特卡洛国际杂技节闭幕式

们得了奖，这只是开始啊。现在，让我们从零开始，像大海那样，慢慢积累能量吧。"

这一年，程海宝从事杂技艺术，包括杂技教育，已经有40年了。为了冲顶，为了抱回"金小丑"，与其说他等了16年，还不如说是他为之渴盼和奋斗了40年！虽然他曾经拿过很多、很多奖牌，可是对于他来说，这块"金小丑"奖牌，分量有多重，他是有着深切体会和感受的，这是对他40年杂技生涯的奖励，更是对他40年来无怨无悔付出的肯定。

起风了。

地中海畔的风，吹在脸上，不冷，好像还很温暖，程海宝深吸了一口，似乎有点咸味。那风，回旋着，回旋在海滩上，似乎在回应程海宝的话："积累，积累！"

大赛，落下帷幕，程海宝带领师生们要回国了。宓鲁决定，启程回国前，还是再让孩子们放松放松，去观赏一下摩纳哥的市容，看看这里的大街，逛逛这里的商场吧。说实话，师生们来到摩纳哥已经有十多天了，天天紧张地训练，神经绷得紧而又紧，现在，大赛已经偃旗息鼓，是得让这些孩子放松一下，领略领略地中海畔这座城市的风采啦。不是有人这样说，"相对于法国，摩纳哥的地域实在是微乎其微，在法国地图上，就像一小滴不慎滴在版图上的墨汁，小得不大会引人去注意它的存在"，既然这样，那就让孩子们去"注意一下它的存在吧"。

路经巴黎与小演员等
合影

摩纳哥，虽然"小得不能再小"，但称得上是一个游览胜地。天天被"关在"下榻之处、"关在"训练场所、"关在"比赛大篷，程海宝和师生们直到这会儿，才总算领略了这个国家的秀媚。大家游览了好半天，尽兴而归。

晚上，南京杂技团要为团内一位 18 岁女孩过生日，程海宝带领师生们应邀参加。烛光摇曳，奶茶飘香，"祝你生日快乐"的歌声响起了。真情的祝福，洒在遥远的一座城市，格外地珍贵，大家唱啊，跳啊，一直"狂欢"到了深夜才觉得尽兴。

程海宝一行人带着荣誉，将"金小丑"抱回了上海，他对同行们说："这是上海几代杂技人的夙愿啊！"他情不自禁地想起了王峰，想起了出征前去看望王峰的那一幕，"我们去摩纳哥之前，还去看望过重病中的老团长。他还殷殷地嘱托我们，鼓励节目组拿奖。可是，当我们载誉回到上海，他已经看不到'金小丑'了！"

想起了赛场失利

2006 年 1 月 4 日，中华人民共和国文化部发出了《文化部关于派遣中国杂技小组赴摩纳哥参加第 18 届"初登舞台"国际杂技节比赛的通知》。

通知如下：

中国对外演出公司、上海马戏学校、成都军区战旗杂技团：

第 18 届摩纳哥"初登舞台"国际杂技节比赛将于 2006 年 2 月 4 日在摩纳哥蒙特卡洛举行。经研究，决定派上海马戏学校《空中大飞人》和《单人艺术造型》节目组共 21 人组成中国杂技小组于 2006 年 1 月 31 日至 2 月 6 日赴摩纳哥参赛。其中，上海马戏学校校长程海宝应邀担任本届杂技节评委，成都军区战旗杂技团冉晓策担任节目编导，中演公司国际运营中心徐志杰任领队，陈丹任翻译随团出访。

"初登舞台"国际杂技节创始于 1987 年，是世界上重要的杂技节之一。组委会由 kiwanis 俱乐部成员组成，他们的年龄不一，有的很年轻，有的却已显老迈。他们的职业也各不相同。这些差别，反映了杂技在摩纳哥广受老少喜爱的程度。"初登舞台"国际杂技节的评委，也都是杂技艺术的爱好者。

创始"初登舞台"国际杂技节的初衷是为 18 岁以下的杂技演员和学员提供展示技艺的国际舞台，从中发现人才，挖掘人才。摩纳哥王室一向以酷爱杂技艺术而闻名于世，王室对一年一度的"初登舞台"国际杂技节给予了足够的关注，在经费上给予"定量"资助。

受文化部委托，中国对外演出公司 1999 年以来一直和"初登舞台"国际杂技节保持着良好的合作关系，每年都要选派一批高质量的节目前往参赛。

接到文化部通知，程海宝又将率队前往摩纳哥。他说："我多次去过摩纳哥，在那里参加过比赛，也是在那里圆了我的'金小丑'之梦。它是我人生的一块福地。"

是啊，一提起摩纳哥，程海宝总是有一种很特别的感觉，在他的职业生涯中，这种感觉实在是太奇妙了，交织着他众多的情感，有过失意和失落，也有过荣耀和荣光。"初登舞台"国际杂技节，又将使他再一次"故地重游"，去敲开杂技人生的坚硬之果，品尝果壳包裹下的果实。逐鹿赛场，品味成功，哪怕是品味失败，这样的感觉，能说不特别、不奇妙吗？

程海宝飞赴摩纳哥，参加第 18 届摩纳哥"初登舞台"国际杂技节，将带去两个节目：一个是《空中大飞人》，另一个是《单人艺术造型》。到了摩纳哥，前来机场迎接的组委会人员一见他，面带笑容地打趣："瞧，咱们的冠军军团来了。"这话，一点不假。程海宝的确是率领他的"马家军团"前来参赛的。"军团"的人数虽然不多，满打满算，不过二十来个人，在大赛组委会眼里，可是一支重量级的"军团"，自 1999 年至 2005 年，上海马戏学校共参加了七次国际比赛，七次荣获金牌，这样的成绩怎不令组委会刮目相看，戏言"冠军军团来了"？

第 18 届摩纳哥"初登舞台"国际杂技节组委会工作人员，大多为年长者，有的已是八旬老人，但个个热衷于杂技比赛，不计较报酬，义务为杂技比赛提供服务。本届轮值主席是一名发型师，他和组委会的敬业精神令程海宝深为感动。

来自美国、俄罗斯、法国、瑞士、乌克兰、蒙古、阿根廷和中国八个国家的杂技演员参加了这一届比赛，评委会由五个国家的杂技界人士组成，在国际杂坛，都是一些重量级的知名人士。这届比赛，还设置了一个"小评委组"，成员都是平均年龄在 12 岁左右的小学生，他们参与评选，为获奖演员颁发"小评委特别奖"。而从选送参赛的 13 个节目看，难度都很高，参加比赛的各国小选手都很优秀，个个身怀绝技。比赛尚未开始，程海宝突然想起了几年前的一次比赛。那次比赛，上海马戏学校出师不利，参与比赛的《跳板蹬人》节目，竟然名落孙山了。

笑比哭还难看

斯海尔德河畔的图尔奈，是比利时西南部的一个城市，人口只有几万。然而，这座古老的文化之城，历史却是相当的悠久。有关图尔奈的历史，至少可以追溯到古罗马时期。直到今天，在图尔奈市内，有融合了罗马式和早期哥特式教堂建筑特色的圣母大教堂，它在 2000 年被列入了联合国教科文组织世界遗产名录。除了无与伦比的圣母大教堂，市内还有许多蕴合深厚文化底蕴的历史遗存。

1999 年 3 月 5 日，第十二届"希望之路"国际青少年杂技比赛在这座历史文化名城举行。

"希望之路"国际青少年杂技节创办于 1987 年，每年举行一次。杂技节倡导在传统杂技的基础上进行节目创新，参加比赛的节目分为专业杂技和业余杂技两个大类。参加这届比赛的有中国、法国、加拿大、德国、墨西哥和东道主比利时等十多个国家，参赛节目三十多个，比赛分 A、B 两台进行。

上海马戏学校参加比赛的《跳板蹬人》，属于专业类的创新节目。

3 月 3 日上午 10 时，程海宝率队到达图尔奈市，为了争取在比赛中取得好成绩，一行人顾不上休息，立刻投入了赛前训练。

> 训练场在一所中学内，类似教堂，既没有灯光，也没有地毯。为了能在此次比赛中取得好成绩，我们大家在没能调整好时差的情况下，就在没有地毯的水泥地上开始排练、练功。当天，中国驻比利时大使馆文化参赞专程来图尔奈看望我们，并观看了我们的节目排练，他认为我们的节目发挥正常，拿大奖是没有问题的，并希望我们保证安全，注意饮食和身体健康。在比赛的当天，新华社驻比利时布鲁塞尔三位记者也专程前来观看我们的比赛，在看比赛后都已拟定了新闻稿子，就等第二天评委会宣布发稿了。
>
> ——顾金伟：《〈跳板蹬人〉远征图尔奈记》

《跳板蹬人》被安排为当天比赛的最后一个节目。这使程海宝感到很高兴，根据他的经验，在比利时参加杂技比赛，举凡最后一个出场的节目，往往是评委会认为最优秀的，也是最有希望拿大奖的。当天的比赛，虽然争夺得非常激烈，但《跳板蹬人》一出场，观众就报以有节奏的掌声，这种现象也是并不多见的。参赛的小演员们深受鼓舞，努力克服了赛场地板高低不平等缺陷，配合默契，发挥出色，技巧动作完成得干脆利落。节目表演完，全场观众起身，有的人竖起了大拇指，有的人拼命鼓掌，就连准备谢幕退场的各国参赛演员也在过道中向他们报以掌声，对他们的成功表示热情祝贺。

第二天举行颁奖仪式，程海宝和节目组所有选手坐在台下，静静地等候评委会宣布获奖名单。三等奖、二等奖相继宣布完毕，与《跳板蹬人》无缘。接着要宣布一等奖了，程海宝和小演员们满怀期望地坐着，可是，事与愿违，一等奖得主，也不是《跳板蹬人》！

这就是说，《跳板蹬人》与所有的奖项无缘！

对于这个结果，不要说程海宝难以接受，连在比赛现场服务的几个比利时工作人员也为《跳板蹬人》鸣起了不平：为什么《跳板蹬人》一个奖也没有？这，太不公平了。

参赛的小演员们，面面相觑，你看着我，我看着你，全都呆住了。

一会儿，程海宝回过了神，一想，这样的气氛不行，难道我们没有拿奖，就垂头丧气，缺失了大将风度，缺失了杂技大国的精神？他大声喝问："怎么啦？让外国人看笑话？让人家说，瞧瞧这些中国人，脸色多难看呀！"

大家还是一言不发，一动不动地坐着。

程海宝发怒了，近乎命令地说："笑起来，要笑得自然一点，就像平时的笑一样！"他这一说，大家不得不强作笑容，脸上的表情好了一点。他又大声叫道，"看看，你们的笑，比哭还难看！自然一点，快，自然一点！"

在程海宝的鼓励下，小演员们这才露出了天真的笑容，打破了现场的沉闷和尴尬。

这届比赛一共有六名评委，其中，加拿大三位，法国、摩纳哥和东道国比利时各一位。遗憾的是，六个评委中，居然没有一个席位分配给中国同行。

中国驻比利时大使馆的一位工作人员，比赛结束后探询评委会，回答让人简直哭笑不得："你们中国，参加了11届比赛，拿了十个大奖。我们希望有更多国家前来参加比赛呀。"言下之意，风水轮流转，这回也该让别人拿拿奖了。

Alain FrèreC 博士的赞誉

几年前的这一幕，犹如发生在眼前，程海宝怎能忘记？《空中大飞人》《单人艺术造型》参加过多次重大比赛，本届比赛组委会非常看好这两个节目，程海宝还是有点担心：这一回，孩子们"初登舞台"，会不会表演失常？会不会重蹈在比利时比赛的覆辙？

赛场，真是让人难以预料啊！

程海宝又想起了2004年1月带队参加第16届"初登舞台"国际马戏节时的一幕。他的目标很清楚：夺取少年类最高奖"金K奖"。刚开始，一切都很顺利，这使他放心不少。谁知道，发生在比赛前一天的"意外事件"，使他的心一下揪紧了。

中国和摩纳哥两个国家的电压不一样，"马校"带去的道具，变压器烧坏了。

程海宝那个急啊，简直没法形容！比赛，就那么两场，道具坏了，学生上场如何表演？眼看第二天就要轮到他们的节目上场了，怎么办呢？师生们也是急得团团转。

程海宝决定调整方案，改电动操作为手动操作，幸亏，在国内时，他们就做好了两手准备，道具既可用电控制，也可用手控制。方案调整以后，一试，效果不错呀。第二天，他们就带着手动道具上了比赛场。当道具在手的控制下缓缓升起，小男孩弯下了身体，小女孩站在了他的背上，弯腰，双手支撑，倒立，小男孩也开始用双手支撑，做了一个倒立动作，两个孩子同时单立，双腿向上摆动，像两只舞动的蝴蝶。成功了！这个名为"梦"的节目，以高分获得评委赞赏，荣获了"金K奖"。

这一次，会不会出现"意外"？程海宝还是有点担心。开赛前，他再三叮嘱："不要紧张，更不要'临场慌'。"他希望孩子们充分发挥自己的优势，调整好心态，为大赛做好充分的心理准备。

《空中大飞人》《单人艺术造型》夺冠的呼声很高，小演员们谁也不甘人后，表演《空中大飞人》的学生，年龄最大的18岁，最小的只有8岁。10岁小女孩徐璐是一名主力演员，媒体对她的评论是，"对于杂技表演有一种蓬勃的激情"，正是这种"蓬勃的激情"，促使她攻坚克难，练成了"直体三周空翻"等高难度技巧动作。她的表演刚结束，全场就报以热烈掌声，观众为她的"直体三周空翻"惊艳表演赞不绝口，连摩纳哥王室公主斯蒂芬妮也兴奋地站了起来，为徐璐的成功表演而鼓掌。

蔡勇，一个12岁的上海小男孩，7岁进体校学体操，两年后，上海马戏学校去体校物色杂技人才，觉得蔡勇这孩子吃得起苦，是个好苗子，经他的聋哑父母亲同意，将他从体校"挖"回上海马戏学校。程海宝慧眼识才，请张勤老师一对一对蔡勇进行培养。根据蔡勇韧性有余、力度欠佳的特点，程海宝、张勤和编导采取定位训练，专门为他设计了一组高难度技巧："旱水起"（并腿，起，靠背力）、前平（三个动作连续拉起）、反拉顶（男性力度结合女性的韧美）、小头顶转（不靠外力，也不依附机器，全靠头顶撑住，全身平衡地转动）。这组技巧动作，必须一气呵成，不能停顿。训练之苦，超乎想象，蔡勇几乎每天都要浸泡在汗水中。他有过犹疑，不想再学下去。张勤说，这不能怪孩子，连成年人都很难完成的技巧，怎么能要求一个才10岁的孩子很快完成？在父母劝说和程海宝等"马校"老师的开导下，蔡勇表现出了惊人的毅力，顽强地继续练了下去。

2006年1月8日，意大利罗马第22届国际马戏节在万众瞩目中开幕了。程海宝应邀担任这届大赛的评委。

上海马戏学校参加比赛的《双人倒立技巧》《单手倒立》《跳板蹬人》《爬竿》

《蹦绳》五个节目，以压倒性优势战胜其他国家的节目，蔡勇的《双人倒立技巧》以力量与技巧的和谐之美，夺得了"意大利共和国总统奖"。一个月后，第18届摩纳哥"初登舞台"国际杂技节拉开帷幕，蔡勇来到了摩纳哥，比起意大利罗马第22届国际马戏节，这里的比赛气氛更加紧张。蔡勇上场时，身穿一套洁白服装，显得格外的沉稳、干练，他的《单人艺术造型》以优美的造型和高难度，力挫群雄，最终获得了"金K奖"和个人金奖两个大奖。

组委会主席Jean－Claude Gondeau先生、评委会主席Alain FrèreC博士，以及评委之一Eugène Chaplin先生站起身，向程海宝表示祝贺，对学校选送的这两个节目和小演员们的出色表演表示钦佩和赞赏。他们欣喜地说道："从前，《大飞人》节目是朝鲜的强项，而这次，上海马戏学校学生的表演，颠覆了这种说法。从前，中国杂技节目总是以高难度取胜，而近年来越来越注重难度与艺术性结合。参加这届比赛的这两个节目就是一个范例。"

评委会主席Alain FrèreC博士也表示，他曾经参观过上海马戏学校，为它的教学严谨和专业折服。博士连连赞叹，上海马戏学校不愧是全世界一流的马戏学校之一。他感谢程海宝，培养出了如此优秀的学生，为杂技界输送了一流的优秀杂技演员。

第十章

眺望远方

　　杂技不能因循守旧，要接受新观念挑战。一个只会用钥匙开门，不了解钥匙结构的人，我觉得不能算是真正入门。一切文艺样式，都是相通的。杂技要走出练功房，要去外面看看，要融入社会，融入文艺大课堂，就像海绵那样，蓄满海水，从中吸取营养。从事杂技艺术，不能眼界狭隘，视野应该宽一点。我退休了，是意味"车进站，人下车"了吗？是意味无所事事，整天赋闲聊天了吗？不，我只不过是换了一辆人生的计程车而已。

——程海宝

　　2012年10月，程海宝退休了。可以说，他54年的杂技生涯，实在是一部大书，厚实，丰富，每一页上，都洒满了他的汗水，写着他的追求。这54年，他经历得太多、太多，其中有花的怒放，有无数的笑脸和掌声，也有责难、曲解和难以言说的误会。然而，日出日落，天行有常，他并不理会，纵使对于奖牌奖杯，他也只是淡然一笑："过去了，这都是昨天的故事了。"他和阳光同行，也和风雨同行，人生真像是一次远足啊，每到一个驿站，他总是站在昨天和今天、白天和黑夜的十字路口眺望远方，沿着一条杂技艺术之路向前。俗话说，不如意事常八九，伴随每一次演出，他赢来的不只是掌声，也不只是灿烂的鲜花和耀眼的金牌，也有理解与不理解、赞赏与不赞赏、误会和曲解等等的冲撞。像他这样一位几乎将所有精力、所有宝贵年华献给了中国杂技事业的艺术家，胸前戴着金光闪闪的艺术勋章，手上捧着岁月积存的艺术日志，身上却带着这样那样的伤痕和病痛。面对掌声，他可以表示感谢，面对荣誉，他可以更多付出，面对曲解，面对飞短流长，他也有骨鲠在喉、需要一吐为快的感觉，但他还是说："过了，就像翻过去的日历，都过了。"

　　是的，人生匆匆，留下的不过是几个脚印而已。所有的事，所有的物象，都已是发生在昨天的故事了。而今天，新的故事还没有结束。

每块金牌后面总有一个故事

20 世纪 80 年代初，上海杂技团赴美商业演出，为日后进一步"走出去"商业演出打下了基础。之后十年，类似的商演活动接连不断，比如徐志远等一行 15 人前往美国，携手美国著名的玲玲马戏团，联袂演出；比如朱德康等一行 20 人率队赴美，也是携手玲玲马戏团，合作演出；又比如应美国马克·威尔逊演出公司邀请，上海杂技团一行 50 人，分三路前往美国亚特兰大、圣·路易斯和达拉斯市的六面旗游乐场，进行商业性演出。这些商业演出，还只是上海杂技团走向国际社会，展示中国杂技风采的一部分，赴美、赴日、赴新加坡、赴意大利等等的演出，推动了中国杂技艺术和世界各国的交流，为世界杂坛带去了东方杂技艺术的清风；频繁的对外商业演出，也为上海杂技团带来了可观的经济收入，为上海杂技艺术的繁荣发展创造了条件，1985 年 11 月 20 日，杂技团举行建团 35 周年庆祝活动，团长王峰在会上宣布，截至当年当月，杂技团出国商业演出和国内营业性演出等各项收入高达 370 万元。中国上海市委宣传部部长潘维明特地寄来贺词，对杂技团在改革春风中大步走向世界表示高度的赞扬，文化部代表李刚在会上发表讲话："上海杂技团不仅是上海的骄傲，也是中国杂技艺术界的骄傲。"

程海宝是赴美商演的一位演员，也是赴美商演杂技队的领导成员之一。玲玲马戏团的演出，说来也很有趣。近百位演员，同乘一列火车，每到一地，演员们下车演出，演完又坐着列车沿着东西两岸继续前行。这列火车，简直就是他们的旅馆。程海宝赴美商业演出期间，是和玲玲马戏团合作的，除了演出，也是吃在这列火车、睡在这列火车上的。他们每天要烧饭，每天要买菜，需要有一笔生活资金作为备用。赴美前，按照外办规定，统一领取、统一保管、统一销账。上海市文化局外事处派往上海杂技团担任翻译的黄秀珍负责领取和结账，保管人则为程海宝。备用金一共 3000 美金。演出结束，程海宝随团从美国返回上海。由于日常工作过于繁忙，没有及时销账，这笔钱仍然在程海宝这儿保管着。事有凑巧，同在上海杂技团担任演员的程海宝哥哥程海光去日本演出，有人因此怀疑，程海宝一定是公款私用，将保管的 3000 元美金借给了程海光。难道，这不是挪用公款吗？疑心生暗鬼，便向上海市文化局举报程海宝"移花接木"，假公济私，3000 美金已经他用。接到举报，文化局当然非常重视，派人前往杂技团了解情况。那天，程海宝正在西郊驯兽基地（即后来的上海马戏学校），团长助理董伟中打电话给他，让他赶紧回杂技团。从西郊基地赶往杂技团，当天已来不及了。第二天，程海宝带着 3000 美金，跳上摩托，急冲冲赶到杂技团，向来人说明情况，将这 3000 美金分文不少地交还给了财务。事情到此，本该画上句号。不料又节外生枝，又有人传言，说程海宝交还的那 3000 美元，是拼拼凑凑的，言下之意，那 3000 美元确实已被他挪作他用了。

程海宝听说后，真是哭笑不得，自己交还的，明明是 100 元一张、一共 30 张的美元，怎么是拼拼凑凑的？他笑了笑："这人世间，难免有飞短流长的事情，谁爱说，就让谁说去吧。这事，过了，也就过了吧。"

艺坛是非多。几乎每一块金牌的背后，都会有一个故事发生。有个领导问："海宝，你对是非问题有什么想法和看法？"程海宝还是那句话："一滴水，滴在纸上，不过就是一滴水。洇了，那就成为一大摊。过了，就过了吧。"对于诸如此类的事情，他看得很淡，轻轻带过，唯有一件事，他却看得十分重，那就是加入中国共产党。他的入党报告写了 17 年。17 年，占了他 50 多年杂技艺术生涯的三分之一，他始终没有忘记自己对党的承诺：为了人类最美丽的事业，鞠躬尽瘁，不知疲倦地工作。直到 1995 年的一天，他终于站在了火红的党旗下宣誓，成为一名光荣的中国共产党党员。

赴桂采风

2014 年 4 月，中国文学艺术界联合会组团赴广西采风调研。采风团成员大多是一些德高望重、饮誉中国艺术界的老艺术家。他们之中，有的人已经 70 多岁了，由于年老体弱，采风调研期间，一般都是由家属陪伴的。相比之下，程海宝的年纪要轻一点，因此，他无需家人陪同，独身随团前往广西采风调研。

4 月 22 日，采风团在北京首都机场搭乘 VN7215 航班，下午到达桂林。一行人下榻在桂林宾馆。当天，艺术家们游览了著名景点象鼻山，坐船游览了"两江四湖"风景区。20 世纪 70 年代，程海宝曾经来过桂林。那时，他刚从学馆毕业不久，还是一名青年演员。转眼，三四十年过去，他已经成为一位饮誉海内外的杂技艺术家了，身兼中国杂技家协会副主席、上海杂技家协会主席两职。几十年前，他在桂林演出时，也游览过象鼻山，要说留下的印象，时过境迁，好像不甚清楚了："这么多年了，印象已经模糊，只有象鼻山，我还很清楚地记得。那时，象鼻山周围好像只是一片沙滩，现在完全不一样了。环境变了，这里也变得繁华多了。"几十年来的巨变，使他沉醉在对往事的追忆中，恍如有一种隔世之感。七天的采风调研，日程安排得满满的，其后几天，采风团分别游览了漓江、阳朔西街、银子岩等景点。4 月 24 日，他们从桂林出发，前往南宁，继续采风调研。在桂逗留期间，一行人还与广西的文艺家们进行座谈，就文艺界的现状和繁荣相互交流看法。根据广西僮族民间传说改编的故事片《刘三姐》，是中国大陆第一部风光音乐故事片，半个

在广西参观访问

多世纪来，一直为人津津乐道，程海宝和艺术家们饶有兴趣地观摩了《印象刘三姐》。

艺术来自生活，创作的灵感来自生活。采风团走一路，看一路，感叹广西这个地方，好山好水好风景，程海宝不由得想起了一年前。这是他在上海马戏学校任职的最后一年。在"马校"任职了这么多年，一批批孩子成长了，有出息了，有的学生多次走上领奖台，捧回了奖杯，为学校增了光，添了彩，他为之感到欣慰，也感到骄傲。他感谢教师们，他们的辛苦耕耘，换来了沉甸甸的丰收，为了使教师们有个短暂的休整期，"马校"每两年组织教师外出旅游一次。他记得，一年前的沪渝之行，大轮逆水而上，他们饱览了壮丽的河光山色，长江之美、之壮阔，犹如一幅雄浑大气的泼墨山水画，令他心潮激荡；然而今天，桂林的秀丽、巴马瑶族自治县的神秘，由各少数民族共同创造的灿烂多姿的百色文化，酷似一幅泼墨写意山水画。这两幅风格全然不同的、出自大自然之手的画作浮现眼前，他觉得，这一次采风调研，真是开阔了眼界。冥冥中，他有点奇怪，这些年来，地方没少跑过，国内国外的景点也没少见识过，为什么这一次采风调研，感受竟然会如此不同！

忘情于山水，陶醉于田园，也许，人只有到了解甲归田的时候，才会有程海宝这样的心情吧。是的，几十年来，他一直像个陀螺，旋转不息，现在，该是要放慢一下生活的节拍，让紧绷的心弦稍稍松弛一下了。

中国文联组织的这次采风调研活动，成员中有舞蹈家、剧作家、摄影家、杂技家，程海宝对此颇为感慨："文艺是相通的，杂技要走出练功房，要去外面看看，要融入社会，融入文艺大课堂，像海绵那样蓄满海水，从中吸取营养。一个从事杂

中国文联采风团，程海宝（左四）与中国著名文艺家合影

技艺术的人，不能眼界狭隘，看得少，懂得也会少，视野应该宽一点。"他形象地说，"杂技艺术，是一门综合性艺术，就像炒菜，需要吸收多种作料，才能烹调出美味佳肴，少了哪样都不行。"

采风调研结束了，文艺家们相互握别。程海宝带着采风调研得来的成果，从南宁机场搭乘航班返回上海。

如东之行

程海宝退休后，先后收到了不少邀请信函，有的请他去当杂技比赛评委，有的请他去当指导，也有的请他去为年青一代的杂技人讲课。只要安排得出时间，他总是欣然接受，为繁荣中国的杂技艺术四处奔走。有人在发出邀请时说："程老师，到我们那里去讲学吧，给年轻的杂技人说说杂技艺术，对他们提点儿要求。"他听了，总是笑笑："不要说讲学，也不要说讲课，我就和大家交流交流，说说我几十年来从事杂技艺术的感想和体会吧。"

江苏省杂技家协会邀请他去讲课，他和年轻的杂技人推心置腹，以自己的切身体会和演出经历，告诫说："杂技人千万不要急功近利，不要忽视基本功练习，而是要认识到基本功的重要性。"说到这里，他打了个比方，"杂技基本功，很像造房子，基础要挖得深，要不然，造的房子很好看，外形很漂亮，但如果基础不扎实，这样的房子牢不牢呢？我觉得不会牢。这样的房子，好看又有什么用？所以，基本功一定要常练，绝不能偷工减料。当然，练杂技基本功，每天重复一个动作，反复练，我是过来人，也知道很枯燥，可不枯燥不行呀，一个只会用钥匙开门，不了解钥匙原理和结构的人，我觉得不是一个真正入门的人。基本功对于一个杂技人，是极其重要的一个环节，将会关乎杂技人的一辈子，除非你离开杂技舞台，不再从事杂技这个行当了。演技好不好，水平高不高，最后都会落实到基本功这个点上。"去外省市讲课，他发现有的杂技演员非常年轻，满足于当干部，放松了基本功练习，便语重心长地对他们说，"20多岁，正是出成绩的时候，当干部，好不好？我觉得很好。但不能排斥技艺。一个杂技演员，如果认为当干部舒服，不再将技艺放在重要的位置，想想看，将来怎么办？"说到这，他打了个比方，虽然不十分贴切，却是非常的生动，"腰里别小手枪好不好？我觉得很好。一个不想成为将军的士兵，不会是一个好士兵。不过，天天想要当将军的士兵，我觉得太过，也不好。别了小手枪，不能丢掉长枪。一个连长枪也不会使用的人，我认为不一定是一位优秀的指挥员。年轻人不应该只想着腰里别小手枪，而是首先要学会怎样使用长枪，比起小手枪，长枪的射程远得多了。"由此及彼，他又举一反三，说起了演员的技艺，"要我说，二级演员和三级演员是不一样的，这不光是待遇问题。从演员的角度讲，应该要一技在身，绝不能因为当了干部，就产生满足感"。他的话，听得一些年轻演员不住点头。

2014年5月12日，江苏省文联在如东杂技团新址办了一个"杂技艺术大讲坛"，邀请程海宝前去讲课。上海到如东，虽说只有一江之隔，但真要跨越长江天堑，路上至少要车行三四个小时。邀请方说："程老师，你坐车不方便，还是我们派车来接你吧。"他们的好意被程海宝婉言谢绝："不，不要添麻烦了。"这天一早，他在长途车站买了票，坐上了开往如东的班车，风尘仆仆地到达如东，与杂技演员们面对面地作了一番交流。同行们说："程主席的课实在、管用，如东是个小对方，他的话出自肺腑，对我们如东的杂技艺术发展非常有帮助。"几天后，当地又一次邀请他去讲课，他仍然谢绝派车，买票坐班车前往。在与县政府领导、江苏文联书记处书记、县文化局局长以及局党委书记、县委副书记座谈时，他谈了对现代杂技教育的看法："杂技不能因循守旧，要接受新观念、新教育理念挑战。"同行们有同行们的苦衷，他们并不是不想搞现代杂技教育，而是缺少资金，缺少办学条件，一句话，没钱办教育，请不起教师。听了同行们的苦衷，他不由得大声疾呼："杂技教育涉及杂技艺术长远发展，不能止步，更不能因为钱的问题而放弃杂技教学。希望政府部门对文艺院团加大投入力度。光靠杂技演出，卖票挣钱，连养活演员都很困难。鞭长莫及，还谈什么办学？搞杂技，吃苦不必多说，如果连办学的钱都没有，让家长掏钱送孩子学杂技，谁愿意呢？"出自肺腑的一番话，掷地有声，引起了在座者的心灵共鸣。同行们提出，最好每年有数百万经费投入杂技教育。话音刚落，他又提出了几点看法："第一，教育经费投入，不能简单看数字，要根据实际情况。上海马戏学校100多个学生，为上海，也为各地培养杂技新秀，国家每年的投入，不下1000万。第二，杂技教育不是杂技团一个单位的事情，光凭杂技团的财力，很难办，一定要由政府部门办学。第三，杂技团招收学员不容易，所以福利待遇要提高，留住生源，如果待遇不好，谁肯学杂技？这样对杂技发展不利。第四，杂技艺术要海纳百川，不能有门户观念。杂技教育，首先要明确的是办学，而不是办学馆。"

枫叶红了

2014年10月，中国杂技家协会应俄罗斯杂技界邀请，委派程海宝率领四川遂宁杂技团前往俄罗斯，参加莫斯科杂技节。退休以来，程海宝并不轻松。就在去莫斯科之前的这年七八月间，河南第一届百戏节在濮阳举行。程海宝应邀担任评委，全程参与。10月1日至3日，河南首届国际马戏节在郑州举行，他应邀担任评委主任，在马戏节开幕仪式上宣布"开幕"，公正、公平、客观、公允，这是评委的"评分之道"。程海宝是一名评委，更是一名经验丰富的演员，对于比赛和评分，可以说是深谙其道的。但他并不死搬教条，墨守成规，而是"入乡随俗"，随机应变，不同的比赛场合运用不同的评分标准。他说："比赛，有区域性的，有全国性的，也有地区性和国际性的。评分标准各不相同，区域性的比赛当然得用区域性的眼光和区域性的评分标准，如果运用国际比赛的标准，怎么行？不切合实际的评分，反映不出比赛的水平，人家也接受不了。"难怪郑州一位同行在赛后点赞："海宝这人，水平高，人品好，人缘也好。"

但是，莫斯科此行，情况却大为不同。程海宝面对的是别一场"考试"。几十年来的杂技生涯，使他和摩洛哥、俄罗斯等国家和地区的杂技家们结下了深厚的情谊。莫斯科举办的这届杂技节，特地邀请他担任评委，与他一起担任本届比赛评委的，还有俄罗斯的七位杂技家。他带领杂技团到达莫斯科，第一件事是去红场，拜谒列宁墓。对于他来说，这是一件大事，之前早就想要去红场看一看，这次带团参赛，终于遂了心愿。比赛结束以后，他带领年轻的杂技家们又一次去了红场，在列宁墓前静穆了好长一会儿。

参加莫斯科杂技节，程海宝一行虽说收获颇丰，却也留下了些许遗憾。

遂宁杂技团的参赛节目是《顶碗》和《少儿芭蕾》。比赛很激烈，遂宁杂技团参赛的这两个节目都很被看好。作为评委，程海宝给了最高分。俄罗斯七位评委，对于本国演员的临场表现，意见不一，但对外评分的"口径"似乎还是统一的，这就为遂宁杂技团最终能不能得奖增添了"变数"。程海宝是土生土长的中国杂技艺术家，他认为遂宁团的两个节目水平很高，都应该得奖。结果呢，《顶碗》得了金奖，《少儿芭蕾》得了铜奖。团内的观点和评委们的判定明显相左。面对这样的落差，面对部分青年演员的情绪波动，怎么办呢？他认为，冲奖是应该的，否则要比赛干什么？但是，在保证得奖的前提下，要充分体现杂技大国的形象。比赛，比的是技艺，但不能丢掉友谊。评委，体现的是业务水平，但更要体现政策水平。有舍有得，如果为了奖而影响国与国之间的关系，得不偿失。当然，我们也不能无原则地迁就。现在，《顶碗》的大奖保住了，我们就不要再去争什么了。他的一番话，充分体现了杂技大国的气派。于是，一行人带着收获，带着莫斯科同行们的敬意，踏上了回国之路。

眺望远方，正是晚霞满天的时候，待到晚霞散尽，又将是一轮太阳跃起的早晨。

程海宝觉得，自己的脚步何其轻松；他又觉得，自己正在向着那颗新生的、鲜红的太阳，一步步走去。

尾　声

生活中的程海宝，并非像练功时那样的刻板、严谨，他也有自己的喜怒哀乐，也有自己喜欢的生活方式，他就像一滴水珠，透明，照得见太阳，但始终是生活河流中的一份子。宽阔的河床，足可容纳像他那样的千滴万滴水珠，它们是那样的普通，那样的寻常，只是，当阳光折射河面，当河水激情奔涌，它们才变得如此的缤纷，如此的多姿多彩，如此的充满生命的奔放活力。

当程海宝走下杂技舞台，离开练功房，回归本我，沿着生活的轨道一路行走，人们足可发现，生活中的他，原来就普通得和周围的海派男人一个模样！

2014年4月，离中国人传统的清明节还有几天，程海宝、周良铁，还有上海杂技家协会秘书长王莹，以及几个朋友相聚在上海的一家饭店，商量去奉贤王峰墓地祭奠，这是程海宝每年都要做的一件事。王峰逝世后，程海宝几乎每年清明前都要去王峰的墓地上走一走。

大家一边吃午饭，一边闲聊，扯着扯着，扯到了家务活。周良铁首先开腔，这位著名的海派魔术艺术家，这回说的不是魔术，而是出人意料地拉起了家常，说起了烧菜饭的事情。周良铁是如何烧菜饭的呢？他说："先将青菜切好，然后将香肠切成丁，油锅开起来，将它们煸一煸，差不多时，混合，调和，咸淡适中，一起放进电饭煲。"

程海宝不甘寂寞，说起了他是如何做罗宋汤的："做汤，这可是我最拿手的活。怎么做？我告诉你们，先要将卷心菜放在油锅里炒一炒，再放入土豆、胡萝卜和洋葱。"说到这，他还特地加重了语气，补充道，"洋葱是一定要放的。否则，汤就没味了。将这些东西放在一起，笃一笃（上海话，意为煮或熬——作者注）。然后，将番茄沙司煸一煸，浇下去。起锅时，再放一点牛油或者黄油就可以了。"

周良铁笑了起来，调侃起了他："海宝，你烧的罗宋汤，我看好像是徽式罗宋汤呀。"程海宝一听，也哈哈笑了起来："管他呢，徽式不徽式的，反正，我程海宝做的这个汤，内容丰富，味道也不会差到哪里。"这两个在赛场上不服输，与人"兵戎相见"的男子汉，你一言，我一语，竟然如此轻松，使一次普通的小聚气氛变得分外的活泼，完全没有了练功房里和赛场上那种紧张、那种投入、那种拼搏的味道。

生活，原来并不总像一根紧绷的弦啊，举凡懂得生活的人，才是一个会工作、会拼搏的人。这些个杂技界名人，也一样。

话题，渐渐转到了去王峰的墓地，气氛这才变得有点凝重。看得出来，程海宝、周良铁多少有点儿感伤，那是他们对于往事的一种缅怀和对于王峰老团长的伤逝之情。

4月2日，程海宝、周良铁、王莹，还有刘明亚，一起驱车去了奉贤。到了王峰墓地，摆上了老团长生前的喜欢之物——鲜花，还有水果。

程海宝弯着腰，小心翼翼地点上了一炷香。香烟缭绕，化作缕缕淡色的烟雾，渐渐飘逝而去，一行人恭恭敬敬地朝着王峰的遗像鞠了三个躬。从王峰墓地回来，已是天色擦黑时分。程海宝接到了徐彭庆儿子的电话，说是他父亲因脑癌谢世，家里正在为他祭奠，有几个人是一定要通知的。1989年3月，王峰退居二线，改任上海杂技团名誉团长，徐彭庆接任团长一职，他与程海宝共事多年，两人结下了很深的友情，所以才有了徐彭庆儿子"有几个人是一定要通知的"一说。接到通知，程海宝连夜赶往徐家。在徐彭庆遗像前，他也点燃了一炷清香，默默地鞠了三个躬。往事历历，如在眼前，不料想，昔日的同好，已然乘鹤远行，这位杂坛硬汉忍不住又一次伤感了。

第二天清晨，程海宝踏上了去安徽的路途。绩溪，在深情地呼唤他，那是他的故乡。那里，埋葬着他的父亲和母亲。掐指一算，父亲已经阴寿100岁了。再过两天，就是清明节了。他要到父亲和母亲的墓地上去，看看父母双亲的墓，按照中国人的大孝礼数，点上清香，除草，松土，磕头，对他们说，儿子回来了，海宝来看你们了。爸爸妈妈，你们在遥远的天国生活得好么？

附　录

从艺大事记

1950 年 10 月 30 日
生于上海慈惠南里一幢石库门。

1960 年 9 月
上海人民杂技团学馆学艺。

1964 年 12 月
中国第一座圆形、钢梁屋架结构，专供杂技演出和驯兽的固定演出场子——上海杂技场竣工。

1966 年 4—9 月
上海杂技场实习公演。

1966 年 9 月
上海人民杂技团学馆毕业。

1966 年 9 月—1996 年 3 月
上海人民杂技团（1977 年改名上海杂技团）演员、演出二队队长。

1967 年下半年
杂技歌舞剧《无产阶级文化大革命》演出于上海文化广场。

1967 年 12 月
昆明军区国防文工团杂技团在上海进行为期半年的练功，与周良铁等陪同和帮助练功。

1971 年 2 月 24 日
为叶剑英元帅陪同下的柬埔寨国王西哈努克亲王于上海友谊剧场演出《锻炼身体，保卫祖国》（原名《小武术》）等。

1972 年 1 月 7 日

为美国总统尼克松访华先遣队黑格准将于上海友谊剧场演出《锻炼身体，保卫祖国》（原名《小武术》）等。

1972 年 2 月 27 日

为美国总统尼克松访问上海于上海友谊剧场演出《锻炼身体，保卫祖国》（原名《小武术》）等。

1980 年 1 月

赴美国商业演出两个月。

1980 年 4 月 30 日晚

演出于华盛顿"肯尼迪艺术中心"歌剧院，美国总统卡特接见全体演职人员。

1981 年 12 月 15—21 日

华东六省一市杂技优秀节目会演，领衔演出《大跳板》，获一等奖。

1981 年 12 月 15 日

中国杂技家协会上海分会成立。

1982 年 3 月

荣获上海市文化局 1981 年度先进生产（工作）者称号。

1982 年

上海杂技团演出二队"跳板组"荣获上海市文化局"五讲四美"先进集体称号。

1984 年 12 月

《跳板蹬人》荣获第十届蒙特卡洛国际马戏节城市奖。

1985 年 7 月 13 日

获上海市人事局批准，晋升一级工资。

1986 年 4 月 1 日

上海市文化局记大功（1985 年度）。

1987 年 4 月 11 日

全国第二届杂技比赛，领衔演出《大跳板》，荣获"金狮奖"。

1987 年 5 月 20 日

上海市文化局记大功（1986 年度）。

1988 年 2 月 29 日

被上海市艺术系列高级专业技术职务任职资格评审委员会确认具备一级演员资格。

1988 年 3 月 1 日

中国第一所中等专业杂技学校——上海马戏学校建校。

1990 年 12 月

第三届全国杂技比赛华东区预选赛，领衔演出《大跳板》，荣获优秀演出奖。

1991 年 3 月 30 日

上海市文化局记大功（1990 年度）。

1991 年 11 月 21 日

获上海杂技团颁发的"在上海杂技团学习、工作 30 年"荣誉证书。

1991 年 12 月

被上海市文化局聘为上海市艺术系列杂技专业中级职务任职资格评审委员会委员。

1995 年 3 月

第四届全国杂技比赛华东区预选赛，《十字跳板》荣获一等奖。

1995 年

加入中国共产党。

1996 年 5 月 22 日
荣获第二届中国杂技家协会"百戏奖"。

1996 年
荣获中国杂技家协会"终身艺术成就奖"。

1996 年 10 月—2012 年 10 月
上海马戏学校副校长、校长。

2000 年 10 月 17—22 日
第五届全国杂技比赛评委。

2001 年 10 月
第一届中国杂技"金菊奖"评委。

2002 年 2 月
第 14 届"初登舞台国际马戏节"评委。

2002 年 10 月
第二届中国杂技"金菊奖"评委会副主任。

2003 年
经上海市教委、上海教育评估院评估，上海马戏学校专业学科被认定为"上海市中职校重点专业"，上海马戏学校被认定为"上海市百所中职校重点建设工程验收合格单位"。

2004 年 1 月
第 16 届"初登舞台国际马戏节"评委。

2004 年 2 月
第四届上海市杂技家协会主席（第三届为副主席）。

2004 年 9 月

荣获上海市教育委员会上海市中小学幼儿教师奖励基会颁发的上海市园丁奖。

2006 年 1 月

第 22 届"金色罗马马戏节"评委。

"马校"五个参赛节目《跳板蹬人》《双人倒立技巧》《双人蹦绳》《双爬杆》《单人艺术造型》荣获意大利第 22 届"金色马戏"国际艺术节"金色马戏"集体金奖、"意大利共和国总统奖"集体奖两项大奖以及四项特别奖。

2006 年 2 月 7 日

"马校"《空中大飞人》《单人艺术造型》荣获第 18 届摩洛哥"初登舞台国际马戏节""金 K 奖"。

2006 年 7 月

荣获中共上海文广集团院团管理委员会 2005—2006 年度优秀共产党员称号。

2006 年 11 月 12 日

当选中国文联第八届全国委员会委员。

2008 年 1 月

当选十一届上海市政协委员。

2009 年 3 月

荣获中国文联 2006—2009 年"送欢乐、下基层"活动荣誉证书。

2009 年 3 月

上海市教委等单位授予上海马戏学校"上海市教育系统先进集体"荣誉称号。

2010 年 3 月 4 日

获上海演艺工作者联合会 2009 年度上海市社会文艺工作者艺术专业（表演类、杂技魔术组）中级专业技术水平认定专家资格。

2010 年 4 月 21 日

被青海省民族歌舞剧院聘为中国杂技家协会民间马戏指导委员会主任。

2010 年 5 月

连任第五届上海市杂技家协会主席。

2010 年 11 月

荣获上海市文学艺术界联合会第四届上海市德艺双馨文艺工作者称号。

当选中国杂技家协会副主席。

2010 年 12 月 23 日

被上海市文学艺术界联合会聘为 2010 年度上海市文艺工作者艺术专业中级专业技术水平认定表演类·杂技魔术专家组组员；被上海演艺工作者联合会聘为 2010 年度上海市社会文艺工作者艺术专业中级专业技术水平认定表演类·杂技魔术专家组组员。

2011 年 5 月 23 日

被中国文联、中国杂技家协会聘为第八届中国杂技 "金菊奖" 第三次杂技节目奖评委会副主任。

2011 年 6 月

《如何打造有中国特色的品牌杂技节目》一文获 2010 年度上海文化广播影视集团思想政治工作研究优秀论文奖。

2011 年 9 月

被聘为河南省第三届杂技 "马戏奖" 暨河南省第八届杂技大赛决赛评委。

2011 年 11 月

当选中国文联第九次全国代表大会代表、第九届全委会委员。

2012 年 5 月

被上海警备区政治部特聘为上海市警备区文化顾问。

2012 年 7 月

当选为上海市文联副主席。

2013 年 10 月 11 日

第十届全国"文华奖"评委。

2014 年 5 月

中国文联文艺研究院第五期"全国文艺家高级研修班"。

2015 年 11 月

中国杂技家协会顾问。

2015 年 12 月

上海市杂技家协会名誉主席。

后　记

　　这本书，断断续续地写了一年多，究其原因，并非我偷懒，而是写了大半，妻子突然患病，我不得不中止写作。接下来的事情，便是跑医院，打听哪家医院好，哪家医院医生的医术高超，能够妙手回春。随后，我就在嘈嘈杂杂的人群中躬身而坐，耐心地等候医护人员叫号，如此这般，很是品尝了一番辗转和看病抓药的繁琐与苦楚。等到妻子的病情稍稍稳定，拉开电脑键盘，上面已是落满了薄薄的一圈尘埃。我叹了一口气，将那尘埃轻轻擦去，连带擦去心中的些许不安。

　　这时候，已经是2015年的夏天了。

　　窗外，有知了在不住地聒噪，一声接一声。我突然感到人生之短促，一如这冬去春来、春去夏至的脚步，真是来也匆匆，去也匆匆，时间老人的来去脚步何其匆匆！心想，我真的是辜负了人生的大好春光，想起近两年前的一次见面会，越发的感觉汗颜。那时的景象，我至今没有忘记。

　　彼时，上海文学艺术院召集我和本书传主、海上著名杂技艺术家程海宝在上海文联102室见面。参加见面会的还有上海杂技家协会秘书长王莹；文联领导沈文忠公务缠身，工作非常繁忙，我没想到，他也抽出时间，亲临会议室，听取写作这本书的构想。尤其让我心生感动的是，文联领导沈文忠这天是抱病参加我们这个会议的，他殷殷嘱托我，希望将程海宝这位海上杂技名家写好。桌子上冒着热气的一杯清茶，文联领导的一番亲切话语，暖人肺腑，既让我体会到了文联领导的务实，也让我感受到了领导对这本书寄予的厚望，我当时就生发了一股激情：不偷懒，多用功，抓紧时间采写完成。不料想，竟然会因故而延宕了这许多的时日！

　　现在，我虽然交出了书稿，但我很难预判，这本书距离领导对我的期望和要求，以及读者的喜好究竟有多远。想到这里，不只是汗颜，更多的是惶惶然。我在这里想要多说上几句的是，程海宝是一位名人，也是上海文联和上海杂技界的领导之一，但我更愿意他以一位杂技艺术家的身份接受我的采访。听他说往事，我能感受到他的一颗艺术良心，真诚、质朴、爽朗，毫无矫揉造作之情，多的是一份杂技艺术家的坦率和平实。无论是前些年，还是近年来；无论是在任上，还是退休离任后，程海宝其实一点也没有闲着，为了他心中高扬的杂技艺术之旗，他几乎将所有的时间、所有的精力倾情奉献，奔波于杂技舞台上下。当我在他的一旁坐下，听他说那过去的事时，我突然有了一种感觉：我似乎是在沿着一条岁月之河行走，一路捡拾岁月遗下的一枚枚彩色贝壳，但我自知力有不逮，无法溯流而上，去探寻岁月之河的源头，捡拾更加斑斓、更加美妙，甚至留有大自然音符的贝壳，我为之感到遗憾，说一声：愧对领导，愧对我亲爱的读者朋友了。

程海宝的朗朗笑言，为我打开了一扇探寻一位著名杂技艺术家心路历程的窗户。在我看来，这扇窗户是那样的透明，以致让我时时流连忘返于绿色掩映的晨光之中。我以敬畏之心，努力探寻，探寻时光流逝的匆匆脚步。然而，我也知道，时间越是久远，就越是难于探赜索隐，真要将一位杂技艺术家50多年的艺术经历全都化作有形的文字，浓缩于这本书中，那将是一件非常困难的事。我只能重点选择他的几个艺术人生的横断面，尽力还原本来的面貌。

我在《一壶魔术半世功·周良铁》的后记中说过，我不是一个高明的画师。如今，我仍然这样说，我像一个画技并不高明的画匠，在为一位杂技艺术大家粗线条地勾勒，不敢奢望神似，但望为日后他人的研究留下一幅形似的杂技艺术家的剪影。毫无疑问，程海宝50多年的杂技生涯，是一本很厚的艺术大书，为了写好这本书的每一页，我勤跑，勤走，勤问，查阅了大量资料，有的已被我引用（书中用楷体标出），还有极个别被我引用的，因年代久远，实在查无出处，未及标明。在此，都是要向有关专家、学者表示我的心迹，说一声"谢谢，谢谢"！当然，我也要感谢程海宝，说一声"海宝老师，感谢你抽时间，接受我的采访"。我深知，天道酬勤，但如果没有他们的帮助，要想写成这本时间跨度几十年的名人传记，于我，恐怕是一件很困难的事。

还需要说上一说的是，原先，我给这本书稿起的名字是《技惊天人若神功》，后来一想，这似乎有点仰视或拔高的意味，反而不足以反映出海上杂技名家程海宝的个性和他那杂技艺术的豪气，便改用了现在的书名《中国杂技好男儿》。这，也算是对读者的一个交代，补白于此，是好是坏，还是留待读者诸君评说吧。

陆林森

2015 年冬

图书在版编目(CIP)数据

中国杂技好男儿·程海宝/陆林森著.—上海：
上海文化出版社，2016.8
(海上谈艺录)
ISBN 978-7-5535-0575-6

Ⅰ.①中… Ⅱ.①陆… Ⅲ.①程海宝—传记
Ⅳ.①K825.78

中国版本图书馆 CIP 数据核字(2016)第 150362 号

策　　划　宋　妍　张晓敏　沈文忠
统　　筹　倪里勋　林　斌

责任编辑　黄慧鸣
特约编审　刘绪源　司徒伟智
封面设计　姜　明
技术编辑　陈　平　刘　学

丛 书 名　海上谈艺录
主　　编　上海市文学艺术界联合会　上海文学艺术院
书　　名　中国杂技好男儿·程海宝
著　　者　陆林森

出　　版　上海世纪出版集团　上海文化出版社
地　　址　上海市绍兴路7号
网　　址　www.cshwh.com
邮政编码　200020
发　　行　上海世纪出版股份有限公司发行中心
印　　刷　上海天地海设计印刷有限公司
开　　本　787×1092　1/16
印　　张　14.25　彩插：2
字　　数　270 千
版　　次　2016 年 8 月第一版　2016 年 8 月第一次印刷
国际书号　ISBN 978-7-5535-0575-6/K.092
定　　价　45.00 元

敬告读者　本书如有质量问题请联系印刷厂质量科
电　　话　021-64366274